EPO

欧洲专利局
审查特点及通知书探析

石科峰　周　兵　杨方田　主编

知识产权出版社
全国百佳图书出版单位
—北京—

图书在版编目（CIP）数据

欧洲专利局审查特点及通知书探析 / 石科峰，周兵，杨方田主编 . —北京：知识产权出版社，2022.10

ISBN 978-7-5130-8406-2

Ⅰ.①欧… Ⅱ.①石… ②周… ③杨… Ⅲ.①专利—审查—研究—欧洲②专利申请—研究—欧洲 Ⅳ.① D950.344 ② G306.3

中国版本图书馆 CIP 数据核字 (2022) 第 190178 号

内容提要

本书对欧洲专利局的专利制度和申请流程进行介绍，并重点对欧洲专利局专利的实质条款和指南进行解读分析，与中国专利局的相关规定进行对比，便于相关知识产权工作者充分了解向欧洲专利局申请专利的具体流程及欧洲专利局专利审查的特点，从而有针对性地撰写高质量的欧洲专利申请；着重对欧洲专利局各种类型的通知书进行研究分析，使读者充分了解欧洲专利局专利审查各阶段各种类型通知书的特点，并对如何进行答复进行建议，以期帮助读者准确有效地答复欧洲专利局的审查通知书并最终获得授权，使相关技术创新能够及时在欧洲市场获得专利权的保护。

责任编辑：尹 娟　　　　**责任印制：**孙婷婷

欧洲专利局审查特点及通知书探析

OUZHOU ZHUANLIJU SHENCHA TEDIAN JI TONGZHISHU TANXI

石科峰　周　兵　杨方田　主编

出版发行：	知识产权出版社有限责任公司	**网　址：**	http://www.ipph.cn
电　话：	010-82004826		http://www.laichushu.com
社　址：	北京市海淀区气象路 50 号院	**邮　编：**	100081
责编电话：	010-82000860 转 8702	**责编邮箱：**	yinjuan@cnipr.com
发行电话：	010-82000860 转 8101	**发行传真：**	010-82000893
印　刷：	北京中献拓方科技发展有限公司	**经　销：**	新华书店、各大网上书店及相关专业书店
开　本：	720mm × 1000mm　1/16	**印　张：**	16.5
版　次：	2022 年 10 月第 1 版	**印　次：**	2022 年 10 月第 1 次印刷
字　数：	273 千字	**定　价：**	88.00 元

ISBN 978-7-5130-8406-2

前　言

随着《知识产权强国建设纲要（2021—2035年）》和《“十四五”国家知识产权保护和运用规划》的印发，我国全面开启了知识产权强国建设新征程。习近平总书记指出：“创新是引领发展的第一动力，保护知识产权就是保护创新”。多年来，中国企业的科研和创新能力不断提升，知识产权事业不断发展。如今中国已经成为名副其实的知识产权大国，奠定了向知识产权强国迈进的坚实基础。

目前，中国经济发展格局进一步优化，创新成为驱动经济发展的重要动力，中国企业的科研和创新能力已经逐渐与世界发达国家接轨，甚至在某些领域领先。随着全球化的发展，我国企业也逐渐加快“走出去”步伐，进军海外市场。在此背景下，企业知识产权的保护也不仅限制于对本国内的保护，如何在海外市场申请和布局专利，接受和适应国际市场知识产权法律环境，对自己的智力成果作品及时申请知识产权保护，已成为越来越多企业面临的问题。

欧洲是世界范围知识产权最大的市场之一，也是创新的发源地之一。但欧洲国家众多，也比较分散，如英国、德国、法国、荷兰、意大利、西班牙、波兰等，语言也各不相同，虽然有欧盟组织，但如果企业的创新期望在欧洲寻求充分保护，在每个国家申请专利势必会耗费大量精力和财力。向欧洲专利局（同欧洲专利组织）申请欧洲专利，在某种程度上为企业解决了类似的困难。依照《欧洲专利公约》的规定，一项欧洲专利申请，可以指定多国获得保护；一项欧洲专利可以在任何一个或所有成员国中享有国家专利的同等效力。在这种情况下，可以简化在多国单独提交专利申请的手续，节约开支，方便申请人。2017年，中国跻身欧洲专利局五大申请国，表明越来越多的中国国内申请人向欧洲专利局申请专利以寻求欧洲市场的知识产权保护。

虽然我国的专利制度与欧洲专利制度较为类似，但在具体规定和审查操作方面，还存在一定的差异。本书从欧洲专利制度出发，详细介绍欧洲专利申请程序，并对欧洲专利的审查特点进行分析，以使读者对欧洲专利的申请流程和专利审查规定有一定的了解，为撰写及提交欧洲专利申请提供帮助。同时本书还重点针对欧洲专利局的审查通知书进行分析和解读，从中发现其不同于我国专利审查的一些操作，以便国内申请人能够有针对性地对欧洲专利局的通知书进行有效答复，提高申请效率。

本书的编写人员主要有：石科峰负责第三章第3.1～第3.3节、第五章第5.2～第5.4节、第六章第6.2节、第6.5节；杨方田负责第二章第2.1节、第四章第4.3节、第4.4节、第六章第6.1节、第6.3节；周兵负责第一章第1.1～第1.4节、第四章第4.1节、第4.2节、第五章第5.5～第5.7节、第六章第6.4节、第6.6节；章文飞负责第二章第2.2节、第2.3节、第五章第5.1节。

参与本书编写的人员虽然多年从事专利审查工作，但是编写过程中难免存在疏漏和不当之处，恳请广大读者批评指正。

目　录

CONTENTS

第一章 欧洲专利制度概览

1.1 欧洲专利组织简介

欧洲是世界专利制度的起源地，1474年，威尼斯颁布了世界上第一部专利法，首次给予技术创新者以法律上的垄断权。1623年英国议会颁布的《垄断权条例》是世界上第一部现代含义的专利法，其确定的许多基本原则和定义沿用至今。之后，其他国家也陆续颁布了专利法，例如，美国（1790年）、法国（1791年）、德国（1877年）及日本（1885年），这些国家专利法的颁布和实施对技术创新起到了保护和激励作用。

欧洲专利组织是根据1973年在慕尼黑签署的《欧洲专利公约》（European Patent Convention，EPC）于1977年10月7日成立的政府间组织。欧洲专利组织为欧洲第二大的政府间组织，其不隶属于欧盟，财务属于自收自支。欧洲专利组织最初有7个成员国，分别是比利时、德国、法国、卢森堡、荷兰、瑞士、英联邦；目前，已有38个欧洲成员国，包括德国、法国、西班牙、意大利等全部27个欧盟国家，再加挪威、瑞士和土耳其等欧盟外的11个国家，具体见表1.1所示。此外，欧洲专利在两个欧洲延伸国家（波斯尼亚和黑塞哥维那、黑山）和4个验证国家（柬埔寨、摩尔多瓦共和国、摩洛哥和突尼斯）中也被承认。欧洲专利覆盖的区域有7亿居民。

表 1.1　欧洲专利组织成员国（以加入时间排序）

序号	国家代码	成员国	成员国	加入时间	是否欧盟国家
1	BE	Belgium	比利时	1977-10-07	是
2	DE	Germany	德国	1977-10-07	是
3	FR	France	法国	1977-10-07	是
4	LU	Luxembourg	卢森堡	1977-10-07	是
5	NL	Netherlands	荷兰	1977-10-07	是
6	CH	Switzerland	瑞士	1977-10-07	否
7	GB	United Kingdom	英国	1977-10-07	否
8	SE	Sweden	瑞典	1978-05-01	是
9	IT	Italy	意大利	1978-12-01	是
10	AT	Austria	奥地利	1979-05-01	是
11	LI	Liechtenstein	列支敦士登	1980-04-01	否
12	GR	Greece	希腊	1986-10-01	是
13	ES	Spain	西班牙	1986-10-01	是
14	DK	Denmark	丹麦	1990-01-01	是
15	MC	Monaco	摩纳哥	1991-12-01	否
16	PT	Portugal	葡萄牙	1992-01-01	是
17	IE	Ireland	爱尔兰	1992-80-01	是
18	FI	Finland	芬兰	1996-03-01	是
19	CY	Cyprus	塞浦路斯	1998-04-01	是
20	TR	Turkey	土耳其	2000-11-01	否
21	BG	Bulgaria	保加利亚	2002-07-01	是
22	CZ	Czech Republic	捷克共和国	2002-07-01	是
23	EE	Estonia	爱沙尼亚	2002-07-01	是
24	SK	Slovakia	斯洛伐克	2002-07-01	是
25	SI	Slovenia	斯洛文尼亚	2002-12-01	是
26	HU	Hungary	匈牙利	2003-01-01	是
27	RO	Romania	罗马尼亚	2003-03-01	是
28	PL	Poland	波兰	2004-03-01	是
29	IS	Iceland	冰岛	2004-11-01	否
30	LT	Lithuania	立陶宛	2004-12-01	是
31	LV	Latvia	拉脱维亚	2005-07-01	是
32	MT	Malta	马耳他	2007-03-01	是

续表

序号	国家代码	成员国	成员国	加入时间	是否欧盟国家
33	HR	Croatia	克罗地亚	2008-01-01	是
34	NO	Norway	挪威	2008-01-01	否
35	MK	North Macedonia	北马其顿	2009-01-01	潜在国家
36	SM	San Marino	圣马力诺	2009-07-01	否
37	AL	Albania	阿尔巴尼亚	2010-05-01	潜在国家
38	RS	Serbia	塞尔维亚	2010-10-01	潜在国家

欧洲专利组织下设欧洲专利局（European Patent Office）和行政理事会（Administrative Council），欧洲专利组织的任务是授予欧洲专利，具体由欧洲专利局执行，由行政理事会监督。欧洲专利局设置 1 个受理处、多个检索部、多个审查部、多个异议部、1 个法律部、多个上诉委员会以及 1 个扩大上诉委员会，各部门的工作职能见表 1.2。欧洲专利局的总部位于德国慕尼黑，下属设立 5 个业务总部，其业务分工见表 1.3。根据欧洲专利局 2018 年公布数据显示，其共有 6696 名办公人员，其中审查员 4276 人，审查员占比约为 64%。对欧洲专利局的决定不服或存在异议可以向其上诉委员会提出上诉。尽管上诉委员会与欧洲专利局的组织结构是一体的，但它们的决定独立于欧洲专利局，并且仅受 EPC 的约束。欧洲专利局作为欧洲专利组织的执行机构，为发明人提供统一的申请程序，使他们能够在上述多达 44 个国家或地区寻求专利保护。欧洲专利局的 5 个办公地点分别是慕尼黑、海牙、柏林、维也纳、布鲁塞尔，总部设在慕尼黑。欧洲专利局由行政理事会监督，该行政理事会是该局的监督机构，由该组织成员国的代表组成。

表 1.2　欧洲专利局设置的主要部门及其工作职能

主要部门	工作职能
受理处（Receiving Section）	对欧洲专利申请进行形式审查
检索部（Search Divisions）	制作欧洲专利检索报告
审查部（Examining Divisions）	对欧洲专利申请进行实质审查
异议部（Opposition Divisions）	审查公众对欧洲专利提出的异议
法律部（Legal Divisions）	管理专利登记簿及专利代理人
上诉委员会（Boards of Appeal）	处理对以上部门决定不服的上诉
扩大上诉委员会（Enlarged Board of Appeal）	统一法律适用，解决重大法律争议

表 1.3　欧洲专利局五个总部及其业务分工

总部	业务分工
第一业务总部	专利申请的形式审查，专利检索
第二业务总部	专利申请的实质审查，专利异议
第三业务总部	包括上诉委员会和扩大上诉委员会
第四业务总部	一般性的专利行政事务
第五业务总部	处理法律事务及国际事务

EPC 自 1973 年签订，并于 1978 年正式生效；2000 年进行了非常重要的一次修订，其被修订为《欧洲专利公约（2000 年）》，简称 EPC2000，并于 2007 年 12 月 13 日正式生效。2006 年 12 月欧洲专利组织下设的行政理事会通过《欧洲专利公约（2000 年）实施细则》（*Implementing Regulations to the Convention on the Grant of European Patents*）。本书中含有大量法条引用，法条引用中使用的英文字母“A”指代“Article”，表示 EPC；使用“R”指代“Rule”，表示《欧洲专利公约实施细则》。

1.2　欧洲专利局审查及受理情况

图 1.1 为 2018 年欧洲专利局授权专利申请人国家或地区分布，其中欧洲专利组织成员国的申请量占比最多，为 45%，随后是美国（24%）、日本（17%）、

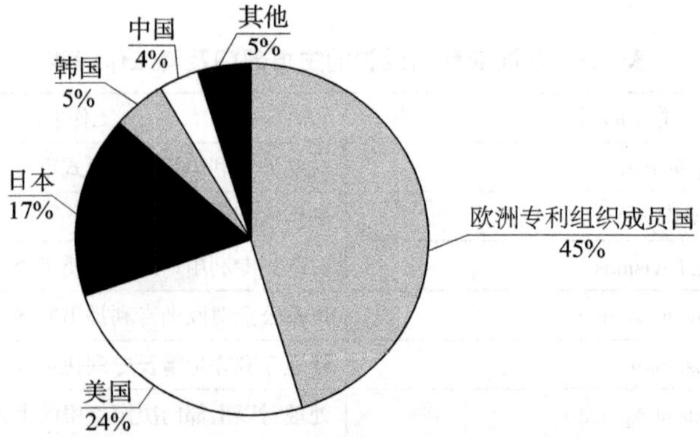

图 1.1　2018 年欧洲专利局授权专利申请人国家或地区分布

韩国（5%）、中国（4%）。

图 1.2 是 2018 年欧洲专利申请量排名前 10 位的热点领域，该 10 个领域的专利申请量占全部申请总量的 53%。

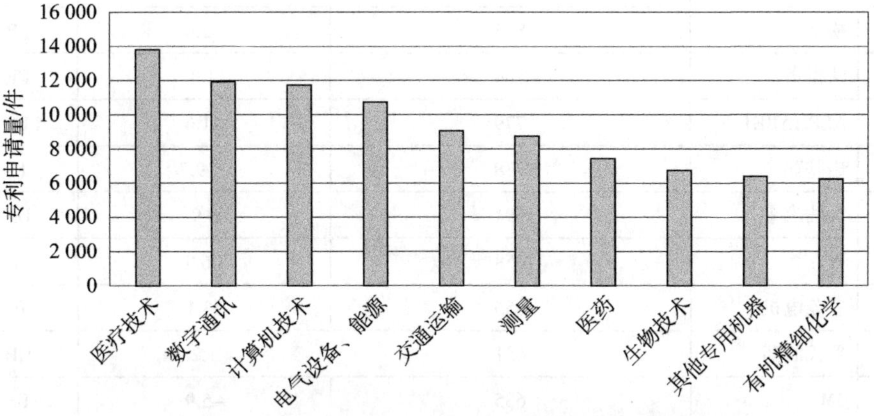

图 1.2　2018 年欧洲专利局专利申请量前 10 位的领域

2018 年欧洲专利局专利申请人排名见表 1.4。

表 1.4　2018 年欧洲专利局专利申请人排名

排名	公司	2018 年欧洲专利局专利申请量 / 件	相比于 2017 年增长率 /%	来源国家*
1	西门子	2493	12.3	DE
2	华为	2485	3.6	CN
3	三星	2449	21.5	KR
4	LG	2376	15.6	KR
5	联合技术	1983	15.4	US
6	皇家飞利浦	1617	–6.7	NL
7	高通	1593	–14.1	US
8	爱立信	1472	7.2	SE
9	通用电气	1307	–4.7	US
10	罗伯特博世	1286	–8.9	DE
11	索尼	1278	4.8	JP
12	巴斯夫	1256	–0.7	DE
13	英特尔	1057	–26.3	US
14	强生	982	12.4	US

续表

排名	公司	2018 年欧洲专利局专利申请量 / 件	相比于 2017 增长率 /%	来源国家 *
15	微软	975	–15.9	US
16	佳能	816	15.3	JP
17	松下	815	12.0	JP
18	法雷奥	784	1.8	FR
19	ALPHABET	779	41.6	US
20	诺基亚	738	–19.7	FI
21	大陆汽车	691	9.9	DE
22	日立	658	–6.9	JP
23	三菱电机	655	13.1	JP
24	罗氏制药	651	1.2	CH
25	3M	635	–5.9	US
26	霍尼韦尔	635	2.6	US

* 来源国家指公司总部所在国家。

1.3 欧洲专利的申请方式

在欧洲某一国家对发明创造进行保护的途径主要有：

（1）依照该国内部法律的审查程序要求，直接向该国申请专利；

（2）先在该国申请专利，然后依照 EPC 和《欧洲专利公约实施细则》的要求，以在该国申请的专利为优先权向欧洲专利局提出欧洲专利申请，并指定该国；

（3）直接提出欧洲专利申请，并指定该国；

（4）提交《专利合作条约》（PCT）专利申请，在国际阶段完成后，选择进入该国家；

（5）提交 PCT 专利申请，在欧洲专利局完成国际审查阶段，并选择欧洲专利局作为指定局和选定局，获得欧洲专利，并指定该国。

以上各种途径的程序不同，其中途径（1）仅能在该国获得保护，途径（2）~（3）可以获得欧洲专利，能够选择在成员国范围内获得保护，（4）~（5）

则可以在 PCT 组织的范围内，获得时间上的优势，有利于获得专利授权。

获得欧洲专利有四种途径：

（1）直接向欧洲专利局提出欧洲专利申请；

（2）向成员国专利局提出欧洲专利申请；

（3）先申请国家申请，然后申请欧洲专利，要求国家申请的优先权，最后选择在指定国家生效；

（4）先申请 PCT 国际申请，然后指定进入欧洲阶段。

1.4 申请欧洲专利的优势

欧洲专利组织有 38 个成员国，2 个延伸国，4 个生效国，与向单个国家申请相比具有如下优势：

（1）依照欧洲专利公约的规定，一项欧洲专利申请，可以指定多国获得保护。一项欧洲专利可以在任何一个或所有成员国中享有国家专利的同等效力。在这种情况下，可以简化在多国单独提交专利申请的手续，节约开支，方便申请人。

（2）欧洲专利是按照统一的法律审查批准的。不会因为各国专利法在程序和审查要求的不同而造成不同后果，给申请人以安全感。

（3）欧洲专利审批的效率和质量有保证，比向逐个国家申请程序既快又节省开支，特别是商业上能提高发明的价值。

（4）欧洲专利局采用英、法、德 3 种语言，对申请人有较大的选择使用语言的自由，从而也减少了逐一国家以不同语言申请的费用。

（5）欧洲专利局采用检索与审查分开进行的程序，既有利于申请人对专利申请及时处理，也有利于国际专利合作条约的协调，方便了提交国际专利申请的申请人。

（6）欧洲专利局在加强局内管理、审查、检索等业务工作的同时，还与各国政府间与非政府间专利工作机构有着良好而广泛的合作关系。与国家知识产权局在专利领域的合作关系也在不断发展、加强。

（7）欧洲专利局是世界上实力最强、最现代化的专利局之一，拥有世界上最完整的专利文献资源，先进的专利信息检索系统和丰富的专利审查、申诉及法律研究方面的经验，在文献收集、检索及审查员培训方面为中国国家知识产权局提供过很多帮助。另外，在文献及信息产品方面两局也有广泛的交流。

其他方面的比较见表 1.5。

表 1.5　欧洲专利申请与单个国家专利申请的比较

	欧洲专利申请	单个国家专利申请
语言	英语、法语、德语之一	各国单独准备
文件	一份文件	各国单独准备
时限	监控一次时限	监控多个时限
PCT 进入国家途径	通过 PCT—欧洲—本国申请途径	各国单独准备
费用	超过 3 个国家时，价格有优势	不超过 3 个国家时，价格有优势
审查期间	理论上，欧洲申请审查周期与法国、英国周期相当，但欧洲专利局会有积压	德国如要求延迟审查，会比欧洲专利局审查周期长
优先权过期时的回复程序（PCT 途径时）	说明合理理由，审核较为宽松	根据各国规定（如德国条件非常严格）
实用新型申请	无此类型	部分国家有此类型

第二章 欧洲专利申请流程

2.1 欧洲专利申请全流程

欧洲专利局受理的3种官方语言分别为英语、法语、德语，专利申请可以以其中任一语言撰写。一件专利可能经历授权和授权后程序两步流程。其中授权过程包括：申请、检索、审查和授权阶段；授权后程序包括：限制、撤销、异议、上诉。

在专利审查过程中，每件申请由3名审查员组成的团队审查。

2.1.1 申请及审查过程

1. 申请阶段

1）提出申请

欧洲专利申请具有语言上的优势，可以仅使用英语、法语或德语其中的一种官方语言，提交一份申请而获得在欧洲众多成员国的保护。专利制度分先申请制（First to File Principle）和先发明制（First to Invent Principle）两种，欧洲和中国等绝大多数国家或地区采用先申请制，美国在2013年3月之前采用先发明制，2013年3月16日起用先申请制替代先发明制。

直接提出欧洲专利申请的途径有：①直接向位于慕尼黑、海牙和柏林三地的欧洲专利局提出申请；②向成员国专利局提出欧洲专利申请，其被视为向欧洲专利局提出，将被转送到欧洲专利局。申请可以采用邮寄、传真或在线提交方式（在线提交有费用减免）。（此处主要介绍直接提出欧洲专利申请的方式，获得欧洲专利的各种途径参见第 1.3 节）

在申请阶段，欧洲专利局检查申请材料是否符合要求，以下分别介绍获得欧洲专利申请日和一项完整的欧洲专利申请的不同要求。根据 R40（1）的规定，获得欧洲专利申请日的最低要求为：①表明申请欧洲专利；②表明申请人身份的信息或能够联系到申请人的信息；③提供说明书或者关于在先提出的申请的说明文件。可见，获得申请日的条件非常简单，申请人可以使用任何一种语言提交申请，可以不提交权利要求书、不缴费、不声明优先权等。因此只需要提交请求书、任何一种语言的说明书即可获得申请日，但所有缺少的文件在随后的程序中需要进行提交。以除英语、法语和德语之外的其他语言提交的，申请人应当根据《欧洲专利公约实施细则》的要求翻译成一种官方语言。如果申请人预期没有提交要求的翻译，其欧洲专利申请被视为撤回（A14）。虽然按照以上最低要求可以获得申请日，但是这样做对申请人并不一定有利，因为缺少的文件和内容在后续必然会被要求提交补正，例如，权利要求等申请文件的内容会受原始提交文件的限制，可修改的余地较少。

根据 A78 的规定，一项完整的欧洲专利申请需要包含：①授予欧洲专利的请求书；②发明的说明书；③一项或多项权利要求；④说明书或权利要求所引用的附图；⑤摘要。此外，欧洲专利申请应当支付专利申请费和检索费，如果申请人逾期未缴纳申请费和检索费，一个月的期限届满后，申请被视为撤回（R38）。逾期未缴纳以上两项费用的申请人可以依据 A121 和 R135 缴纳相应的费用，以进行补救。

欧洲专利授权过程如图 2.1 所示。

2）形式审查

A90（3）规定了欧洲专利申请文件的形式审查内容，其包括：

（1）根据 A14（2）的规定，欧洲专利申请应当以一种官方语言提交，以其他语言提交的，应在一定期限内提交翻译文件；

（2）根据 A78 的规定，要求一件欧洲专利申请应包括：请求书、说明书、一项或多项权利要求、说明书或权利要求引用的附图、摘要以及按照规定缴纳申请费和检索费；

（3）根据 A81 的规定指明发明人；

（4）根据 A88（1）的要求，申请人提交优先权声明；

（5）根据 A133（1）的规定，在成员国没有经常居住地或营业地的自然人和法人，必须委托专利代理人；

（6）R57 中规定的其他形式要求。

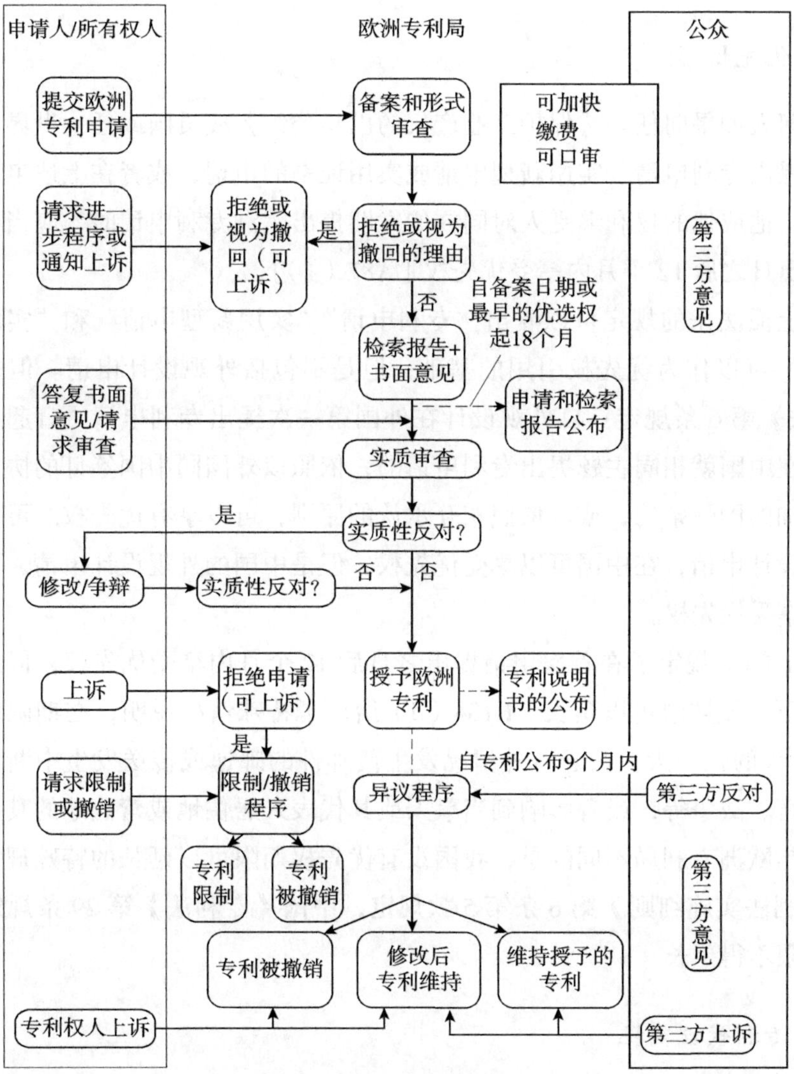

图 2.1 欧洲专利授权过程

此外，成员国的专利局有权对专利申请进行限制：①规定未经本国有权机关的事先批准，不得向外国散布特定性质的发明；②规定所有专利申请应当首先向本国当局提出，或者经过事先批准后，才可以直接向其他机构提出［A75（2）］。这一限制主要出于成员国对保密技术、国家安全或公共安全等方面的考虑。许多成员国都有类似的规定，只有在欧洲专利申请涉及敏感技术时才采取限制措施。有些成员国要求所有欧洲专利申请必须向本国专利局提出，除非该申请以在先提出的国内申请为基础，要求优先权。

3）优先权

任何人如果向任一《保护工业产权的巴黎公约》成员国或任一世界贸易组织成员提出专利申请、实用新型申请或实用证书的申请，或者在上述申请中指定它们，他或他的权利继受人对同样的发明提出欧洲专利申请时，应当在首次申请提出日之后 12 个月内享受优先权［A87（1）］。

由上面法条的规定可以看出“专利申请”“实用新型申请”和“实用证书的申请”可以作为优先权引用的基础，但是不包括外观设计申请。但是中国《专利法》第 6 条规定：自外观设计在外国第一次提出专利申请之日起 6 个月内，又在中国就相同主题提出专利申请的，依照该外国同中国签订的协议或者共同参加的国际条约，或者依照相互承认的原则，可以享有优先权。可见，外国外观设计申请，在中国可以享受优先权，但是中国的外观设计申请，不可以在中国享受优先权。

A87（1）规定了在首次申请提出之日后 12 个月内享受优先权，但是在特殊情况下，该期限可以延长。R134（5）给出了特殊情况说明，在期限届满日之前 10 天的任一天，由于意外情况发生使邮件的邮递或传送发生中断的，如自然灾害、战争等，或者影响到当事人或其代表人居住地或营业地的其他类似原因。与欧洲专利局不同的是，我国没有优先权期限可以延长的特殊规定，中国《专利法实施细则》第 6 条第 5 款规定，中国《专利法》第 29 条规定的优先权期限不得延长。

4）专利代理委托

在我国，对于没有经常居所或者营业所的外国人、外国企业或者外国其他组织在中国申请专利和办理其他专利事务的，应当委托依法设立的专利代理机构办理。这样的条款被称为专利代理的强制委托条款。强制委托的目的在于文件的及时送达、有效的沟通与问题的解决。

欧洲专利制度中也有强制委托的规定，如果申请人是在成员国内没有住所地或主要营业地的自然人、法人或其他组织，应当委托专利代理人去处理相关法律事务［A133（2）］。专业代表必须是欧洲专利局官方认可的，可在欧洲专利局网站上检索专业代表数据库。申请人委托了专业代表的，欧洲专利局发送的通知书寄给专业代表。但是，即使在成员国内没有住所地或主要营业地，委托也不适用于以下两种情形：

（a）提出欧洲专利申请的行为；

（b）按规定缴纳各项费用的行为。

简而言之，提出专利申请和缴费行为可以由申请人自己完成，并不需要强制委托代理机构。

2. 检索阶段

欧洲专利局的检索阶段会检索现有技术的状况，给出可专利性的初步意见，并为实质审查做准备。检索文件包括其内部和外部资源，专利和非专利文献。检索会形成全面的欧洲检索意见，包括检索报告和书面意见两部分。

专利申请在距申请日或优先权日 18 个月后公开。此时，若检索已完成，带检索报告的公开文献类型为 A1；若检索未完成，不带检索报告的公开文献类型为 A2，检索意见不与检索报告一起公开，但可以在线查询。

如果申请人希望尽快得到检索结果，可以在提交申请时免费请求加快检索，欧洲专利局将尽力加快检索。针对欧洲首次申请，无论申请人是否提出加快请求，欧洲专利局都将自动加快检索。

对于欧洲 –PCT 申请，如果在国际阶段欧洲专利局作为国际检索单位或补充国际检索单位，则欧洲专利局不再进行检索；如果申请日在 2005 年 7 月 1 日前且国际阶段的国际检索单位是奥地利专利局、西班牙专利商标局或瑞典专利和注册局，欧洲专利局也不再进行检索；对于其他情形，欧洲 –PCT 申请必须经历检索程序。

检索阶段结束后，申请人将收到检索报告、书面意见和对比文件，检索报告中会列出各类相关对比文件，书面意见中会给出申请的权利要求是否具备新颖性、创造性的意见，并指出其他存在的问题，如不清楚问题等。

如果申请文件还未公开，欧洲专利局的检索报告会与申请文件一同公开，如果申请文件已公开，检索报告将单独公开。书面意见不会同申请文件一起公开，但是公众可以通过欧洲专利局网站输入该申请的公开号进行查询，如图 2.2 所示。

图 2.2 欧洲专利局专利检索界面

输入公开号查询后，出现该申请的信息，点击“All documents”，就会出现该案件审查过程申请人提交的资料及审查员发出的通知书的列表（图 2.3）。

图 2.3 欧洲专利局专利申请全部文件列表

如图 2.4 所示，在全部文件的列表中，“European search report”为欧洲专利局的检索报告，“European search opinion”为欧洲专利局的检索意见，可以在线打开或下载。

☐	20.01.2010	Notification of forthcoming publication
☐	24.11.2009	Communication regarding the transmission of the European search report
☑	24.11.2009	European search opinion
☑	24.11.2009	European search report
☐	01.09.2009	Confirmation of receipt of (electronically) transmitted priority document
☐	25.08.2009	Priority document (electronically transmitted)
☐	23.06.2009	Abstract

图 2.4 欧洲专利局检索报告及检索意见文件示例

如果申请人出于加快审查目的而放弃接收通知［R70（2）］，则检索部门的书面意见不再发送给申请人。在这种情形下，申请人收到的第一次书面意见是由审查部门发送的。

若检索报告给出完全正面的意见，没有任何负面意见，欧洲专利局告知申请人可在检索报告公布之日起 6 个月内修改申请文件；如果检索报告中有负面意见，欧洲专利局将通知申请人进行改正，如果申请人未在通知送达之日起 6 个月内回复检索意见，申请将被视为撤回。检索报告中各引用文献的含义见表 2.1。

表 2.1 检索报告中各引用文献的含义

标注	含义
X	仅考虑自身就与专利申请十分相关的文献
Y	需要与其他文献相结合的相关文献
A	涉及背景技术，但不是十分相关的文献
T	基于本发明的理论或原理，显示本发明推理或事实不正确的文献
P	如果文献在优先权日与申请日之间公开，与 X/Y/A 相结合标注
E	仅用来评价专利申请新颖性的文献
D	在被检索的申请中所引用的文献

续表

标注	含义
O	通过口头形式公开的文献
L	上述类型之外的文献

不同的欧洲专利申请方式，以及不同的在先申请、国际检索类型，检索费的减免及退回详情见表 2.2。

表 2.2　不同类型检索费用减免及退回详情

申请类型	已有检索类型	减免及退回
欧洲专利局申请	在先申请由欧洲专利局作出	欧洲专利局申请的审查员根据在先申请检索结果的可利用程度决定检索费的退回程度
	分案申请	检索费可以全部或部分退回，退还的程度由审查员根据已获得检索结果的可利用程度决定
欧洲–PCT 申请	欧洲专利局作为国际检索单位或补充检索单位	不再进行欧洲检索，不需要缴纳检索费
	2005 年 7 月 1 日至 2016 年 6 月 30 日之间的申请，在国际阶段由奥地利、西班牙、瑞典、芬兰或者北欧作出国际检索报告或者补充国际检索报告	欧洲补充检索的检索费减免 1110 欧元
	由美国、日本、俄罗斯、澳大利亚、中国作为国际检索单位	申请日在 2005 年 7 月 1 日之前的欧洲–PCT 申请检索减免 20%；申请日在 2005 年 7 月 1 日之后的欧洲–PCT 申请检索费减免 190 欧元
	在先申请由欧洲专利局做出	可以要求全部或部分检索费退回，退回比例取决于早期检索的可利用程度

欧洲专利申请在公布的技术准备结束前，被最后驳回、撤回或视为撤回的欧洲专利申请，将不予公布［A67（2）］。这与我国发明专利先公开再进行实审的过程有较大不同。由于申请人在欧洲专利申请公布之前就可能已收到检索报告或已经开始了实审进程，如果申请人判断没有授权前景，可以选择在公布的技术准备结束前撤回该申请进行修改后再重新申请，以避免该在先申请影响自己后续专利申请的新颖性或创造性。

专利申请公开后可以进行临时保护，第三方（除申请人）在看到该专利申请公开文件后，可以在授权前任何时间提交意见（observation），提供相关证据以反对该专利申请的授权。当该方案被驳回后，该方案被认为自始不存在。

3. 审查阶段

实审请求可以在检索报告公布之后的6个月内提出。

使用引用的现有技术文件作为论据，所有审查意见必须说理并有证据支持，只有检索阶段完成后才能开始完整的审查。

审查是单方过程（ex-parte procedure），只有申请人参与，第三方仅能提交意见。

欧洲专利说明书应当按照审查程序的工作语言公布，并应当附带已翻译成其他两种官方语言的权利要求。欧洲专利登记簿应当采用3种官方语言，如果发生冲突，应当以审查程序工作语言所作登记为准（A14）。

2.1.2　授权后阶段

在授权公告日起9个月内，除专利权人之外的任何人可以向位于慕尼黑、海牙或柏林的欧洲专利局总部或分部提出异议。在中国包括专利权人在内的任何人都可以提出专利无效。主要区别在于，首先，中国没有9个月的期限；其次，中国不限制专利权人对自己的专利提出无效。没有限制期限是因为，我国专利授权后在一个国家有效，而欧洲专利局专利则会进入各个国家，在9个月期限内提出异议，由欧洲专利局统一审理，如果在9个月之后提出，则需要到各个进入国家提出无效。另外，欧洲专利局专利权人可以通过限制和撤销程序对自己的专利进行限制性修改或撤销，不需要通过异议程序进行。

异议程序优先于限制或撤销程序，在提出限制或撤销请求时，如果异议程序正在处理中，则限制或撤销的请求被视为未提出。在提出异议程序请求之时，如果关于该专利的限制程序正在进行处理中，审查部将停止限制程序，并且指令退还限制费（R93）。但是，异议程序不能优先于撤销程序，因此，在异议程序提出之后，撤销程序仍将继续。

授权后公布的说明书为B1文献，异议后公布的为B2文献，专利权人限制性修改后公布的为 B3 文献。

1. 异议

授权公开 9 个月内，除专利权人之外的任何人均可以向欧洲专利局提出异议，超过 9 个月，仅能向该专利有效的单个国家提出意见。第三方可以充分利用该异议阶段，集中指出授权问题。异议程序与实审程序相互独立，欧洲专利局异议部的异议审查小组由 3 人组成。

异议程序与审查程序的不同在于当事人（专利权人和异议人）之间的过程（inter-partes procedure）。

异议程序优先于限制程序。

提出异议只能基于以下理由：①欧洲专利的主题依据 A52~A57，不能授予专利的，包括不属于可授权的发明，可专利排除的内容，不具备新颖性、创造性、实用性；②欧洲专利没有足够清楚、完整地公布其发明以使本领域技术人员能够实施；③欧洲专利的主题超出了原来提出的申请的内容，或者如果专利是根据分案申请或者按 A61 提出的新申请授予的，其主题超出了在先申请的内容。

虽然有些条款属于驳回理由，但是却不能作为异议的理由：①权利要求不清楚、不简明，得不到说明书的支持（A84）；②缺乏单一性（A82）；③权利恢复缺乏法律依据（A122）；④专利权人不具有取得欧洲专利权的资格（A61）；⑤未指明真正的发明人（A61）；⑥优先权无效不能单独作为无效理由（A87）。

在中国专利局，“缺乏单一性”同样不能作为异议的理由，但“权利要求不清楚、不简明和不支持”则可以作为异议的理由。

2. 限制（limitation）和撤销（revocation）

专利权人在授权后任何时间均可以对自己的专利进行限制（limitation）和撤销（revocation），该限制和撤销后的专利自始不存在。

3. 上诉

针对欧洲专利局作出的决定如果有不同意见，可以向独立的上诉委员会做出。提起上诉必须在收到欧洲专利局决定的通知后 2 个月内，以书面形式向欧洲专利局提交，上诉费的缴费期限也是2个月。在上诉书中可以不写具体的理由，但是要写明上诉的决定及要求修改或撤销决定的范围。上诉理由的书面意见必须自该决定通知送达后的4个月内提交。因此申请人有相对于2个月更长一点的时间来准备更多的证据。

欧洲专利局还设有一个扩大上诉委员会，该委员会针对以下案件发表决定和意见：由上诉委员会提交的；当上诉委员会有不同决定时；由局长提交的。

2.1.3　欧洲专利审查的其他规定

1. 保护期及有效期

欧洲专利的保护期（Term of the European Patent）为20年，从欧洲专利申请日开始计算［A63（1）］。此处的申请日不包括优先权日。由于申请日当天不计算在内，因此，欧洲专利保护期在计算时只需要在其年份上增加20年即可得到该专利的届满日。例如，2020年6月1日提出的欧洲专利申请，其最长保护期到2040年6月1日届满。

欧洲专利还涉及有效期概念，尽管欧洲专利的保护期是从申请日开始计算，但这并不意味着该专利自申请日起就获得了权利。实际上，欧洲专利权在该专利被公告之日起生效，在专利权人每一个指定的成员国内享有专利保护［A64（1）］。但是由于从提出欧洲专利申请到公告授权之间必定存在审查时间和准备公告的时间，因此，欧洲专利真正有效的期限必定少于20年。如果产品专利、生产方法专利或用途专利所针对或涉及的产品在进入该国市场前，需要依法经过行政审批，那么成员国可以通过国内立法延长欧洲专利保护期，或者在保护期届满后给予相应的法律保护［A63（2）（b）］。

专利授权公告则是一种确认专利权的行为，从公告之日起该专利就具有法律保护的垄断权。专利申请公布与专利授权公告不同，专利申请公布只是一种简单的公开行为，公布之日该专利并未获得授权，此时若第三方使用了该专利申请的技术方案，也不属于侵权。这对于申请人而言是十分不公平的，为此，专利申请公布后的临时保护期制度是专利保护的一种补充。中国专利法中也有临时保护制度，发明专利申请公布后，申请人可以要求实施临时保护期，其发明的单位或者个人须支付适当的费用。欧洲专利制度中也有类似的临时保护期制度。临时保护期是指从专利申请公开到专利授权公告之间的时段。自欧洲专利申请公布之日，专利申请人在其指定的成员国内临时享有与专利保护相同的规定［A67（1）］。临时保护的范围受限于授权专利的权利要求，而授权专利的权利要求对于专利申请的临时保护的权利要求范围具有追溯力［A69（2）］。

临时保护期内的专利还未授权，专利申请人不能用一个尚未授权的专利去要求专利许可费，或者将未经同意使用其技术方案的第三方以专利侵权为由起诉至法院。在临时保护期内的费用问题，各成员国都拥有自己的立法权，且至少应当确保专利申请人有权向使用自己技术方案的第三方要求合理的补偿［A67（2）］。

欧洲专利申请的临时保护期只在该专利申请指定的成员国内适用，如果成员国使用的语言与欧洲专利申请所公布的语言不同，成员国也有权规定：必须在专利申请人按要求翻译为本国语言，并且将翻译文件公之于众或传送给在本国使用其技术方案的第三方之后，临时保护的范围与合理费用的条款才能够适用［A67（3）］。

欧洲专利申请临时保护期的基础是专利申请阶段的有效存续，如果欧洲专利申请被授权、视为撤回或被驳回，则临时保护期的法律效力将丧失［A67（4）］。如果仅在某一成员国内被撤回、视为撤回或被驳回，则临时保护期的法律效力在该成员国内丧失。如果欧洲专利在授权后被宣告无效或被撤销，其临时保护期的法律效力也被视为自始不存在（A68）。

2. 专利申请权

一旦申请人被认定不具有提出欧洲专利申请的资格，即使发明创造具有可专利性，也仍然会面临无法授权的风险。此时，如果第三方能够证明自己有权取得发明创造的申请权，该第三方就能够在以下三条途径中进行选择［A61（1）］：①取代原申请人的地位，以自己的名义继续专利申请程序；②针对同样的发明创造，另行提出一件新的欧洲专利申请；③要求驳回该欧洲专利的申请。

欧洲专利的分案申请［A76（1）］比照适用上述②项的选择［A61（2）］。第三方如果想要行使选择权，就必须在法律上确认自己才是真正有资格的申请人，该确认必须通过向法院起诉的方式进行，由某一家具有管辖权的法院作出的司法判决。

1）审查程序的中止

通常欧洲专利局审查员不会对专利申请人是否具有申请资格进行实质审查，实际上，“无资格人提出欧洲专利申请”的情况大多发生在专利申请权纠纷时。一旦发生申请权的权属纠纷，通知书不能确定发给何人，如果重要通知发送给错误的申请人，会损害真正有资格申请人的合法权利。因此，一旦发生专利申请权纠纷，中止审查程序是十分必要的。审查程序中止，发生在欧洲专利公告授权之前［R16（1）（b）］，即申请审查阶段。如果该专利已经获得了授权，此时欧洲专利局已经完成了审查与授权工作，第三方只能以专利权归属纠纷为由诉诸有管辖权的法院。

当一件专利正处于审查阶段时，如果第三方以专利申请权纠纷将申请人起诉到法院，并且通知了欧洲专利局，那么欧洲专利局将会立即中止审查程序，并等待法院的判决，除非该第三方同意欧洲专利局继续进行审查程序。该“同意”的声明一旦作出便不可撤销［R14（1）］。

一旦第三方向欧洲专利局提供了证据，证明其已经向法院提出了专利申请权归属的诉讼，那么直到欧洲专利局恢复审查程序之日止，专利申请人不得撤回欧洲专利申请，也不得撤回对任何成员国的指定，以防造成对真正专利申请人不利的局面（R15）。

专利申请权归属纠纷会出现以下三种情况之一：

（1）第三方才是有资格的专利申请人或部分技术内容的专利申请人；

（2）原专利申请人是有资格的专利申请人；

（3）第三方和原专利申请人都没有资格，有资格的申请人另有其人。

一旦法院作出了生效判决，专利审查程序的恢复会根据不同的司法判决结果有所不同。

对于上述情况（1），即有利于第三方，必须在司法判决生效 3 个月届满后，欧洲专利局才能够自行恢复审查程序，除非第三方主动要求恢复审查程序［R14（2）］。这是由于当发生有利于第三方的情形时，必须给其一定的思考时间，从替代原申请人、另行申请及撤回申请［A61（1）］这三种选择中作出决定，如果第三方逾期并未作出选择，则欧洲专利局默认为第三方替代原申请人的地位，恢复审查程序。但如果将来第三方未提交相应的主体证明材料、未缴纳费用，或者未按指定期限答复通知，则专利申请被视为撤回。

对于上述情况（2）或（3），此两种情况均不利于第三方，欧洲专利局应当向申请人及相关当事人发出通知，通知中写明恢复审查的日期，自该日期到达后恢复审查程序。

2）审查程序的继续

一旦第三方对专利申请权的归属提出挑战，就会导致专利审查时间的拖延。由于欧洲专利局并不具有审核真正专利申请人的能力和权力，也无法判断第三方提出挑战的主观意愿是善意还是恶意，因此，这种对专利申请权提出挑战的做法很容易成为商业界恶性竞争的手段，进而达到拖延竞争对手专利授权的目的。

对于这种“拖延战”，欧洲专利局可以进行自由裁量，尽量避免将审查周期过度延后。欧洲专利局可以在作出中止审查程序的同时再指明一个将来恢复审查程序的日期，当所规定的日期届满后，即使法院尚未作出专利申请权归属的生效判决，欧洲专利局也能够继续进行审查程序，从而避免审查周期被第三方恶意拖延的情况［R14（3）］。该指明的恢复审查程序给予欧洲专利局恢复审查程序的新选择，使得审查员不用等待司法判决就能够恢复审查程序，将恶意拖延战给专利申请人产生的损害尽量降到最低。

3. 地域相关问题

1）欧洲专利申请与国家专利申请的等同性

由于不同国家的专利制度存在差异，对能够授予专利的客体范围与审查标准也并不相同，专利权仅在被授予专利的国家或联盟范围内有效，这体现了专利的地域性特征。EPC的发布和欧洲专利局的建立，其目的之一是简化专利申请的难度，降低专利申请人的成本。欧洲专利申请与国家专利申请具有等同性（Equivalence），使得这一目的得以实现。专利申请人取得欧洲专利申请日后，在所指定的成员国内，应当等同于其本国正式的国家申请，在适当的情况下，所要求的优先权也适用于等同性的规定（A66）。

2）欧洲专利权保护的地域性

除非 EPC 另有规定，欧洲专利在其指定的成员国内，与该成员国授予的国家专利具有相同的法律效力，也受到同样的条件限制（A2.2）。欧洲专利申请人有权要求欧洲专利在指定的一个或多个成员国内发生授权的效力（A3）。虽然专利生效具有等同性，但一旦发生专利侵权，仍然应当由各成员国的本国法律调整（A64.3），以实现司法的独立性，地域层面的保护范围对专利权保护格外重要。

4. 语言问题

欧洲各国的官方语言各有不同，因此在欧洲专利制度中对于申请的语言也有较为细致的规定。欧洲专利制度中涉及的语言有官方语言、工作语言、可接受的语言、所有语言。

欧洲专利局的官方语言为英语、法语和德语（A14）。工作语言为欧洲专利申请所采用的官方语言，或者其翻译所采用的官方语言，适用于该专利申请在欧洲专利局进行的所有法律程序，工作语言一旦确定，不得更改。如果欧洲专利登记簿采用的 3 种官方语言发生冲突，应当以审查程序工作语言所登记为准。如果成员国的官方语言不是英语、法语或德语，则居住地或者主要营业地在其境内的自然人或法人，或者其在国外居住的国民，可以使用该国的官方语言提交其在特定期限内必须提交的文件，可见，该成员国的官方语言为可接受的语言。虽然他们随后还是要提交欧洲专利局官方语言的翻译文本，但是由于可以先使用母语提交相应文件，他们可以有更充足的时间进行修改和准备译文。符合获得申请日的最低要求申请可以使用任何其他语言提出｛分案申请除外，其应当以审查程序的工作语言提出［R36（2）］｝。

自欧洲专利授权、依修改后专利维持专利授权决定或者限制性修改文本在《欧洲专利公报》的公告日起 3 个月内，专利权人应当提交上述官方语言翻译，除非成员国法律规定有更长的期限［A65(1)］。对于欧洲专利申请文件的翻译，应在提出欧洲专利申请的两个月内提交［R6（1）］。对于欧洲专利审查中文件的翻译，应在提交文件的一个月内提交［R6（2）］。

如果申请人逾期没有提交专利申请文件的翻译，其欧洲专利申请被视为撤回，其他任何文件如果没有按照规定的语言提交，或者逾期没有提交要求的翻译文件，则该文件视为没有提交（A14）。

由于欧洲专利在申请、审查和授权后可能存在相同内容不同语言的多个文本，因此需要确定以哪种语言的文本作为作准文本。首先，欧洲专利申请或欧洲专利在申请审查程序中所采用的工作语言文本是其在欧洲专利局及所有成员国法律程序之中的作准文本。其次，如果欧洲专利申请是以欧洲专利局官方语言之外的语言提出的，则作准文本应当是按照 EPC 提出的专利申请文本。修改欧洲专利或欧洲专利申请不得超过原始专利申请文件的内容，因此以非欧洲专利局官方语言提出的原始专利申请具有决定意义。根据 A14（2），任何翻译错误都可以在欧洲专利局的审查过程中予以更正。但是一旦欧洲专利授权，权利要求的保护范围即依照官方语言文本固定下来。最后，任何成员国都可以规定，欧洲专利申请或者欧洲专利依照公约规定翻译成一种本国官方语言的，该翻译文本在该成员国内是作准文本（A70）。

5. 权利的恢复

权利恢复的请求都应在引起未遵守期限的原因消除后的 2 个月内以书面方式提出，最迟不得超过未遵守期限届满后的 1 年。但是，有关优先权［A87（1）］和请求扩大上诉委员会复审［A112（a）（4）］所规定的任何期限，权利恢复请求应于该期限届满日后的 2 个月提出。只有缴纳了权利恢复费后，请求才视为已被提出［R136（1）］。通常，这 2 个月的期限的起点是收到欧洲专利局根据 R112 发出的告知权利丧失的通知之日。

第三方出于诚信，在 A122（1）所指权利丧失和《欧洲专利公报》公告权利恢复的期限内，如果在欧洲专利指定国内已经使用、或者已经作好有效的使用准备，受已公布欧洲专利申请或欧洲专利保护的发明，则第三方可以在其商业活动中或为其商业活动的需要，继续上述使用行为，并不需要支付费用。

2.2　欧洲专利审查过程中的表格介绍

欧洲专利审查过程中的主要表格名称见表 2.3。

表 2.3　欧洲专利审查过程中的主要表格名称

表格编号	表格名称（英文）	表格名称（中文）
1001	Request for grant of a European patent	请求授予欧洲专利
1002	Designation of inventor	指定发明人
1003	Authorisation	授权书
1004	General authorisation	一般授权书
1005	PACE request to the European Patent Office	向欧洲专利局提出的加快处理程序要求
1009	Request for participation in the Patent Prosecution Highway (PPH) pilot program	要求参加专利审查高速公路（PPH）试点计划
1011	Declaration for SMEs, natural persons, non-profit organisations, universities and public research organisations for the purpose of fee reductions under Rule 6 EPC	针对中小企业、自然人、非营利组织、大学和公共研究组织的声明，目的是根据 R6 减少费用
1011bis	Declaration for SMEs, natural persons, non-profit organisations, universities and public research organisations for the purpose of the reduction of the fee for appeal under Article 2(1), item 11 of the Rules relating to Fees and Rule 6(4) and (5) EPC	为中小型企业、自然人、非营利组织、大学和公共研究组织的声明，目的是根据 A2（1），“费用细则”第 11 项和 R6（4）、R6（5），减少上诉费用
1012	Enquiry as to the processing of the file	有关文件处理的询问
1013	Request for retrieval of a certified copy of a previous application (priority document) via the WIPO Digital Access Service (DAS)	要求通过世界知识产权组织数字访问服务（DAS）获取在先申请（优先权文件）的认证副本
1018	Withdrawal of one or more European patent applications	撤回一项或多项欧洲专利申请
1020	Payment form only for applications filed with national patent offices	仅针对向国家专利局提出的申请的付款表格
1032	Confirmation of an international application filed by fax	确认通过传真提交的国际申请
1034	Important deadlines when filing a European patent application	提交欧洲专利申请的重要截止日期

续表

表格编号	表格名称（英文）	表格名称（中文）
1037	Acknowledgement of receipt by the EPO of subsequently filed items relating to patent applications/patents	欧洲专利局对随后提交的与专利申请 / 专利有关的项目的确认
1038	Letter accompanying subsequently filed items	随后提交的项目随附的信函
1140	Request for the issue of a sample of deposited biological material	要求发出保藏的生物材料样品
1141	Notes concerning the forms for the issue of a sample of deposited biological material	关于保藏生物材料样本的形式的注释
1142	Request for deposited biological material to be made available by issuing a sample to an expert	将提供保藏的生物材料样本发给专家的请求
	Declaration by the nominated expert under Rule 32 EPC	提名专家根据 R32 所作的声明
1142a	Notes concerning the request for deposited biological material to be made available by issuing a sample to an expert	有关将保持生物材料的样本发给专家的请求的说明
1200	Entry into the European phase (EPO as designated or elected Office)	进入欧洲阶段（欧洲专利局为指定或选定局）
2300	Notice of opposition to a European Patent	反对欧洲专利的通知
2380	Request for limitation or revocation of a European patent	要求限制或撤销欧洲专利
3002	Notice of appeal	上诉通知书
5050	Request for registration in the European Patent Register of the transfer of one or more European patent applications/patents (Rules 22 and 85 EPC)	在欧洲专利注册中的登记转让一个或多个欧洲专利申请 / 专利（R22 和 R85）的请求
5051	Request to update the European Patent Register: changes to the particulars of applicants/proprietors in one or more	要求更新欧洲专利注册簿：更改一个或多个申请人 / 所有人的详细信息
	European patent applications/patents (Rule 143(1)(f) EPC)	欧洲专利申请 / 专利［R143（1）（f）］
	changes to the particulars of applicants/proprietors in one or more European patent applications/patents (Rule 143(1)(f) EPC)	更改一项或多项欧洲专利申请 / 专利中申请人 / 所有人的详细信息［R143（1）（f）］

续表

表格编号	表格名称（英文）	表格名称（中文）
5055	Declaration of the transfer of one or more European patent	一项或多项欧洲专利转让的声明
	applications/patents	申请 / 专利
5060	Request to update the European Patent Register	要求更新欧洲专利注册
	appointment or change of representative in one or more European patent applications/patents (Rule 143(1)(h) EPC)	任命或更改一名或多名欧洲专利申请 / 专利的代理人［R143（1）（h）］
5061	Request to update the European Patent Register	要求更新欧洲专利注册
	changes to the particulars of a representative in one or more	更改一位或多位代理人的详细信息
	European patent applications/patents (Rule 143(1)(h) EPC)	欧洲专利申请 / 专利［R143（1）（h）］

2.3 欧洲专利申请费用

欧洲专利申请各项费用在欧洲专利局的网站上都有公开，表 2.4 列出了常用的费用信息。由于欧洲专利局会定期更新收费标准，可以通过其网站查询最新的收费金额。

表 2.4 欧洲专利申请常用费用信息（2022 年）

代码	项目	费用 / 欧元
001	直接向欧洲专利局申请申请费 – 非在线申请	270.00
001	直接向欧洲专利局申请申请费 – 在线申请	130.00
002	欧洲检索费 –2005 年 7 月 1 日之前提交的申请的补充检索费	950.00
002	欧洲检索费 –2005 年 7 月 1 日及之后提交的申请书	1 390.00
003	国际检索费	1 775.00
004	国际类型检索费用 – 首次申请	1 295.00
004	国际类型检索费用 – 所有其他案件	2 025.00
005	指定费 – 对 2009 年 4 月 1 日之前提交的申请，每个被指定的国家（最多 7 个）	110.00
005	指定费 – 适用于 2009 年 4 月 1 日或之后提交的申请，所有缔约国被指定	630.00

续表

代码	项目	费用 / 欧元
006	审查费 –2005 年 7 月 1 日之前提交的申请和 2005 年 7 月 1 日及之后提交的国际申请，在没有补充欧洲检索报告的情况下	1 955.00
006	审查费 –2005 年 7 月 1 日（含）以后提出的申请	1 750.00
007	授权和印刷费（不超过 35 页）或授权费（含出版费）	990.00
008	第 36 页及以后每页的附加印刷费	16.00
009	发布欧洲专利新规范的费用	80.00
010	异议费	840.00
011	上诉费 – 对除 R6（4）、R6（5）所述的实体以外的其他实体提出的上诉	2 785.00
011	上诉费 – 对于自然人或 R6（4）、R6（5）所述的实体提出的上诉	2 015.00
013	重新建立、恢复、修复的费用（EPC、PCT）	685.00
014	转换费	80.00
015	权利要求费 – 第 16 项以及之后的每一项权利要求直到第 50 项	250.00
015	权利要求费 – 第 51 项以及之后的每项权利要求	630.00
016	根据 R71（4）规定的权利要求费 – 对于第 16 项和随后的每项权利要求直到第 50 项	250.00
016	根据 R71（4）的权利要求费 – 对于第 51 项和随后的每项权利要求	630.00
017	请求异议部门决定确定费用的费用	80.00
018	证据保存费	80.00
019	国际申请的传输费	140.00
020	申请费 – 进入欧洲阶段 – 不在线	270.00
020	申请费 – 进入欧洲阶段 – 在线	130.00
021	国际申请初步审查费	1 830.00
022	转让登记	110.00
023	许可证和其他权利的注册或注销	110.00
029	认证的副本（申请书、优先权文件、专利证书、其他文件）	110.00
030	文件中的信息交流	110.00
033	第 3 年的维持费	505.00
034	第 4 年的维持费	630.00
035	第 5 年的维持费	880.00
036	第 6 年的维持费	1 125.00
037	第 7 年的维持费	1 245.00

续表

代码	项目	费用 / 欧元
038	第 8 年的维持费	1 370.00
039	第 9 年的维持费	1 495.00
040	第 10~20 年的每年维持费（从第 10 年开始不变）	1 690.00
041	第 11 年的维持费	1 690.00
042	第 12 年的维持费	1 690.00
043	第 13 年的维持费	1 690.00
044	第 14 年的维持费	1 690.00
045	第 15 年的维持费	1 690.00
046	第 16 年的维持费	1 690.00
047	第 17 年的维持费	1 690.00
048	第 18 年的维持费	1 690.00
049	第 19 年的维持费	1 690.00
050	第 20 年的维持费	1 690.00
055	增加检索报告中引用文件的副本	110.00
056	附加费［R82（3），R95（3）］	130.00
060	技术意见费	4 175.00
062	异议费 – 国际申请	935.00
063	滞纳金（R. 16bis.2 PCT），最高金额	652.50
064	滞纳金（R. 58bis.2 PCT）	392.00
066	延迟提供序列表的费用（R. 13ter.1, 13ter.2 PCT）	245.00
067	延迟提供序列表的费用［R30（3）］	245.00
069	补充国际检索费	935.00
093	增加第 3 年续期费	252.50
094	增加第 4 年续期费	315.00
095	增加第 5 年续期费	440.00
096	增加第 6 年续期费	562.50
097	增加第 7 年续期费	622.50
098	增加第 8 年续期费	685.00
099	增加第 9 年续期费	747.50
100	增加第 10 年续期费	845.00
101	增加第 11 年续期费	845.00

续表

代码	项目	费用 / 欧元
102	增加第 12 年续期费	845.00
103	增加第 13 年续期费	845.00
104	增加第 14 年续期费	845.00
105	增加第 15 年续期费	845.00
106	增加第 16 年续期费	845.00
107	增加第 17 年续期费	845.00
108	增加第 18 年续期费	845.00
109	增加第 19 年续期费	845.00
110	增加第 20 年续期费	845.00
111	申请复核费用	3 115.00
121	进一步处理的费用［逾期履行 R71（3）的行为］	275.00
122	进一步处理的费用（与费用无关的案件）	275.00
123	进一步处理的费用（滞纳金 – 相关费用的 50%）	0.00
131	限制费	1 245.00
141	撤销费	560.00
222	PCT 超过 30 页以内的每页费用	15.00
224	手续费	196.00
225	国际申请费	1 305.00
316	PCT– 网络申请减少	–98.00
318	PCT–PDF 减少	–196.00
319	PCT–XML 减少	–294.00
400	延期费附加费	51.00
501	第 36 页及以后每页的附加申请费	16.00
520	第 36 页及以后每页的附加申请费 – 进入欧洲阶段的申请费	16.00
552	第 2 代分案增加费	225.00
553	第 3 代分案增加费	455.00
554	第 4 代分案增加费	680.00
555	第 5 代分案增加费	910.00

欧洲专利申请应当支付专利申请费和检索费。申请费或者检索费没有按时支付的，欧洲专利申请视为撤回［A78（2）］。申请费与检索费应在欧洲专利

申请提出后的1个月内缴纳（R38）。根据获得申请日的最低要求（R40），缴纳申请费和检索费不是必须的，因此当一件欧洲专利申请是专门为了将申请日作为优先权日而提出的，则不必考虑缴费。

由表2.4可以看出，关于权利要求项数超过15项的附加费用比较高，权利要求超过15项后，第16项～第50项，每项的附加费250欧元，51项以上，每项的附加费用更是高达630欧元。并且该费用不仅限制申请时的权利要求，在实审程序中，审查员确认的授权文本中权利要求超出15项的，应在收到通知之日起4个月内缴纳权利要求超项费，如果未在规定的期限内缴费，申请将被视为撤回。欧洲专利申请文件如果超过35页，从第36页起每页需缴纳16欧元的附加申请费。

指定费应该在《欧洲专利公报》上公布欧洲检索报告之日起6个月内缴纳，如果在规定的时间内没有缴纳针对某一指定国的指定费，则相对于该指定国，该申请将被视为撤回。如果在规定的时间内没有缴纳任何指定费，或者撤回对所有成员国的指定，则该申请将被视为撤回。指定费通常不予退还，只有一种情况例外：自申请日起14个月内，要求优先权的，自优先权日起14个月内，欧洲专利局没有收到该欧洲专利申请，该申请将被视为撤回。关于该申请的任何已缴纳的费用将被退还。

欧洲专利申请的维持费用于维持专利审查的状态，中国专利制度中没有缴纳维持费的要求。欧洲专利申请必须先向欧洲专利局缴纳维持费，在欧洲专利核发后，则必须向经欧洲专利局核准的缔约国专利局缴纳年费。自申请欧洲专利起的第3年开始及以后的各年，每年应向欧洲专利局缴纳维持费。欧洲专利的维持费须在下一年的欧洲专利申请日所在月的最后1日前交付。例如，一项欧洲专利的申请日为2012年3月8日，则维持费应从2014年3月31日开始，并且此后每年3月31日前交付。如果维持费缴纳时间早于其到期前一年，则缴纳无效。维持费缴费日和欧洲专利申请的实际申请日相关，而与优先权日无关。

如果没有在上述规定期限内缴纳维持费，过期限后6个月内补缴依然有效，但必须同时缴付滞纳金，滞纳金为迟缴维持费的10%。如果维持费及可能产生的滞纳金没有在规定期限内缴纳，则该欧洲专利申请被视为撤回。在这种情况下，申请人可以要求恢复权利，申请人应在原维持费缴费日起，1年内提出请求。

在公布授予欧洲专利通知当年的维持费缴纳后，缴纳维持费的义务终止。如果维持费在R71（3）中的通知之前到期或者在通知后、但在预计公告授予欧洲专利之前到期，则只有在当年维持费付清之后才会公告欧洲专利。如果预期公告授予欧洲专利的日期在另一次缴纳维持费的日期之后，欧洲专利局会提醒申请人这一事实［R71（a）］，也就是只有在缴纳维持费之后，授予的欧洲专利才会被公告。在欧洲专利授权之后，专利权人应根据各自国内法律，向欧洲专利生效的所有成员国的专利局缴纳专利维持费。

申请维持费是专利权人期望专利申请不间断地处于审查状态的一种意愿表示，如果逾期未缴纳申请维持费，则其专利申请将被视为撤回。因此，即使处于专利申请权诉讼阶段，专利申请人也应当在申请维持费的缴费期限内缴纳该笔费用。

第三章　欧洲专利新颖性、创造性及工业实用性规定的特点

专利制度是一项国际通用的制度，因此各国专利法的规定也基本相同。我国专利制度起步较晚，形成之初主要是借鉴欧洲的专利制度，因此各项规定与欧洲专利局的规定存在较大的一致性。但是由于国情不同，以及各种影响因素，欧洲和我国在专利法、实施细则及审查指南的各项规定中仍然存在一些差异。关注和分析这些差异，有助于我国申请人深入认识和了解欧洲专利审查制度的特点，从而在申请欧洲专利和答复欧洲专利局审查意见时有所借鉴。

新颖性、创造性和工业实用性是专利实质审查中最主要的条款。本章将从欧洲专利法中关于新颖性、创造性和工业实用性的具体条款及欧洲专利指南中的相关规定入手，分析它们的特点，并通过与中国专利法和审查指南的相关规定进行对比分析，从而充分认识欧洲专利关于新颖性、创造性和工业实用性规定的特点，以期对有针对性地进行欧洲专利申请或答复有所帮助。

3.1　新颖性

3.1.1　新颖性的定义

《欧洲专利局审查指南》G部分第Ⅵ章第一节明确指出：如果一项发明没有构成现有技术的一部分，则该发明具备新颖性。

《欧洲专利局上诉委员会判例法》（以下简称《判例法》）新颖性部分记载，A52（1）设立了可取得专利的发明的4个要件：其必须是一项发明，还必须满

足新颖性、创造性及工业实用性的要求。新颖性不仅是A52（1）意义下的取得发明的要件，而且是一个单独的可专利性要求。一项发明仅当其是新的情况下才可被授予专利权，并且其在未构成现有技术的一部分的情况下才可被认为是新的。设置A54（1）的目的是防止现有技术再次被授予专利权。因此其定义的新颖性应当为：一项发明未构成现有技术的一部分。

中国《专利审查指南2010》中新颖性的概念为：新颖性是指该发明或者实用新型不属于现有技术；也没有任何单位或者个人就同样的发明或者实用新型在申请日以前向专利局提出过申请，并记载在申请日以后（含申请日）公布的专利申请文件或者公告的专利文件中。

图3.1给出了欧洲专利局和中国专利局“新颖性”定义的具体差异，其中“没有构成现有技术的一部分”和“不属于现有技术”虽然表述上有所差异，但其实质是相同的。至于对象，由于我国专利法规定的发明创造包括发明、实用新型和外观设计，因此新颖性的适用也涉及实用新型。最显著的区别在于中国专利局在新颖性的定义中同时对抵触申请的情形也进行了明确限定。

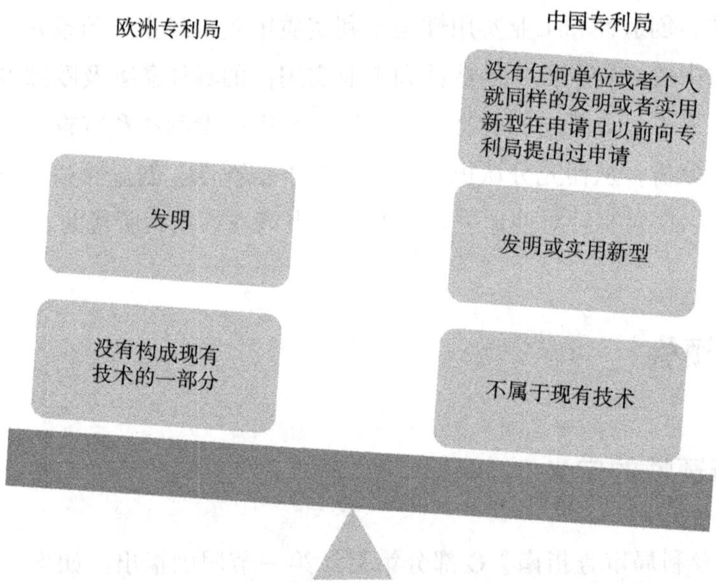

图3.1 欧洲专利局和中国专利局“新颖性”定义的差异

3.1.2　现有技术的界定

由于欧洲专利局和中国专利局关于新颖性的定义都直接涉及现有技术，鉴于此，首先要界定现有技术。

《判例法》新颖性部分对现有技术进行了定义：按照A54（2）的规定，现有技术包括在欧洲专利申请的申请日或优先权日之前，已经通过文字或口头描述、使用或任何其他方式可为公众获得的所有内容。

中国《专利审查指南2010》第二部分第三章第2.1节中记载：根据《专利法》第22条第5款的规定，现有技术是指申请日以前在国内外为公众所知的技术。现有技术包括在申请日（有优先权的，指优先权日）以前在国内外出版物上公开发表、在国内外公开使用或者以其他方式为公众所知的技术。现有技术应当是在申请日以前公众能够得知的技术内容。换句话说，现有技术应当在申请日以前处于能够为公众获得的状态，并包含有能够使公众从中得知实质性技术知识的内容。

从现有技术的定义可以看出，欧洲专利局和中国专利局关于现有技术的时间界限是一致的，均是申请日，享有优先权的，则指优先权日。

从公开方式看，虽然表述有所不同，但实质内容基本一致，如图3.2所示。

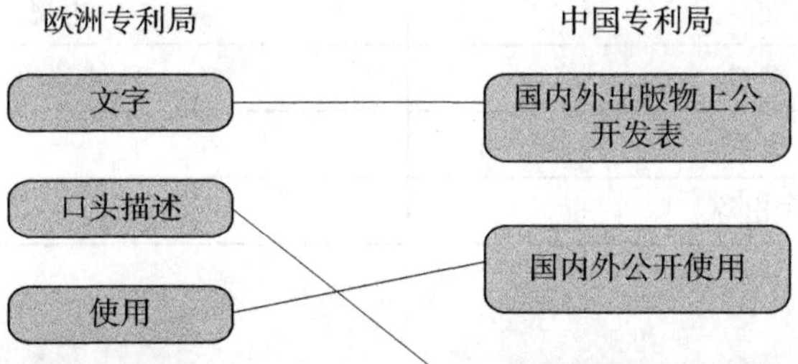

图3.2　欧洲专利局和中国专利局现有技术公开方式的比较

中国《专利审查指南2010》中还对出版物公开、使用公开及以其他方式公开的具体方式进行了说明，具体如图3.3、表3.1所示。

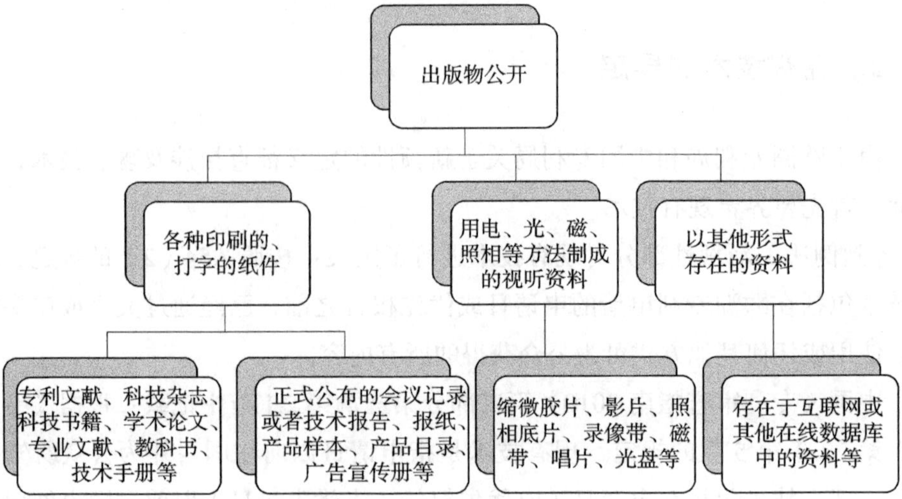

图 3.3 中国专利局关于出版物公开的公开方式

表 3.1 中国专利局关于使用公开和以其他方式公开的公开方式

使用公开	以其他方式公开（主要指口头公开等）
制造	口头交谈
使用	报告
销售	讨论会发言
进口	广播
交换	电视
馈赠	电影等
演示	—
展出等	—

3.1.3 隐含的特征或众所周知的等同物

《欧洲专利局审查指南》G 部分第Ⅵ章第 2 节指出：如果要求保护的主题能从一篇文献中直接地、毫无疑义地确定，该文献包括在其中清楚提及的内容中对于本领域技术人员而言隐含的特征，那么该文献会影响该主题的新颖性。例如，在公开了使用橡胶的情况下，即使没有清楚指明，其弹性特性的使用能够影响弹性材料使用的新颖性。对于从文献中“直接地、毫无疑义地”导出主题的限制是重要的，因为在考虑新颖性时，将文献的教导解读为包含文献中没有公开的公知的等同物是不正确的，其属于“显而易见的”的范畴。

而中国《专利审查指南 2010》第二部分第三章第 3.2.3 节中关于隐含公开的表述为：引用对比文件判断发明或者实用新型的新颖性和创造性等时，应当以对比文件公开的技术内容为准。该技术内容不仅包括明确记载在对比文件中的内容，而且包括对于所属技术领域的技术人员来说，隐含的且可直接地、毫无疑义地确定的技术内容。但是，不得随意将对比文件的内容扩大或缩小。另外，对比文件中包括附图的，也可以引用附图。但是，审查员在引用附图时必须注意，只有能够从附图中直接地、毫无疑义地确定的技术特征才属于公开的内容，由附图中推测的内容，或者无文字说明、仅是从附图中测量得出的尺寸及其关系，不应当作为已公开的内容。

因此，可以看出，中国专利局关于“隐含公开”的限定与欧洲专利局关于“隐含的特征”的限定基本一致。

但对于《欧洲专利局审查指南》中的“众所周知的等同物”，中国《专利审查指南 2010》中与之较为相关的是“惯用手段的直接置换”。但中国《专利审查指南 2010》第二部分第三章第 3.2.3 节中指出：如果要求保护的发明或者实用新型与对比文件的区别仅仅是所属技术领域的惯用手段的直接置换，则该发明或者实用新型不具备新颖性。

例如，对比文件公开了采用螺钉固定的装置，而要求保护的发明或者实用新型仅将该装置的螺钉固定方式改换为螺栓固定方式，则该发明或者实用新型不具备新颖性。

从采用螺钉固定和采用螺栓固定的例子来看，中国《专利审查指南 2010》认为其为惯用手段的直接置换，对比文件公开了采用螺钉固定的装置，则采用螺栓固定的发明或者实用新型不具备新颖性。但按《欧洲专利局审查指南》分析，螺钉和螺栓用于固定应当属于众所周知的等同物，但文献中仅公开了采用螺钉固定，并没有公开采用螺钉的众所周知的等同物——螺栓固定，因此采用螺栓固定属于显而易见的范畴，不属于现有技术的一部分，因此相对于采用螺钉固定的文献，采用螺栓固定的发明或者实用新型具备新颖性。

但实际操作中，由于关于“惯用手段的直接置换”的概念较为模糊，且例子较少，因此《欧洲专利局审查指南》中关于“众所周知的等同物”的限定更具有操作性。

3.1.4 一般公开和具体示例

《欧洲专利局审查指南》G 部分第Ⅵ章第 5 节指出：在评价新颖性时，需要注意的是一般公开不能影响该公开内容中的具体事例的新颖性，但是具体公开会影响包含该具体公开的一般性权利要求的新颖性。例如，铜的公开会影响作为一般概念的金属的新颖性，但是不能影响除铜之外的任何金属的新颖性；铆钉会影响作为一般概念的紧固装置的新颖性，但不会影响除铆钉之外的任何紧固装置的新颖性。

中国《专利审查指南 2010》与之对应的为“具体（下位）概念与一般（上位）概念”，中国《专利审查指南 2010》第二部分第三章第 3.2.2 节指出：如果要求保护的发明或者实用新型与对比文件相比，其区别仅在于前者采用一般（上位）概念，而后者采用具体（下位）概念限定同类性质的技术特征，则具体（下位）概念的公开使采用一般（上位）概念限定的发明或者实用新型丧失新颖性。例如，对比文件公开某产品是“用铜制成的”，就使“用金属制成的”同一产品的发明或者实用新型丧失新颖性。但是，该铜制品的公开并不使铜之外的其他具体金属制成的同一产品的发明或者实用新型丧失新颖性。反之，一般（上位）概念的公开并不影响采用具体（下位）概念限定的发明或者实用新型的新颖性。例如，对比文件公开的某产品是“用金属制成的”，并不能使“用铜制成的”同一产品的发明或者实用新型丧失新颖性。又如，要求保护的发明或者实用新型与对比文件的区别仅在于发明或者实用新型中选用了“氯”来代替对比文件中的“卤素”或者另一种具体的卤素“氟”，则对比文件中“卤素”的公开或者“氟”的公开并不导致用氯对其作限定的发明或者实用新型丧失新颖性。

从以上可以看出，欧洲专利局和中国专利局新颖性审查中针对一般公开和具体事例上的做法是一致的。这是因为一般公开或一般（上位）概念与具体事例或具体（下位）概念之间属于嵌套关系，即大小范围的关系，如图 3.4 所示。

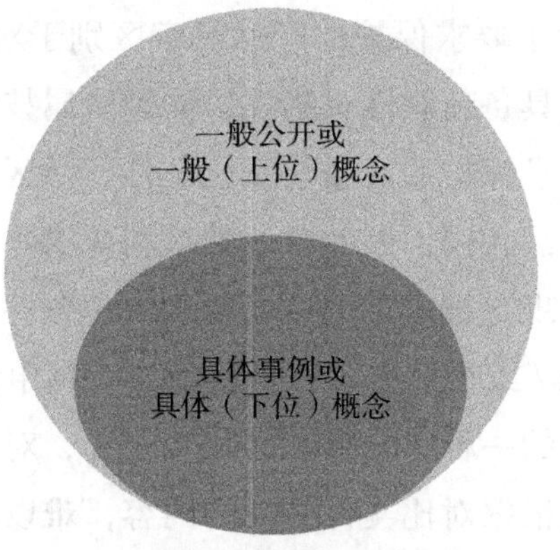

图 3.4　一般公开或一般（上位）概念与具体事例或具体（下位）概念之间的关系

按照技术人员的理解一般公开或一般（上位）概念不一定就是具体事例或具体（下位）概念之间，而具体事例或具体（下位）概念之间必然属于一般公开或一般（上位）概念，例如金属不一定是铜，而铜必然是金属，从而使得具体事例或具体（下位）概念的公开影响一般公开或一般（上位）概念的新颖性，但一般公开或一般（上位）概念不能影响具体事例或具体（下位）概念的新颖性。

3.1.5　参数

《欧洲专利局审查指南》G 部分第Ⅵ章第 6 节指出：在权利要求通过参数限定发明或是技术特征时，可能出现相关的现有技术中公开的是不同的参数或者根本没有公开任何参数。如果现有的产品与要求保护的产品在其他内容上完全相同（例如，如果初始产品和制造工艺均相同），那么首先认为其不具备新颖性。对于其宣称的区别特征，申请人负有举证责任。如果申请人不能给出证据来证实其宣称的内容，那么不能给予申请人有利的推论。相反，如果申请人能够给出证明，例如，通过适当的比较试验，确实参数存在差异，那么值得怀疑的是申请是否公开了制造具有权利要求限定参数的产品的全部必要特征。

中国《专利审查指南 2010》第二部分第三章第 3.2.5 节对于“包含性能、参数特征的产品权利要求”规定如下：对于这类权利要求，应当考虑权利要求中的性能、参数特征是否隐含了要求保护的产品具有某种特定结构和 / 或组成。

如果该性能、参数隐含了要求保护的产品具有区别于对比文件产品的结构和/或组成，则该权利要求具备新颖性；相反，如果所属技术领域的技术人员根据该性能、参数无法将要求保护的产品与对比文件产品区分开，则可推定要求保护的产品与对比文件产品相同，因此申请的权利要求不具备新颖性，除非申请人能够根据申请文件或现有技术证明权利要求中包含性能、参数特征的产品与对比文件产品在结构和/或组成上不同。例如，专利申请的权利要求为用X衍射数据等多种参数表征的一种结晶形态的化合物A，对比文件公开的也是结晶形态的化合物A，如果根据对比文件公开的内容，难以将两者的结晶形态区分开，则可推定要求保护的产品与对比文件产品相同，该申请的权利要求相对于对比文件而言不具备新颖性，除非申请人能够根据申请文件或现有技术证明，申请的权利要求所限定的产品与对比文件公开的产品在结晶形态上的确不同。

从中分析可知，虽然《欧洲专利局审查指南》和中国《专利审查指南2010》中关于参数的限定基本相同，但欧洲专利局的规定显得更为严格，因为在申请人能够给出证明，例如通过适当的比较试验，确实参数存在差异的情况下，欧洲专利局还规定需要继续审查申请是否公开了制造具有权利要求限定参数的产品的全部必要特征。当然，在中国专利局的审查实践中，在申请人能够根据申请文件或现有技术证明，申请的权利要求所限定的产品与对比文件公开的产品在结晶形态上的确不同，可以判定该申请的权利要求相对于对比文件而言具备新颖性，但是否存在其他问题，仍需要后续进一步审查。

3.1.6 用途

《欧洲专利局审查指南》在新颖性的审查中指出，审查员需要牢记的是：特别是对于涉及物理实体的权利要求，特定用途的没有明显不同的特征不应被考虑。例如，涉及用作催化剂的物质X的权利要求不应当认为其相对于用作染料的相同物质具备新颖性，除非该用途暗示该物质具有特殊的结构（如存在某些添加剂），从而使其能与一致的物质结构相区分。也就是说，需要考虑没有明确提及但有特定用途暗示的特征。

中国《专利审查指南2010》第二部分第三章第3.2.5节对于“包含用途特征的产品权利要求”规定如下：对于这类权利要求，应当考虑权利要求中的用途特征是否隐含了要求保护的产品具有某种特定结构和/或组成。如果该用途由产品本身固有的特性决定，而且用途特征没有隐含产品在结构和/或组成上发生改变，则该用途特征限定的产品权利要求相对于对比文件的产品不具有新颖性。例如，用于抗病毒的化合物X的发明与用作催化剂的化合物X的对比文件相比，虽然化合物X用途改变，但决定其本质特性的化学结构式并没有任何变化，因此用于抗病毒的化合物X的发明不具备新颖性。但是，如果该用途隐含了产品具有特定的结构和/或组成，即该用途表明产品结构和/或组成发生改变，则该用途作为产品的结构和/或组成的限定特征必须予以考虑。例如，"起重机用吊钩"是指仅适用于起重机的尺寸和强度等结构的吊钩，其与具有同样形状的一般钓鱼者用的"钓鱼用吊钩"相比，结构上不同，两者是不同的产品。

因此，在使用用途限定产品权利要求的情况下，欧洲专利局和中国专利局均认为特定用途的没有明显不同的特征不应被考虑。当然，产品的用途权利要求与之不同，需要另行分析。

3.1.7 选择发明及数值范围

《欧洲专利局审查指南》G部分第Ⅵ章第8节指出：选择发明是对更大的已知组或是范围中没有明确提及的单个元素、子组或子范围进行的选择。

（1）在考虑选择发明的新颖性时，需要确定是否被选的元素在现有技术中以个体（具体）的形式被公开。对于特定的公开元素的单个列表的选择不具有新颖性。但是，如果对一定长度的两个列表或是更多列表进行选择，其是为了获得特征的特定组合，那么未在现有技术中公开的特征的组合具备新颖性（双列表原则）。从两个或更多列表中进行选择的例子包括：①已知的一般结构式中的单个化合物，其中选择的化合物是对已知的一般结构式中的取代基在两个或多个列表中对特定取代基做出选择。这同样适用于从形成现有技术的混合物的成分列表中对单个成分进行选择形成特殊的混合物的情况；②最终化合物的制造过程的起始材料；③从对应的已知范围的多个参数中选择子范围。

（2）如果满足以下两个条件的话，那么从现有技术的更宽的数值范围中选择子范围具备新颖性：①该选择的子范围相比于现有范围较窄；②选择的子范围距离现有技术中公开的任意特定实施例及已知范围的端点足够远。

仅在要求保护的子范围内出现的效果本身不能在子范围内获得新颖性。但是，在选择的子范围中出现而未在已知的全部范围内出现的技术效果，可以认为发明是新的而并不只是现有技术中的样本。“窄”和“足够远”需要根据案例的具体情况来解释。选择范围之内的新的技术效果也可以是与更宽的已知范围中的效果相同，但程度更高。

（3）在权利要求的主题与现有技术的范围交叉的情况下（如数值范围、结构化学结构式），新颖的评价时与其他情况如选择发明使用同样的准则。对于物理参数的数值范围交叉的情况，已知范围中明确提及的端点、明确提及的中间值或是交叉范围中的现有技术的特定实施例能够影响新颖性。将现有技术范围内已知的破坏新颖性的特定点值排除是不够的，还需要考虑本领域技术人员根据技术现状以及其在本领域可以预期的普通知识时，是否会认真考虑在交叉范围内应用现有技术文献给出的教导。如果清楚地表明他会这么做，那么就不具备新颖性。在 T 26/85 中，本领域技术人员不会认真考虑在交叉范围内实施方案，因为现有技术令人惊讶地包含了一个合理的声明，其劝阻本领域技术人员选择这样的范围，虽然该范围在所述现有技术中要求了。在（2）中提到的准则可以类似地用于评判交叉数值范围的新颖性（参见 T 17/85）。至于交叉的化学式，如果权利要求的主题与现有技术的区别在于交叉的范围具有新的技术内容（新的技术教导），参见 T 12/90 理由的第 2.6 点，例如，特别选定的化学式在交叉区域被现有技术的通式覆盖，但却未在现有技术文献中以个体点出现。如果不属于这种情况，那么必须考虑本领域技术人员是否会认真考虑在交叉范围内实施和 / 或认为交叉的范围在现有技术中以暗示的方式直接地、毫无疑义地公开（参见 T 536/95 给出的示例）。如果答案是肯定的，那么不具备新颖性。

中国《专利审查指南 2010》第二部分第三章第 3.2.4 节指出：如果要求保护的发明或者实用新型中存在以数值或者连续变化的数值范围限定的技术特征，例如部件的尺寸、温度、压力以及组合物的组分含量，而其余技术特征与对比文件相同，则其新颖性的判断应当依照以下各项规定。

（1）对比文件公开的数值或者数值范围落在上述限定的技术特征的数值范围内，将破坏要求保护的发明或者实用新型的新颖性。

（2）对比文件公开的数值范围与上述限定的技术特征的数值范围部分重叠或者有一个共同的端点，将破坏要求保护的发明或者实用新型的新颖性。

（3）对比文件公开的数值范围的两个端点将破坏上述限定的技术特征为离散数值并且具有该两端点中任一个的发明或者实用新型的新颖性，但不破坏上述限定的技术特征为该两端点之间任一数值的发明或者实用新型的新颖性。

（4）上述限定的技术特征的数值或者数值范围落在对比文件公开的数值范围内，并且与对比文件公开的数值范围没有共同的端点，则对比文件不破坏要求保护的发明或者实用新型的新颖性。

欧洲专利局中指出的一点需要引起注意：选择的子范围距离现有技术中公开的任意特定实施例以及已知范围的端点足够远。这与中国专利局规定的“上述限定的技术特征的数值或者数值范围落在对比文件公开的数值范围内，并且与对比文件公开的数值范围没有共同的端点，则对比文件不破坏要求保护的发明或者实用新型的新颖性”有着明显不同。

3.1.8 审查原则

《欧洲专利局审查指南》G 部分第Ⅵ章第 7 节指出：

判定权利要求主题的新颖性时，审查员应当注意 F 部分第三章第 4.5 节 ~ 第 4.21 节中给出的指导意见。特别是对于请求保护物质实体的权利要求，非区别性的特定用途特征应当不予考虑（参见 F 部分第Ⅲ章第 4.13 节）。例如，用作催化剂的物质 X 的权利要求与已知可用作染料的相同物质相比，不具有新颖性，除非所指的用途暗示了该物质的特殊形式（如存在某些添加剂），使之区别于该物质的已知形式。即应当考虑虽未明确记载但由特定用途暗示的特征（参见 F 部分第Ⅲ章第 4.13 节中“用于钢水浇铸”的例子）。

因此欧洲专利局在新颖性判断中，主要考虑的是“技术特征是否相同”，对于“领域”“问题”“效果”则不太考虑。

中国《专利审查指南 2010》第二部分第三章第 3.1 节中记载：审查新颖性时，应当根据以下原则进行判断：①同样的发明或者实用新型；②单独对比。

其中对于同样的发明或者实用新型，中国《专利审查指南 2010》中指出，被审查的发明或者实用新型专利申请与现有技术或者申请日前由任何单位或者个人向专利局提出申请并在申请日后（含申请日）公布或公告的发明或者实用新型的相关内容相比，如果其技术领域、所解决的技术问题、技术方案和预期效果实质上相同，则认为两者为同样的发明或者实用新型。

中国《专利审查指南2010》还进一步指出，在进行新颖性判断时，审查员首先应当判断被审查专利申请的技术方案与对比文件的技术方案是否实质上相同，如果专利申请与对比文件公开的内容相比，其权利要求所限定的技术方案与对比文件公开的技术方案实质上相同，所属技术领域的技术人员根据两者的技术方案可以确定两者能够适用于相同的技术领域，解决相同的技术问题，并具有相同的预期效果，则认为两者为同样的发明或者实用新型。

虽然中国《专利审查指南2010》中与欧洲专利局关于新颖性的判断原则存在明显的不同，中国专利局强调技术领域、所解决的技术问题、技术方案和预期效果实质上相同，欧洲专利局则仅考虑技术特征是否相同，没有强调技术领域、技术问题和技术效果；但在实际操作过程中，事实上二者并不存在实质的差别。在实际审查过程中，在技术特征完全相同的情况下，我们可以初步判断专利申请权利要求所限定的技术方案与对比文件公开的技术方案实质上相同，此时按照中国《专利审查指南2010》规定，需要所属技术领域的技术人员根据两者的技术方案确定两者是否能够适用于相同的技术领域，解决相同的技术问题，并具有相同的预期效果。但在技术方案完全相同的情况下，所属领域技术人员一般均会直接确定两者能够适用于相同的技术领域，解决相同的技术问题，并具有相同的预期效果。至于包含用途特征的产品权利要求，中国专利局规定也与欧洲专利局规定相同，具体可见本章第3.1.6节。

因此，中国《专利审查指南2010》中与欧洲专利局关于新颖性的判断原则中最重要的一点是一致的，即“技术特征是否相同”。

3.1.9 宽限期

中国《专利审查指南2010》第二部分第三章第5节中提出了“不丧失新颖性的宽限期”。

中国《专利法》第24条规定，申请专利的发明创造在申请日以前6个月内，有下列情形之一的，不丧失新颖性：

（1）在中国政府主办或者承认的国际展览会上首次展出的；

（2）在规定的学术会议或者技术会议上首次发表的；

（3）他人未经申请人同意而泄露其内容的。

关于上述三种情况的审查适用《专利审查指南 2010》第一部分第一章第 6.3 节的规定。

申请专利的发明创造在申请日以前 6 个月内，发生专利法第 24 条规定的三种情形之一的，该申请不丧失新颖性。即这三种情况不构成影响该申请的现有技术。所说的 6 个月期限，称为宽限期，或者称为优惠期。

宽限期和优先权的效力是不同的。它仅是把申请人（包括发明人）的某些公开，或者第三人从申请人或发明人那里以合法手段或者不合法手段得来的发明创造的某些公开，认为是不损害该专利申请新颖性和创造性的公开。实际上，发明创造公开以后已经成为现有技术，只是这种公开在一定期限内对申请人的专利申请来说不视为影响其新颖性和创造性的现有技术，并不是把发明创造的公开日看作是专利申请的申请日。所以，从公开之日至提出申请的期间，如果第三人独立地作出了同样的发明创造，而且在申请人提出专利申请以前提出了专利申请，那么根据先申请原则，申请人就不能取得专利权。当然，由于申请人（包括发明人）的公开，使该发明创造成为现有技术，故第三人的申请没有新颖性，也不能取得专利权。

发生中国《专利法》第 24 条规定的任何一种情形之日起 6 个月内，申请人提出申请之前，发明创造再次被公开的，只要该公开不属于上述三种情形，则该申请将由于此在后公开而丧失新颖性。再次公开属于上述三种情况的，该申请不会因此而丧失新颖性，但是，宽限期自发明创造的第一次公开之日起计算。

但是欧洲专利公约、实施细则及审查指南中并没有提及宽限期，因此，欧洲专利申请和审查过程中，并没有不丧失新颖性的宽限期的规定。因此，如果申请专利的发明创造在申请日以前已经被展出、在会议上发表或者被泄露，则这些被展出、被发表或被泄露的内容相对于申请专利的发明创造就构成了现有技术，从而影响其新颖性。

鉴于此，如果申请人准备向欧洲专利局申请专利，就必须注意避免在申请日前相关内容的展出、发表或泄露，以避免陷入无法补救的境地。

3.2 创造性

创造性问题是专利申请和审查中最常碰到的问题，也是申请人和审查员争议最大的问题。据粗略统计，超过 80% 的驳回案件均涉及到创造性问题。相对于新颖性问题，创造性问题的评述、争辩和克服都显得异常困难。因此，不仅是审查员，申请人也需要对创造性的概念有更深入的认识和理解，以便正确处理审查员提出的创造性问题并有针对性地进行答复。

下面通过欧洲专利局和中国专利局关于创造性概念和相关规定的对比，使得大家对创造性有更加充分的认识和理解。

3.2.1 创造性的定义

A56 规定了：对于本领域技术人员来说，一项发明与现有技术相比如果非显而易见则具有创造性。

对于“显而易见性”，《欧洲专利局审查指南》G 部分第Ⅶ章第 4 节指出：对于发明的权利要求来讲，应该考虑的问题是，针对申请日或有效优先权日前的已知技术，本领域技术人员是否能显而易见地得出落到权利要求范围之内的技术方案。如果能够显而易见地得到，那么权利要求就缺乏创造性。术语“显而易见”是指不超越技术的正常进步而仅仅是从现有技术简单地、符合逻辑地得出，例如，其不应超出本领域技术人员能预期的技能或能力的运用。考虑到创造性与新颖性的不同（参见指南 G-Ⅵ, 3）[1]，将公开文献的日期解释为申请提交日或有效优先权日之前，并且将本领域技术人员可以得到的常规知识也解释为该日期之前是非常合理的。

中国《专利审查指南 2010》第二部分第四章第 2 节发明创造性的概念指出：发明的创造性，是指与现有技术相比，该发明有突出的实质性特点和显著的进步。

---

[1] 指《欧洲专利局审查指南》G 部分第Ⅵ章第 3 节，余同。

首先，关于现有技术的限定，无论欧洲专利局还是中国专利局，均与新颖性中的现有技术的限定一致。

其次，虽然关于创造性的定义从字面上看，中国专利局与欧洲专利局差别较大，甚至完全不同。但中国《专利审查指南 2010》第二部分第四章第 2.2 节指出：发明有突出的实质性特点，是指对所属技术领域的技术人员来说，发明相对于现有技术是非显而易见的。如果发明是所属技术领域的技术人员在现有技术的基础上仅仅通过合乎逻辑的分析、推理或者有限的试验可以得到的，则该发明是显而易见的，也就不具备突出的实质性特点。同时中国《专利审查指南 2010》第二部分第四章第 2.3 节中指出：发明有显著的进步，是指发明与现有技术相比能够产生有益的技术效果。例如，发明克服了现有技术中存在的缺点和不足，或者为解决某一技术问题提供了一种不同构思的技术方案，或者代表某种新的技术发展趋势。

由此可见，中国专利局关于创造性的规定要求更高，更为具体，除了涵盖欧洲专利局中的规定之外，还进一步要求发明与现有技术相比能够产生有益的技术效果。具体如图 3.5 所示。

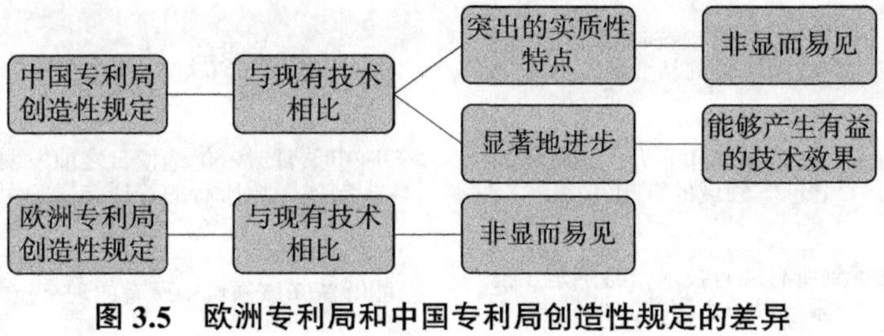

图 3.5　欧洲专利局和中国专利局创造性规定的差异

3.2.2　本领域技术人员

《欧洲专利局审查指南》中指出：本领域技术人员被假定为相关技术领域具有技术经验的从业者，它具有一般技术知识和能力，并且知晓相关日之前本领域的常规知识。他还被假定为能够得到所有现有技术，特别是在检索报告中引用的文件，并且具有能力进行常规工作和实验以解决技术领域常规问题的手段和能力。如果技术问题促使本领域技术人员在另一技术领域寻求解决办法，那么另一领域的专家就是适合解决该问题的人。技术人员的能力在其技术领域应不断提高，如有需要，他甚至能向相邻的和普通的技术领域或者甚至较远的技术领域寻求建议（图 3.6）。评估技术方案是否具备创造性必须是基于专业知识和能力。在有些情形下，将本领域技术人员认为是一组人比认为是单个人更加适当，例如，一个研究团队或生产团队。在判断创造性和公开充分时，本领域技术人员应具有相同技术水平。

中国《专利审查指南 2010》第二部分第四章第 2.4 节指出：发明是否具备创造性，应当基于所属技术领域的技术人员的知识和能力进行评价。所属技术领域的技术人员，也可称为本领域的技术人员，是指一种假设的“人”，假定他知晓申请日或者优先权日之前发明所属技术领域所有的普通技术知识，能够获知该领域中所有的现有技术，并且具有应用该日期之前常规实验手段的能力，但他不具有创造能力。如果所要解决的技术问题能够促使本领域的技术人员在其他技术领域寻找技术手段，其也应具有从该其他技术领域中获知该申请日或优先权日之前的相关现有技术、普通技术知识和常规实验手段的能力（图 3.6）。

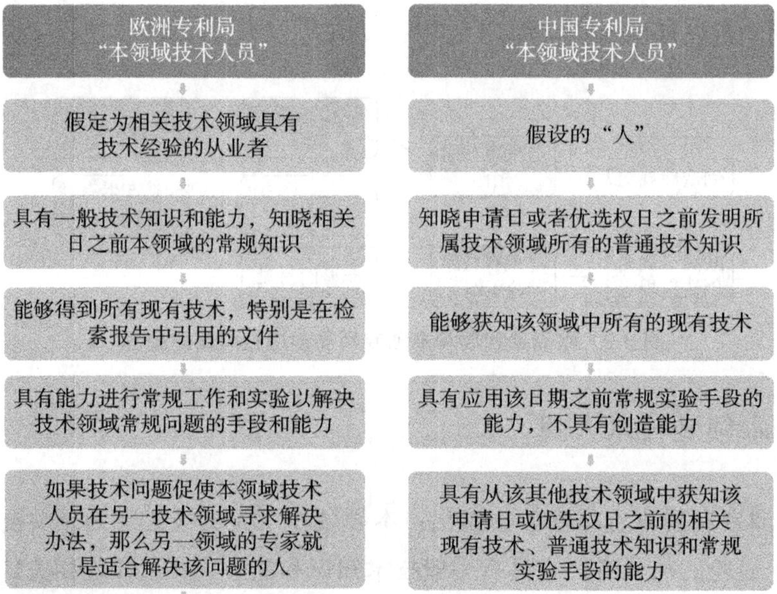

图 3.6　欧洲专利局和中国专利局“本领域技术人员”的对比

从图 3.6 中欧洲专利局和中国专利局“本领域技术人员”的对比可以看出，中国专利局对于本领域技术人员特别强调了其不具有创造力，而欧洲专利局限定的本领域技术人员在其他领域的能力则显得较强，例如，其指出技术人员的能力在其技术领域应不断提高甚至能向相邻的和普通的技术领域或者甚至较远的技术领域寻求建议。

3.2.3　公知常识

《欧洲专利局专利审查指南》G 部分第Ⅶ章第 3.1 节对于本领域技术人员的公知常识有明确的规定。其具体指出，公知常识有多种不同的来源，并不需要依赖特定日期公开的特定文献。公知常识仅在遭到质疑时才需通过文献证据（如教科书）进行支持。仅一篇公开物（如一篇专利文献或者一篇科技杂志）通常不能认为是公知常识。在一些特别的案件中，科技杂志公开的论文可以代表公知常识，特别是那些对主题内容提供了较广泛综述或调查的论文。例外的情况，如果发明所在的领域过新，使得相应的技术知识不能从教科书中得到，那么公知常识也可以包括专利文献或科学出版物。基础教科书和专著被认为是公知常识，如果教科书和专著中包含有参考文献，并且这些参考文献可以引导读者阅读其他的论文以解决特定的问题，那么这些论文也被认为是公知常识的组成部分。

除此之外，《判例法》中也对公知常识进行了详细表述。在 T 890/02（OJ 2005，497）中，委员会研究了“公知常识”的定义，委员会所定义的本领域技术人员的公知常识通常由百科全书、教科书、词典和学科问题手册中的内容为代表（此外，参见 T 766/91，T 206/83，OJ 1987，5；T 234/93）。但是在许多案例中，虽然是以例外的方式，专利说明书和科技出版物中的内容也被认为构成了公知常识的一部分。特别地，当研究的领域太新以至于技术常识不能从教科书中获得的情况下（见 T 51/87，OJ 1991，177；T 772/89），这种方式被特别推荐。

由于本领域技术人员事实上并不能轻易地获得完整的技术，因此委员会依据所有案例的共同点确定了三个重要的方面以正确评估本领与技术人员的公知常识。第一，本领域技术人员不仅具有特定现有领域的基本公知常识，还知道如何去查找这些信息，不论是在相关的研究文集里，还是在科学出版物或专利说明书中。第二，不应当期望本领域技术人员为了确定这个公知常识，能够完成对实质上覆盖整个现有技术的文献进行全面的检索。对于本领域技术人员来说，进行这种方式的检索是一种过分的要求。第三，找到的信息必须清楚的并且能够在无歧义或不需要进一步研究的情况下直接地使用。

因此，委员会持有这样一个观点，即不严格限制于百科全书或工具书，满足以下条件的数据库内容亦为《判例法》中定义的公知常识，即（a）该数据库对于本领域技术人员来说是获得所需信息的适当来源，（b）通过该数据库获取信息不需要付出过度的努力，（c）该数据库能够提供直接和明确的结果而不需要进一步调查。

从图 3.7 中可以看出，欧洲专利局关于公知常识的规定比较详细，涉及的内容也比较广泛，特别是指出一些特定的论文、专利文献、满足相应条件的数据库内容可以作为公知常识的一部分，这为审查过程中的公知举证提供了便利性，也使申请人能够清楚什么可以作为公知常识，能够一定程度上减少审查过程中关于公知常识的争议。

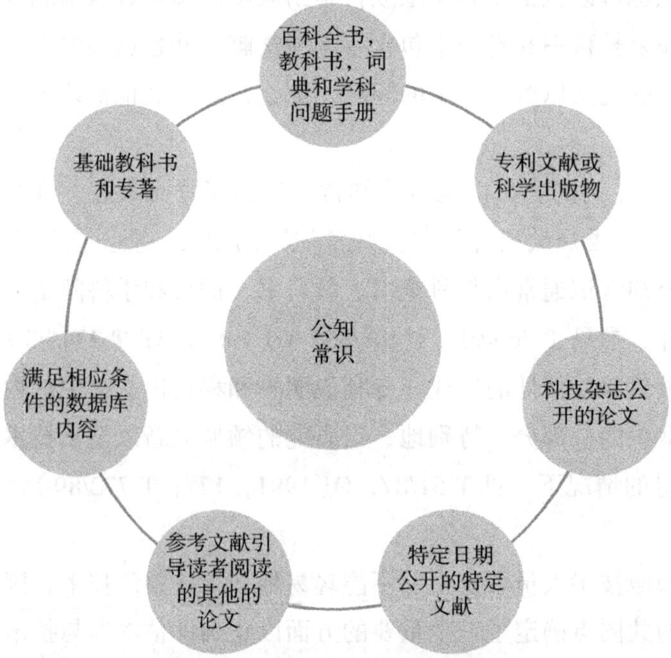

图 3.7　欧洲专利局涉及公知常识的内容

中国《专利审查指南2010》中并没有关于公知常识的明确规定，仅在第二部分第四章第3.2.1.1节关于创造性判断方法中进行了例举：所述区别特征为公知常识，例如，本领域中解决该重新确定的技术问题的惯用手段，或教科书或者工具书等披露的解决该重新确定的技术问题的技术手段。换句话说，中国《专利审查指南2010》中关于公知常识的定义应当为：公知常识为本领域惯用手段，或教科书或工具书中披露的技术手段。

同时中国《专利审查指南2010》第二部分第八章第4.10.2.2节中指出，审查员在审查意见通知书中引用的本领域的公知常识应当是确凿的，如果申请人对审查员引用的公知常识提出异议，审查员应当能够说明理由或提供相应的证据予以证明。

由于审查过程中审查员常常将本领域惯用手段作为公知常识，因此在面对申请人关于公知常识的质疑时，审查员的公知举证存在一定程度的困难。但目前中国专利局在公知常识的举证过程中也借鉴了欧洲专利局关于公知常识的定义。例如，现阶段，审查员在进行公知举证时，经常采用三篇专利文献作为公知常识的证据，这与欧洲专利局相关规定中“仅一篇公开物（如一篇专利文献或者一篇科技杂志）通常不能认为是公知常识；满足以下条件的数据库内容亦为《判例法》中定义的公知常识，即（a）该数据库对于本领域技术人员来说是获得所需信息的适当来源，（b）通过该数据库获取信息不需要付出过度的努力，（c）该数据库能够提供直接和明确的结果而不需要进一步调查”的精神是一致的。因为专利文献是从专利数据库中获得的，专利数据库对于本领域技术人员来说是获得所需信息的适当来源，通过专利数据库获取信息不需要付出过度的努力，该数据库能够提供直接和明确的结果而不需要进一步调查。

3.2.4　判断方法

1. 三步法

《欧洲专利局审查指南》G部分第Ⅶ章第4节中关于创造性中的显而易见性指出：术语“显而易见”是指不超越技术的正常进步而仅仅是从现有技术简单地、符合逻辑地得出，例如，其不应超出本领域技术人员能预期的技能或能力的运用。

为了客观准确地评价创造性，《欧洲专利局审查指南》G部分第Ⅶ章第5节中提出了“问题-解决法”。问题-解决法包括3个步骤（图3.8）：

（1）确定“最接近的现有技术”；

（2）确定解决的“客观技术问题”；

（3）从最接近的现有技术和客观解决的技术问题出发，考虑请求保护的发明对本领域技术人员来讲是否是显而易见的。

《判例法》第I部分第D章中提出，判断创造性，委员会通常应用“问题-解决法”，其包括4个步骤（图3.8）：

（1）确定“最接近的现有技术”；

（2）判断要求保护的发明在与所确定的“最接近的现有技术”进行比较时获得的技术结果（或效果）；

（3）限定所解决的技术问题为发明要获得这些结果的目的；

（4）审查在考虑最接近的现有技术的情况下，为达到要求保护的发明获得的结果，是否使本领域技术人员想到要求保护的技术特征。

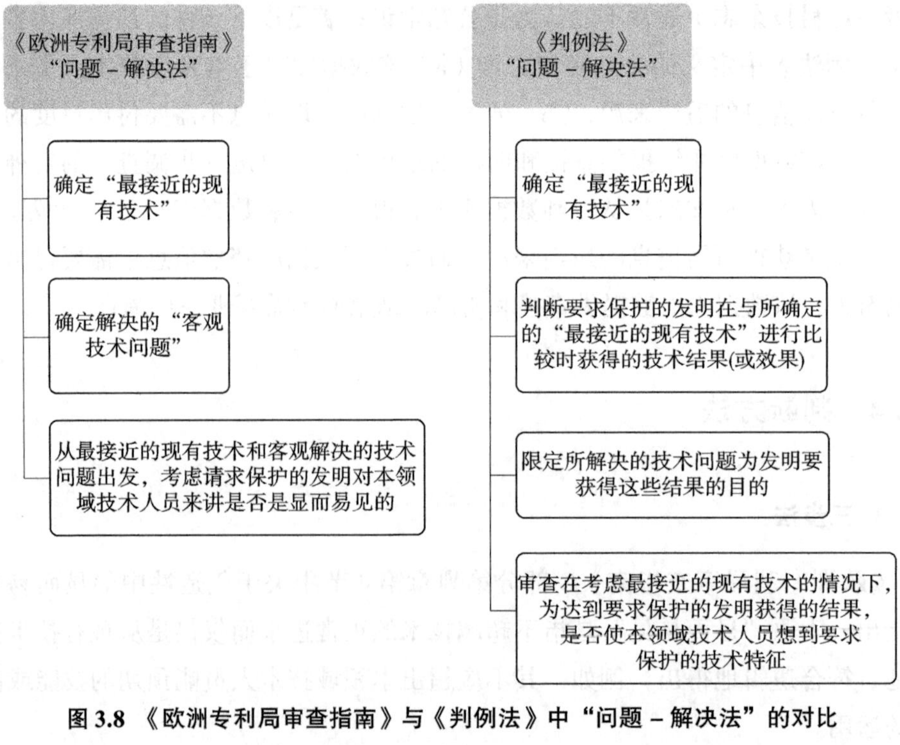

图3.8 《欧洲专利局审查指南》与《判例法》中“问题-解决法”的对比

根据上述内容可以发现，《判例法》中关于“问题－解决法”的记载与《欧洲专利局审查指南》的相关内容相比，《判例法》中将“问题－解决法”中的第二步，即“确定所解决的客观技术问题”细化为（b）和（c）两步，并在步骤（b）中强调了根据区别特征确定发明的“技术效果”，进而在步骤（c）中根据上述技术效果的目的得到“客观技术问题”。此外，在步骤（d）中，也强调了根据发明所要实现的技术效果来考虑现有技术是否公开了发明的相关特征。由此可见，在《判例法》细化后的“问题－解决法”中，突出强调了“技术效果”的作用，其作为第二步“客观技术问题”认定的基础，同时也是第三步“可能－应当法”判断中的重要依据和考虑因素。

中国《专利审查指南 2010》第二部分第四章第 3.2.1.1 节中记载：判断要求保护的发明相对于现有技术是否显而易见，通常可按照以下三个步骤进行：

（1）确定最接近的现有技术。

（2）确定发明的区别特征和发明实际解决的技术问题。

（3）判断要求保护的发明对本领域的技术人员来说是否显而易见。

从图 3.9 中可以看出，《欧洲专利局审查指南》中的“问题－解决法”与中国《专利审查指南 2010》“三步法”基本相同，中国专利局“三步法”中的第二步中明确指出了“确定发明的区别特征”，虽然欧洲专利局“问题－解决法”没有明确指出这一点，但其第二步中“确定解决的‘客观技术问题’”应当是在区别特征的基础上做出的。事实上，《判例法》“问题－解决法”中第二步“判断要求保护的发明在与所确定的‘最接近的现有技术’进行比较时获得

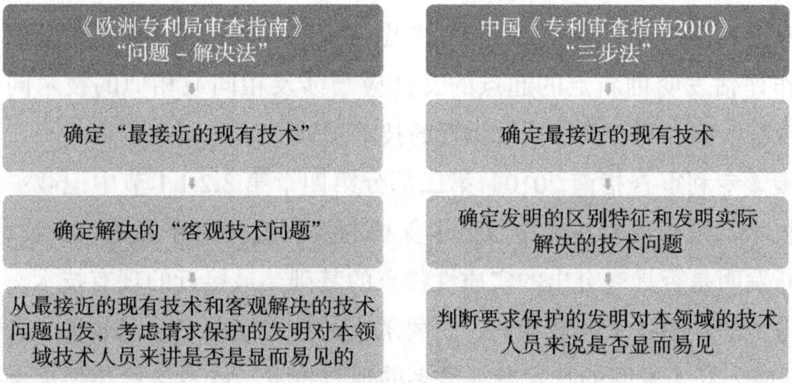

图 3.9 《欧洲专利局审查指南》与中国《专利审查指南 2010》“三步法”的对比

的技术结果（或效果）”中，“要求保护的发明在与所确定的‘最接近的现有技术’进行比较”同时隐含了“确定发明的区别特征”的过程。

2. 第一步：确定最接近的现有技术

《欧洲专利局审查指南》G 部分第Ⅶ章第 5.1 节指出：最接近的现有技术是指单独一篇参考文献中公开的特征的组合，其是通过显而易见的改进从而得到本发明的最佳起点。在选择最接近的现有技术时，首先考虑的是与本发明具有相同的目的或效果，或者至少与请求保护的发明属于相同或相近的技术领域。实践中，最接近的现有技术通常具有相似的用途，而且仅需极少的结构或功能上的改进就可以得到请求保护的发明（参见 T 606/89）。在某些案例中，还存在评价创造性时有几个相同有效起点的情况，如果此时专利要被授权，那么它应该轮流采用这些起点中的每一个采用“问题 – 解决法”进行评价。但是，如果发明被驳回，以一项相应的现有技术为基础，就足以证明请求的主题是缺乏创造性的。

最接近的现有技术一定是从请求保护发明的申请日或有效优先权日之前，从本领域技术人员的角度来考虑的。为判断最接近的现有技术，应考虑申请人在说明书和权利要求书中陈述的知识。审查员应认可这些已知知识的正确性，除非申请人自己声明有误（参见指南 C–Ⅳ，7.2）。

《判例法》第 I 部分第 D 章第 3 节中规定，用于评价创造性的最接近的现有技术通常是公开为了相同目的或者与要求保护的发明具有相同目标并且通常具有最相关的技术特征，也就是需要最小的结构改变的技术主题的现有技术文件。选择最接近的现有技术时，首先考虑与发明具有相同目的或效果的现有技术。用作评估发明创新点的起点的文件应当涉及相同或相似的技术问题，或者，至少与涉案专利涉及相同或相近的技术领域。

中国《专利审查指南 2010》第二部分第四章第 3.2.1.1 节中记载：最接近的现有技术，是指现有技术中与要求保护的发明最密切相关的一个技术方案，它是判断发明是否具有突出的实质性特点的基础。最接近的现有技术，可以是与要求保护的发明技术领域相同，所要解决的技术问题、技术效果或者用途最接近和 / 或公开了发明的技术特征最多的现有技术，或者虽然与要求保护的发明技术领域不同，但能够实现发明的功能，并且公开发明的技术特征最多的现有技术。应当注意的是，在确定最接近的现有技术时，应首先考虑技术领域相同或相近的现有技术。

从《欧洲专利局审查指南》和中国《专利审查指南2010》中关于最接近现有技术选取的解释来看，欧洲专利局在选择最接近现有技术时比较注重于目的和效果，从而选择能够通过显而易见的改进得到本发明的最佳起点。而中国专利局则更侧重技术领域的相同和相近，同时还考虑公开发明的技术特征的多少。综上所述，在面对欧洲专利局采用不同技术领域的最接近现有技术的情况时，申请人应当站在本领域技术人员的角度着重分析其与发明的目的（解决的技术问题）和取得的效果是否存在区别，而不能简单地争辩技术领域的不同。

3. 第二步："技术问题"的确定

《欧洲专利局审查指南》G部分第Ⅶ章第5.2节指出：在第二步中，应该以客观的方式确立解决的技术问题。为了达到以上目的，应分析申请（或专利）、最接近的现有技术和请求保护的发明与最接近现有技术（结构特征或功能特征）特征的区别（也称为与请求保护发明的"区别特征"），判断区别特征所产生的技术效果，从而确定技术问题。

对于发明的技术特性没有贡献的特征，无论是独立的还是与其他特征有关联的，其与评价创造性的评价均是不相关的（参见T 641/00）。例如，一个特征仅对解决非技术问题（如排除在可专利范围外的问题）有贡献，则会产生这种情况。对于包含技术性和非技术性特征的权利要求的处理见《欧洲专利局审查指南》G部分第Ⅶ章第5.4节。

在问题解决法中，技术问题是指改进和改造最接近现有技术以得到发明所提供的超越最接近现有技术的技术效果的目的和任务。因此，所定义的技术问题通常是指"客观技术问题"。

此途径产生的客观技术问题可能不同于申请人在其申请中声称的"问题"。对技术问题需要重新认定，因为客观技术问题基于客观确定的事实，特别在审查过程中所依据的现有技术中披露的事实，以上现有技术可能不同于申请人在申请提交日时所了解的现有技术。特别是检索报告中引用的现有技术，它可能使人们对于发明产生的看法与仅阅读申请时的看法完全不同。重新认定可能导致客观技术问题比申请原始设想的要低。这样的案例包括原始设定的问题是提供一种改进的产品，过程或方法，但是通过检索并没有证据证明请求保护的主题相对于最接近的现有技术有提高，而且，也没有证据证明其与相关的现有技术有很大差距（也许根本没有差距）。在此案例中，问题就被重新确定为提供一种替换的产品、过程或方法。对于重新确定问题，请求保护技术方案的显而易见性应相对于引用的现有技术来进行评价（参见 T 87/08）。

这种可能发生技术问题重新确定的程度应根据每个特定案例的情况进行评估。作为原则，任何发明产生的效果都可以用来作为重新确定技术问题的基础，只要这种效果是可以从原始提交的申请中得出的（参见 T 386/89）。也有可能依据审查过程中由申请人提出的新的效果来重新确定技术问题，条件是其与原始提出的技术问题相关或技术人员能够从原始提出的技术问题中隐含地得知该效果（参见指南 G-Ⅶ，11 和 T 184/82）。

应该注意，在确定客观技术问题时，一定不包含技术方案的指引，因为当技术的情况是通过问题来评估时，存在此问题的发明所提供的技术方案必然会导致进行创造性判断时采用“事后诸葛亮的方式”（参见 T 229/85）。然而，当权利要求的目的是解决非技术问题时，该目的应合理地存在于确定的问题之中并作为要解决技术问题的一部分（参见 T 641/00、T 372/03 和指南 G-Ⅶ，5.4.1）。

术语“技术问题”应作广义的解释，其并不必然意味着技术方案相对于现有技术是一种技术上的改进。因此，问题可以是对于已知装置或方法仅提供了相同或相似功能或更符合效能成本核算的替换方案。技术问题仅在发明所声称的实施方式均能实质上达到发明技术效果的情况下才能认为已被解决。

有时客观技术问题会被认为是一些“子问题”集合。在这样的案例中所有区别技术特征组合在一起时并不产生技术效果，但是一些子问题会被不同的区别特征独立地解决（参见指南 G-Ⅶ，6 和 T 389/86）。

《判例法》中还对发明与最接近对比文件的区别特征间进行了区别对待，规定：

（1）在评价特征组合的创造性时，不能够解决技术问题的技术方案的发明特征必须被忽略。

（2）在创造性的评价中，与 A52（2）意义上的非发明相关的特征（即所谓的“非技术特征”）不能够支持创造性的存在。

（3）T 258/03（OJ 2004,575）中，委员会规定，在评价创造性时仅考虑那些对发明做出贡献的特征。

《判例法》第I部分第D章第4.3节还对相关技术问题作出如下规定：

（1）只有经审查显示，申请声称的问题没有得到解决或使用了不适当的现有技术用于定义解决的技术问题，才需要审查客观存在的其他问题。

（2）当确定问题时，应当审查申请中涉及问题的声明相对于现有技术的正确性以及它们与要求保护的解决方案的特征的事实上的关联性。

（3）T 800/91强调在任何情况下，明确描述的问题应当是本领域技术人员知道的现有技术希望解决的技术问题。

（4）在以发明为基础确定问题并因此评价创造性时，不能仅考虑只是专利权所有人/申请人提出的，而没有提供充分证据支持与最接近现有技术的比较的声称的优点。

（5）作为原则的问题，发明提供的任何效果可用作重新阐述技术问题的基础，只要该效果能够从原始提交的申请中导出即可。

（6）在T 184/82（OJ 1984,261）中，委员会指出在“依据发明的效果”重新确定技术问题时，如果本领域技术人员能够意识到重新确定技术问题是隐含在最初的问题之中，或者与其有关，则重新确定的技术问题是允许的。

（7）依靠前面已经描述为不合乎要求并且不受申请人重视的效果，突然提出该效果作为可能体现另一观点的优点，并且因此暗示该技术问题以及创造性的考虑因素应当将之考虑在内。技术问题的重新限定不应当同申请中关于发明一般目的和性质的较早的声明矛盾。

（8）首次提出的效果的重新阐述不能用作证实创造性，除非能够可信地证明在权利要求的整个范围内能够获得声称的效果。

中国《专利审查指南2010》第二部分第四章第3.2.1.1节中记载如下。

确定发明的区别特征和发明实际解决的技术问题：在审查中应当客观分析并确定发明实际解决的技术问题。为此，首先应当分析要求保护的发明与最接近的现有技术相比有哪些区别特征，然后根据该区别特征所能达到的技术效果确定发明实际解决的技术问题。从这个意义上说，发明实际解决的技术问题，是指为获得更好的技术效果而需对最接近的现有技术进行改进的技术任务。

审查过程中，由于审查员所认定的最接近的现有技术可能不同于申请人在说明书中所描述的现有技术，因此，基于最接近的现有技术重新确定的该发明实际解决的技术问题，可能不同于说明书中所描述的技术问题；在这种情况下，应当根据审查员所认定的最接近的现有技术重新确定发明实际解决的技术问题。

重新确定的技术问题可能要依据每项发明的具体情况而定。作为一个原则，发明的任何技术效果都可以作为重新确定技术问题的基础，只要本领域的技术人员从该申请说明书中所记载的内容能获得。

从上述规定可以看出，欧洲专利局和中国专利局在三步法的第二步中确定“技术问题”有明显的差异。虽然欧洲专利局和中国专利局在创造性判断中均存在确定发明的区别特征的步骤，但欧洲专利局对区别技术特征作进一步的区分，不同的特征在判断创造性过程中所起的作用不同，我国不作区分。由于欧洲专利局将发明与最接近现有技术之间的区别特征进一步区别对待，没有对解决的技术问题的技术方案作出贡献的技术特征在评判创造性时被排除，不予考虑，由此在创造性评判中更突出对发明核心技术内容的关注与评判。

欧洲专利局在重新确定客观技术问题时在多方面予以考虑，给出了更细致明确的规定，特别明确了重新确定的技术问题不能与申请人声称的技术问题无关和/或矛盾，或可由声称的技术问题隐含或能推导得出，且强调应当站在本领域技术人员的角度，重新确定的该技术问题应当是本领域技术人员已知的本领域期望解决的、能够基于最接近的现有技术客观认识到的技术问题，以及判断是否与要求保护的方案的特征相关联等，通过对客观技术问题的审慎认定，将创造性的评判重点集中于发明真正对现有技术做出贡献的部分。

由于对于发明的技术特性没有贡献的特征被忽略，因此得到的技术问题是指改进和改造最接近现有技术以得到发明所提供的超越最接近现有技术的技术效果的目的和任务，欧洲将其称为“客观技术问题”。

而中国专利局在技术问题的确定方面相对简单，仅指出应当客观分析并确定发明实际解决的技术问题，根据区别特征所能达到的技术效果确定发明实际解决的技术问题；在重新确定的发明实际解决的技术问题时，也仅强调基于最接近的现有技术重新确定。由于没有对区别特征加以区分，因此在实际审查过程中，会导致审查员根据所有区别特征确定出很多实际解决的问题，且这些需实际解决的问题可能与申请目的和构思完全无关，不仅会造成审查员在确定实际解决的技术问题时存在困难，另一方面过多或不太相关的实际解决的技术问题也会给申请人带来困惑。

此外，《欧洲专利局审查指南》中还明确针对相对现有技术差距不大甚至存在技术倒退的情况如何确定技术问题，即“原始设定的问题是提供一种改进的产品，过程或方法，但是通过检索并没有证据证明请求保护的主题相对于最接近的现有技术有提高，而且，也没有证据证明其与相关的现有技术有很大差距（也许根本没有差距），问题就被重新确定为提供一种替换的产品、过程或方法”。这点值得大家关注。

4. 第三步：“显而易见”的判定

《欧洲专利局审查指南》G 部分第Ⅶ章第 5.3 节提出了“可能 - 应当法”：

在第三步中回答的问题为是否现有技术整体存在教导，从而应当使（并非是简单的可能，而是应当）本领域技术人员在面对客观技术时，考虑到教导，有动机有调整和改进最接近的现有技术从而获得某些落入到权利要求范围之内的技术方案，并达到发明要达到的目的（参见指南 G-Ⅶ，4）。

换而言之，关注点并不是本领域技术人员是否可能通过调整和改进最接近的现有技术从而获得了发明，而是他是否应当这样做，因为现有技术给了本领域技术人员解决客观技术问题的希望或预期某些提高或有益效果，现有技术会激励他这样做（参见 T 2/83）。甚至隐含的激励或隐含意识到的动机就足以使本领域技术人员将现有技术的要素相结合（参见 T 257/98 和 T 35/04）。本领域技术人员在所审查权利要求的申请日或有效优先权日前应当这样做。

中国《专利审查指南 2010》第二部分第四章第 3.2.1.1 节中则指出：在“判断要求保护的发明对本领域的技术人员来说是否显而易见”步骤中，要从最接近的现有技术和发明实际解决的技术问题出发，判断要求保护的发明对本领域的技术人员来说是否显而易见。判断过程中，要确定的是现有技术整体上是否存在某种技术启示，即现有技术中是否给出将上述区别特征应用到该最接近的现有技术以解决其存在的技术问题（即发明实际解决的技术问题）的启示，这种启示会使本领域的技术人员在面对所述技术问题时，有动机改进该最接近的现有技术并获得要求保护的发明。如果现有技术存在这种技术启示，则发明是显而易见的，不具有突出的实质性特点。

欧洲专利局的“可能－应当法”与中国专利局的“是否存在技术启示”虽然字面上差异较大，但它们的实质都在于“动机”，即本领域的技术人员是否有动机通过调整和改进最接近的现有技术从而获得了发明。

3.2.5 现有技术的组合

《欧洲专利局审查指南》G 部分第Ⅶ章第 6 节“现有技术的组合”中指出：

在问题解决法中，允许将一篇或多篇文献、文献的多个部分或其他类型现有技术（例如在先公开使用或未经文字记载的公知常识）公开的内容与最接近的现有技术相结合。然而，将一篇以上公开的内容与最接近的现有技术相结合以达到特征的组合也许正是其创造性的体现，例如，请求保护的发明不仅仅是特征的集合（参见指南 G-Ⅶ，7）。

当发明是一些独立的“子问题”的解决方案时，会产生不同的情况（参见指南 B-Ⅶ，7，5.2）。在这种情况下，分别评价是十分必要的，对每一个子问题，都要判断特征的结合以确定问题是否能从现有技术中显而易见地得出（参见 T 389/86）。仅仅是组合特征中的其中一个具备创造性，就足以使权利要求的主题具备创造性。

为判断两份或多份不同公开的结合是否是显而易见的，审查员应当特别考虑以下内容：

（1）公开的内容（如对比文件）能否使本领域技术人员在面对本发明要解决的技术问题时，可以将它们相结合，例如，如果两篇公开的内容作为整体考虑，对于发明来讲由于公开特征本质上的不相容性在实践中不可能很好地结合，那么结合以上公开的内容不能被认为是显而易见的；

（2）公开的内容，例如对比文件，是否来自相似的、相近的或更远的技术领域（参见指南 B-Ⅶ，3）；

（3）如果本领域技术人员有理由将同一篇公开文献中两个或多个部分与其他的内容相结合，那么这种结合是显而易见的。通常来讲，将现有技术与公知的教科书或标准字典相结合是显而易见的；将一篇或多篇文献的教导与本领域公知常识相结合是显而易见的，这仅是一般情形中的一个特例。总的来讲，两篇文献中有一篇的内容包含了对另一篇内容清楚而正确的引证（该引证被认为是公开的一个完整的部分，参见指南 G-Ⅳ，5.1 和指南 G-Ⅵ，1），那么这种结合也是显而易见的。在考虑一篇文献可以与其他类型公开的现有技术相结合时，例如使用公开，应采用相似的思考方式。

与之相对应，中国《专利审查指南 2010》第二部分第四章第 3.2.1.1 节中记载：

下述情况，通常认为现有技术中存在上述技术启示：

（1）所述区别特征为公知常识，例如，本领域中解决该重新确定的技术问题的惯用手段，或教科书或者工具书等中披露的解决该重新确定的技术问题的技术手段。

（2）所述区别特征为与最接近的现有技术相关的技术手段，例如，同一份对比文件其他部分披露的技术手段，该技术手段在该其他部分所起的作用与该区别特征在要求保护的发明中为解决该重新确定的技术问题所起的作用相同。

（3）所述区别特征为另一份对比文件中披露的相关技术手段，该技术手段在该对比文件中所起的作用与该区别特征在要求保护的发明中为解决该重新确定的技术问题所起的作用相同。

关于现有技术的结合，欧洲专利局和中国专利局均指出可以将一篇或多篇文献、文献的多个部分或其他类型现有技术（如公知常识）公开的内容与最接近的现有技术相结合。

3.2.6 组合发明

《欧洲专利局审查指南》G 部分第Ⅶ章第 7 节“组合与列举或集合”指出：

请求保护的发明通常应作为一个整体来考虑。当权利要求包括“特征的组合”时，仅因为组合中单个特征是已知的或显而易见的而认为整个请求保护的主题是显而易见的做法是不正确的。然而，当权利要求仅是“特征的集合或列举”，并不是真正的组合时，表明单个特征是显而易见地以证明特征的组合不具备创造性是完全可行的（参见指南 G-Ⅶ，5.2）。如果特征之间具有相互作用产生了组合的技术效果，例如，作用高于单个技术特征的总和，那么这一系列技术特征就会被认为是特征的组合。换言之，单个特征间的相互作用必然产生协同的效果。如果不存在这样的协同效果，就可以认为仅是特征的集合（参见 T 389/86 和 T 204/06）。

例如，单个晶体管的技术效果对电子开关来讲是基本的，然而，相互连接的晶体管形成微处理器，协同地作用从而产生了技术效果，例如，数据处理，这种情况就超出或超越了它们单个所具备的技术效果的总和（参见指南 G-Ⅶ，附录 2）。

中国《专利审查指南 2010》第二部分第四章第 4.2 节“组合发明”中指出：

组合发明，是指将某些技术方案进行组合，构成一项新的技术方案，以解决现有技术客观存在的技术问题。

在进行组合发明创造性的判断时通常需要考虑：组合后的各技术特征在功能上是否彼此相互支持、组合的难易程度、现有技术中是否存在组合的启示以及组合后的技术效果等。

（1）显而易见的组合。

如果要求保护的发明仅仅是将某些已知产品或方法组合或连接在一起，各自以其常规的方式工作，而且总的技术效果是各组合部分效果之总和，组合后的各技术特征之间在功能上无相互作用关系，仅仅是一种简单的叠加，则这种组合发明不具备创造性。

此外，如果组合仅仅是公知结构的变形，或者组合处于常规技术继续发展的范围之内，而没有取得预料不到的技术效果，则这样的组合发明不具备创造性。

（2）非显而易见的组合。

如果组合的各技术特征在功能上彼此支持，并取得了新的技术效果；或者说组合后的技术效果比每个技术特征效果的总和更优越，则这种组合具有突出的实质性特点和显著的进步，发明具备创造性。其中组合发明的每个单独的技术特征本身是否完全或部分已知并不影响对该发明创造性的评价。

从上述内容分析可知，欧洲专利局和中国专利局均要求从各技术特征组合后是否存在协同作用，即在功能上彼此支持，并取得了协同效果（即新的技术效果）来判断组合的创造性，且要求新的技术效果要超出或超越了各技术特征所具备的技术效果的总和。

3.2.7　选择发明

《欧洲专利局审查指南》G 部分第Ⅶ章第 12 节指出：

选择性发明与最接近现有技术的区别在于，它提供了选择的子集或子范围。如果这种选择与特定的技术效果相关，并且不存在启示使本领域技术人员进行该选择，那么其创造性是可以接受的（所选择范围的技术效果可能与已知更宽范围是相同的，但是却达到了不能预料的程度）。在评价交叉范围的新颖性时采用“真正想到”的标准不能使用到创造性的评价中。对于创造性来讲，应该考虑的是为了解决潜在的技术问题或希望提高和改进，本领域技术人员是否会进行选择或选取交叉的范围。如果答案是否定的，那么请求保护的主题具备创造性。

预料不到的技术效果必须产生于请求保护的全面范围内。如果仅是请求保护范围的一部分能产生意想不到的效果，那么请求保护的主题就不能解决与效果相关的特定问题，仅仅是解决了普通的问题，例如，“另一种产品 X”或“一种产生方法 Y”（参见 T 939/92）。

中国《专利审查指南 2010》第二部分第四章第 4.3 节“选择发明”中指出：

选择发明，是指从现有技术中公开的宽范围中，有目的地选出现有技术中未提到的窄范围或个体的发明。

在进行选择发明创造性的判断时，选择所带来的预料不到的技术效果是考虑的主要因素。

（1）如果发明仅是从一些已知的可能性中进行选择，或者发明仅仅是从一些具有相同可能性的技术方案中选出一种，而选出的方案未能取得预料不到的技术效果，则该发明不具备创造性。

（2）如果发明是在可能的、有限的范围内选择具体的尺寸、温度范围或者其他参数，而这些选择可以由本领域的技术人员通过常规手段得到并且没有产生预料不到的技术效果，则该发明不具备创造性。

（3）如果发明是可以从现有技术中直接推导出来的选择，则该发明不具备创造性。

（4）如果选择使得发明取得了预料不到的技术效果，则该发明具有突出的实质性特点和显著的进步，具备创造性。

通过上述规定可以看出，对于选择发明来讲，欧洲专利局和中国专利局均规定从是否产生预料不到的技术效果来考虑，但欧洲专利局明确要求预料不到的技术效果必须产生于请求保护的全面范围内，虽然我国没有相关规定，但是实际审查中这也是必需的。

3.2.8 “事后诸葛亮”的分析

《欧洲专利局审查指南》G 部分第Ⅶ章第 8 节“事后诸葛亮”的分析中指出：

有些初看上去显而易见的发明事实上是具备创造性的。一旦形成新的设想，通常是在理论上展现其是如何从已知产品起始，通过一系列明显简单的步骤得到的。审查员要警惕这种“事后诸葛亮”式的分析方式。当将检索报告与引用的对比文件进行结合时，审查员应时刻牢记这些文献是在预知发明内容的情况下检索得到的。在所有的情况下，审查员都应该努力想象在申请人作出贡献前本领域技术人员所面对的领域整体情况，对这些情况以及其他相关因素进行“设身处地”的评价。审查员应考虑所有根据发明背景技术能得知的内容，并对申请人提交的相关论据或证据进行公平的判断。例如，如果一项发明具有相当大的技术价值，特别是如果它提供了新的和令人惊讶的技术进步，而且这种进步的产生并不是“单行道”情形中所述的红利效应（参见指南 B-Ⅶ，10.2），并且这种技术进步能令人信服地表明是与发明限定的权利要求中所包含的一个或多个技术特征相关，那么审查员在得出该权利要求缺乏创造性的结论时就应该进行充分考虑。

中国《专利审查指南 2010》第二部分第四章第 6.3 节避免“事后诸葛亮”中指出：

审查发明的创造性时，由于审查员是在了解了发明内容之后才作出判断，因而容易对发明的创造性估计偏低，从而犯“事后诸葛亮”的错误。审查员应当牢牢记住，对发明的创造性评价是由发明所属技术领域的技术人员依据申请日以前的现有技术与发明进行比较而作出的，以减少和避免主观因素的影响。

关于“事后诸葛亮”，欧洲专利局和中国专利局均要求审查员站在本领域技术人员的角度以申请日前的现有技术为基础，避免带入主观因素预知发明内容。

3.2.9 其他考量因素

《欧洲专利局审查指南》G 部分第Ⅶ章第 10 节提出了三种“辅助的标准”：

（1）可预料的退步；非功能的改变；任意的选择。

如果发明是对最接近的现有技术进行的一种可预期的不利改变，而且这种结果是本领域技术人员可以清楚地预期和准确评价的，如果这种可预期的不利并不伴随着预料不到的技术进步，那么该发明不具备创造性（参见 T 119/82 和 T 155/85）。换句话说，仅仅是现有技术可预期的变劣不具备创造性。然而，如果这种变劣伴随着预料不到的技术进步，则可能具备创造性。当发明仅仅是现有技术装置的任意非功能性的改变或仅仅是在一系列可能的技术方案中进行任意选择时，与上述情况采用相同的思考方式（参见 T 72/95 和 T 939/92）。

（2）预料不到的技术效果；红利效应。

评价创造性时应考虑意想不到的技术效果，然而，这种意想不到的技术效果必须来自请求保护的主题而不能仅是说明书中提到的那些附加技术特征。但是，在考虑现有技术状况的情况下，如果本领域技术人员可以显而易见地得到权利要求请求保护范围内的技术方案，例如，由于缺少其他的选择而产生“单行道”的情况，那么这种意想不到的效果就仅仅是一种红利效应，该红利效应不能给请求保护的主题带来创造性（参见 T 331/97 和 T 192/82）。

（3）长期的需求；商业成功。

如果发明所解决的技术问题是本领域工作者长期想要解决的问题，或者是满足了长期需求，那么可以认为其具备创造性。

商业成功单独来讲不能被认为是具备创造性的理由，但是如果使审查员能够认为这种商业成功是由于发明的技术特征而不是其他方面的影响（如销售技巧或广告），那么这种存在直接的商业成功的证据并伴有证明其是长期需求的证据的话，则是可以接受的。

此外，《判例法》第 I 部分第 D 章第 9.1 节明确指出：专利局上诉委员会认为，根据已有的判例法，根据现有技术从技术上判断创造性是无可替代的。当创造性判断的因素确定后，现有技术的整体状态和所有的重要考量因素能够表明是否具备创造性。但并不必然总是这种情况，在有疑问的案件中，例如，对现有技术启示的客观分析仍然不能提供清晰的结论时，辅助判断因素具有重要性。辅助判断因素只是补救性的创造性判断考量因素。

每个案件的权利要求应撰写为技术特征（而不仅仅是设想），为了评价是否有创造性，审查员应基于以下方面考虑：

（1）对于众所周知问题的解决方法。

例：自有放牧开始，就一直存在如何对动物，例如牛进行永久性标记但同时又不产生疼痛以及对皮毛损害的难题。申请中公开了特定的技术方案（冷冻标记）能够采用冷冻的方法将皮毛永久性脱色。

（2）对于观察到现象产生原因的揭示（对该现象的实际应用因而是显而易见的）。

例：发现了黄油中令人愉快的香味是由微量的特定化合物产生的，基于此发现，那么将此化合物用于人造黄油这样的技术应用马上就是显而易见的了。

当然，许多发明可能是基于以上两者的结合，例如发现和该发现的技术应用均包含了创造能力的运用。

中国《专利审查指南 2010》第二部分第四章第 4.3 节“判断发明创造性时需考虑的其他因素”指出：

发明是否具备创造性，通常应当根据审查指南第二部分第四章第 3.2 节所述的审查基准进行审查。应当强调的是，当申请属于以下情形时，审查员应当予以考虑，不应轻易作出发明不具备创造性的结论。

1）发明解决了人们一直渴望解决但始终未能获得成功的技术难题

如果发明解决了人们一直渴望解决但始终未能获得成功的技术难题，这种发明具有突出的实质性特点和显著的进步，具备创造性。

例：自有农场以来，人们一直期望解决在农场牲畜（如奶牛）身上无痛而且不损坏牲畜表皮地打上永久性标记的技术问题，某发明人基于冷冻能使牲畜表皮着色这一发现而发明的一项冷冻“烙印”技术成功地解决了这个技术问题，该发明具备创造性。

2）发明克服了技术偏见

技术偏见，是指在某段时间内、某个技术领域中，技术人员对某个技术问题普遍存在的、偏离客观事实的认识，它引导人们不去考虑其他方面的可能性，阻碍人们对该技术领域的研究和开发。如果发明克服了这种技术偏见，采用了人们由于技术偏见而舍弃的技术手段，从而解决了技术问题，则这种发明具有突出的实质性特点和显著的进步，具备创造性。

例：对于电动机的换向器与电刷间界面，通常认为越光滑接触越好，电流损耗也越小。一项发明将换向器表面制出一定粗糙度的细纹，结果电流损耗更小，优于光滑表面。该发明克服了技术偏见，具备创造性。

3）发明取得了预料不到的技术效果

发明取得了预料不到的技术效果，是指发明同现有技术相比，其技术效果产生“质”的变化，具有新的性能；或者产生“量”的变化，超出人们预期的想象。这种“质”的或者“量”的变化，对所属技术领域的技术人员来说，事先无法预测或者推理出来。当发明产生了预料不到的技术效果时，一方面说明发明具有显著的进步，另一方面也反映出发明的技术方案是非显而易见的，具有突出的实质性特点，该发明具备创造性。

4）发明在商业上获得成功

当发明的产品在商业上获得成功时，如果这种成功是由于发明的技术特征直接导致的，则一方面反映了发明具有有益效果，另一方面也说明了发明是非显而易见的，因而这类发明具有突出的实质性特点和显著的进步，具备创造性。但是，如果商业上的成功是由于其他原因所致，例如，由于销售技术的改进或者广告宣传造成的，则不能作为判断创造性的依据。

从这些考量因素中可以看出欧洲专利局和中国专利局的规定大同小异，欧洲专利局指出对于可预料的退步、非功能的改变或任意的选择的技术方案，需要从可预期的不利、改变或选择是否伴随着预料不到的技术进步来判断其是否具有创造性。关于意料不到的技术效果方面，欧洲专利局则与中国专利局考虑的不同，中国专利局将意料不到的技术效果作为创造性判断的一个充分条件，而欧洲专利局则更注重技术方案本身。

3.2.10 欧洲专利局的其他规定

1. 包含了技术和非技术特征的权利要求

当采用“问题－解决法”审查此类权利要求，特别是计算机装置发明时，应采取以下步骤：

（1）确定权利要求中非技术方面；权利要求书和说明书中列出的非技术特征应有规范性的要求（参见指南 G-Ⅶ，5.4.1），从而使本领域的技术人员（如计算机科学方面的专家）可以获悉这些非技术概念。

（2）最接近现有技术应基于请求保护主题的技术领域和相关说明书的内容来确定。

（3）确定与最接近现有技术的区别。

①如果没有区别（甚至是没有非技术上的区别），那么就依据 A54 提出反对意见。

②如果区别是非技术方面的，那么就依据 A56 提出反对意见，这样处理的原因是它对于领域没有技术贡献。

③如果区别包含了技术方面，则应采取以下步骤：首先，考虑上述（1）中的规范要求来确定客观技术问题；客观技术问题的解决方案必须包含所确定区别技术方面的因素；其次，如果技术问题的解决方案对本领域技术人员来讲是显而易见的，那么依据 A56 提出反对意见。

2. 确定客观技术问题时的“规范的要求”

对技术问题没有贡献或不产生贡献的特征，无论其是独立的还是与其他特征有关联的，均不能使解决的技术问题的技术方案具备创造性（参见 T 641/00）。例如，如果特征仅对解决非技术问题有贡献，所述非技术问题是那些排除在可授权范围以外的，那么就属于以上这种情况。

当权利要求要达到非技术目的并因此对发明的技术特征没有贡献时，该目的应以“规范的要求”（如对要提高系统行为的全面描述）的形式合理存在于确定的客观技术问题中，只要对于本领域技术人员来讲其是要解决技术问题整体的一部分。如果没有发现这样的客观技术问题，那么请求保护的主题因对于领域没有技术贡献就不满足具备创造性的最低要求，权利要求会因此被拒绝。

在表达客观技术问题时，一定不能包含对于技术方案的指引，因为在考虑问题时如果包含了本发明部分技术方案，那么根据该问题来评价领域的状况时，必然会导致“事后诸葛亮”。“规范要求”并不是确定其属于现有技术，它仅仅是用于确定技术问题。

3.3　工业实用性

3.3.1　相关规定

目前，各国专利法普遍将实用性作为发明创造可获得专利权的实质性条件之一。

A52（1）规定：欧洲专利应当被授予任何技术领域的任何发明，前提是它们是新颖的、包括创造性的步骤以及易于工业应用。其中，“易于工业应用”指的就是工业实用性。

中国《专利法》第 26 条第 1 款规定：授予专利权的发明和实用新型应当具备新颖性、创造性和实用性。

对于实用性的具体含义，欧洲和中国的规定略有不同。

A57 规定：一项发明，如果能够在任何工业（包括农业）上制造或者使用，则应当认为其具有工业实用性。

关于公约第 57 条中出现的“工业”，《欧洲专利局审查指南》G 部分第Ⅲ章第 1 节进一步指出：“工业”应作广义理解，包括任何具有“技术特征”的符合自然规律的活动，即与美学艺术不同的属于有用或实用技术的活动；并非必须包含机器的使用或者产品的制造，例如，也可以是喷雾方法或者是将能量从一种形式转换成另一种形式的方法。

中国《专利法》第 26 条第 4 款规定：实用性，是指发明或者实用新型申请的主题必须能够在产业上制造或者使用，并且能够产生积极效果。

关于中国《专利法》第26条第4款中出现的“产业”，中国《专利审查指南2010》第二部分第五章第2节指出：所谓产业，它包括工业、农业、林业、水产业、畜牧业、交通运输业以及文化体育、生活用品和医疗器械等行业。

关于中国《专利法》第26条第4款中出现的“在产业上制造或者使用”，中国《专利审查指南2010》第二部分第五章第2节指出：在产业上能够制造或者使用的技术方案，是指符合自然规律、具有技术特征的任何可实施的技术方案。这些方案并不一定意味着使用机器设备，或者制造一种物品，还可以包括例如驱雾的方法，或者将能量由一种形式转换成另一种形式的方法。

关于中国《专利法》第26条第4款中出现的“能够产生积极效果”，中国《专利审查指南2010》第二部分第五章第2节指出：能够产生积极效果，是指发明或者实用新型专利申请在提出申请之日，其产生的经济、技术和社会的效果是所属技术领域的技术人员可以预料到的。这些效果应当是积极的和有益的。

对比欧洲和中国关于实用性的相关规定可知，二者最明显的区别在于，中国《专利法》中的实用性要求技术方案能够产生积极效果，这是中国专利制度所独有的，而这一独特的要求也引发很多争论。

事实上，在欧洲专利制度中，能够产生积极效果同样是发明的可专利性条件之一，只不过不属于欧洲专利制度中“工业实用性”的范畴而已。《欧洲专利局审查指南》G部分第Ⅰ章第3节指出：EPC没有明确或者隐含地规定具有专利性的发明必须取得某些技术进步或者具有任何有用的效果。但是，如果相对于现有技术来说发明具有有益效果，则应当记载在说明书中［R42（1-c）］，因为在判断“创造性”时此类效果通常非常重要。由此可见，在欧洲专利制度中，“积极效果”属于“创造性”的范畴。

3.3.2 审查准则

前面通过对比欧洲专利公约与中国《专利法》有关实用性的条款，可以发现二者对于实用性的规定存在一定的差异。从审查实务的角度看，《欧洲专利局审查指南》与中国《专利审查指南2010》中有关实用性的相关规定差别更为显著，前者更多的是列举哪些发明应当被认为是具有实用性，而后者更多是从反面列举哪些发明不具有实用性。因而，这直接导致了中国专利审查员使用实用性条款的频率要明显高于欧洲专利局的审查员。

1. 欧洲专利局的相关规定

对于不具有实用性的具体情形，《欧洲专利局审查指南》G部分第Ⅰ章第3节指出：应被排除的另一类“发明”是所声称的实施方式明显违背公认的自然规律的产品或方法，如永动机。

对于具有实用性的具体情形，《欧洲专利局审查指南》G部分第Ⅲ章第2节指出，用于改进或控制本身具有工业实用性的产品、装置或方法的检测方法一般为具有工业实用性的发明，因而可被授予专利权。具体来说，在产业中以检测为目的对试验动物的利用，例如，工业产品的检测方法（如确认其中不存在热原或过敏原）或者自然现象的检测方法（如测定水污染或空气污染），可被授予专利权。

对于基因序列，《欧洲专利局审查指南》G部分第Ⅲ章第4节指出，除非发明本身明显具有工业实用性，欧洲专利申请的说明书中一般应说明该发明能够在产业上应用的方式。对于与完整基因序列和部分基因序列相关的发明，该一般性要求具体体现在：专利申请中必须公开完整基因序列或部分基因序列的工业应用。未指明功能的核酸序列不是可被授予专利权的发明。如果用完整基因序列或部分基因序列生产蛋白质或蛋白质部分，则必须说明制备了哪一种蛋白质或蛋白质部分，并说明该蛋白质或蛋白质部分行使的功能。如果核酸序列没有被用于制备蛋白质或蛋白质部分，应说明其功能，例如，该序列具有某种转录启动子活性。

2. 中国专利局的相关规定

关于实用性的审查基准，中国《专利审查指南2010》第二部分第五章第3.2节指出，专利法第22条第4款所说的“能够制造或者使用”是指发明或者实用新型的技术方案具有在产业中被制造或使用的可能性。满足实用性要求的技术方案不能违背自然规律并且应当具有再现性。因不能制造或者使用而不具备实用性是由技术方案本身固有的缺陷引起的，与说明书公开的程度无关。

该节进一步给出了不具备实用性的6种主要情形：

（1）“无再现性”，中国《专利审查指南 2010》第二部分第五章第 3.2.1 节指出，具有实用性的发明或者实用新型专利申请主题，应当具有再现性。反之，无再现性的发明或者实用新型专利申请主题不具备实用性。

再现性是指，所属技术领域的技术人员根据公开的技术内容能够重复实施专利申请中为解决技术问题所采用的技术方案。这种重复实施不得依赖任何随机的因素，并且实施结果应该是相同的。

但是，审查员应当注意，申请发明或者实用新型专利的产品的成品率低与不具有再现性是有本质区别的。前者是能够重复实施，只是由于实施过程中未能确保某些技术条件（如环境洁净度、温度等）而导致成品率低；后者则是在确保发明或者实用新型专利申请所需全部技术条件下，所属技术领域的技术人员仍不可能重复实现该技术方案所要求达到的结果。

（2）“违背自然规律”，中国《专利审查指南 2010》第二部分第五章第 3.2.2 节指出，具有实用性的发明或者实用新型专利申请应当符合自然规律。违背自然规律的发明或者实用新型专利申请是不能实施的，因此，不具备实用性。

审查员应当特别注意，那些违背能量守恒定律的发明或者实用新型专利申请的主题，例如永动机，必然是不具备实用性的。

（3）“利用独一无二的自然条件的产品”，中国《专利审查指南 2010》第二部分第五章第 3.2.3 节指出：具备实用性的发明或者实用新型专利申请不得是由自然条件限定的独一无二的产品。利用特定的自然条件建造的自始至终都是不可移动的唯一产品不具备实用性。应当注意的是，不能因为上述利用独一无二的自然条件的产品不具备实用性，而认为其构件本身也不具备实用性。

（4）“人体或者动物体的非治疗目的的外科手术方法”，中国《专利审查指南 2010》第二部分第五章第 3.2.4 节指出：外科手术方法包括治疗目的和非治疗目的的手术方法。以治疗为目的的外科手术方法属于第二部分第一章第 4.3 节中不授予专利权的客体；非治疗目的的外科手术方法，由于是以有生命的人或者动物为实施对象，无法在产业上使用，因此不具备实用性。例如，为美容而实施的外科手术方法，或者采用外科手术从活牛身体上摘取牛黄的方法，以及为辅助诊断而采用的外科手术方法，例如实施冠状造影之前采用的外科手术方法等。

（5）“测量人体或者动物体在极限情况下的生理参数的方法”，中国《专利审查指南 2010》第二部分第五章第 3.2.5 节指出：测量人体或动物体在极限情况下的生理参数需要将被测对象置于极限环境中，这会对人或动物的生命构成威胁，不同的人或动物个体可以耐受的极限条件是不同的，需要有经验的测试人员根据被测对象的情况来确定其耐受的极限条件，因此这类方法无法在产业上使用，不具备实用性。

以下测量方法属于不具备实用性的情况：①通过逐渐降低人或动物的体温，以测量人或动物对寒冷耐受程度的测量方法；②利用降低吸入气体中氧气分压的方法逐级增加冠状动脉的负荷，并通过动脉血压的动态变化观察冠状动脉的代偿反应，以测量冠状动脉代谢机能的非侵入性的检查方法。

（6）关于“无积极效果”，中国《专利审查指南 2010》第二部分第五章第 3.2.6 节指出，具备实用性的发明或者实用新型专利申请的技术方案应当能够产生预期的积极效果。明显无益、脱离社会需要的发明或者实用新型专利申请的技术方案不具备实用性。

3. 欧洲和中国的主要差异

在欧洲专利局的审查实践中使用实用性相关条款的情形远少于中国专利局。二者的具体主要区别如下。

1）对于“无再现性”的情形

关于发明的“可再现性”，欧洲专利局认为这属于“充分公开”的范畴，而中国专利局认为这属于“实用性”范畴。

《欧洲专利局审查指南》F 部分第Ⅲ章第 3 节给出了完全公开不充分的第一种典型情形就是“发明的成功实施依赖于偶然性。也就是说，当技术人员按照教导实施发明时，发现发明所宣称的效果是无法再现的，或者成功获得该技术效果的方式是完全不可靠的”。

中国《专利审查指南 2010》第二部分第五章第 3.2.1 节指出：具有实用性的发明或者实用新型专利申请主题，应当具有再现性。反之，无再现性的发明或者实用新型专利申请主题不具备实用性。

值得一提的是，关于“无再现性”，欧洲专利局和中国专利局都在其审查指南中特别指出，应当注意将一定比例的失败或者说成品率低的情形与无可再现性的情形区分开来。

《欧洲专利局审查指南》F部分第Ⅲ章第3节进一步指出，应当将这种情况与尽管伴随着一定比例的失败但能够确保可再现的成功的情形区别开来，这一定比例的失败但能够确保可再现的成功的情形区别开来，如在小磁芯或电子元件的生产中出现的。在后一种情形中，只要符合要求的元件可以容易地通过非毁坏性检验法被挑选出来，就不必提出根据A83的反对意见。

中国《专利审查指南2010》第二部分第五章第3.2.1节指出，但是，审查员应当注意，申请发明或者实用新型专利的产品的成品率低与不具有再现性是有本质区别的。前者是能够重复实施，只是由于实施过程中未能确保某些技术条件（如环境洁净度、温度等）而导致成品率低；后者则是在确保发明或者实用新型专利申请所需全部技术条件下，所属技术领域的技术人员仍不可能重复实现该技术方案所要求达到的结果。

2）对于“违背自然规律”的情形

对于“违背自然规律”的情形，欧洲专利局和中国专利局都认为这属于“实用性”的范畴，不同的是，对于这种情形欧洲专利局认为这也属于“充分公开”的范畴。

《欧洲专利局审查指南》F部分第Ⅲ章第3节指出，第二种情况是发明由于违反已经广为接受的自然规律而根本不可能成功实施，如永动机。如果要求这种机器的权利要求不仅要求保护其结构，还涉及其功能，则不仅要根据A83，还要根据A52（1）提出反对意见，原因在于该发明不具备“工业实用性”。

3）对于“利用独一无二的自然条件的产品”

对于“利用独一无二的自然条件的产品”的情形，《欧洲专利局审查指南》并无特别规定，根据中国《专利审查指南2010》给出的理由“利用特定的自然条件建造的自始至终都是不可移动的唯一产品不具备实用性”，有学者认为这也是“无再现性”的一种具体情形。

4）对于“人体或者动物体的非治疗目的的外科手术方法”的情形

对于外科手术方法，中国专利制度将其区分为治疗目的和非治疗目的两种情形，对于以治疗为目的的外科手术方法通过《专利法》第25条不授予专利权的客体将其排除在可授予专利权的范围以外，对于非治疗目的的外科手术方法，则是认为其不具有实用性，理由是“由于是以有生命的人或者动物为实施对象，无法在产业上使用，因此不具备实用性”。然而，在欧洲专利制度中，并未作出上述区分，通过公约第53条c款将其作为可专利性的例外排除在可授予专利权的范围以外。《欧洲专利局审查指南》G部分第Ⅱ章第4.2.1.1节指出，外科手术的定义是该处置方法的性质而非其目的。所以，无论用于美容目的或胚胎移植的外科手术方法，还是用于治疗目的的外科手术方法，都被排除在可专利性之外。

5）对于“测量人体或者动物体在极限情况下的生理参数的方法”的情形

对于“测量人体或者动物体在极限情况下的生理参数的方法”的情形，《欧洲专利局审查指南》并无特别规定，根据中国《专利审查指南2010》给出的理由：测量人体或动物体在极限情况下的生理参数需要将被测对象置于极限环境中，这会对人或动物的生命构成威胁，不同的人或动物个体可以耐受的极限条件是不同的，需要有经验的测试人员根据被测对象的情况来确定其耐受的极限条件，因此这类方法无法在产业上使用，不具备实用性。笔者认为，对于这种情形，欧洲专利局可能会适用A53（a）或A53（c）将其作为可专利性的例外排除在可授予专利权的范围以外。

6）关于“无积极效果”

这是中国专利制度所独有的，欧洲专利局并无相关规定。

综上所述，欧洲专利局认为适用工业实用性条款的情形是非常少的，很多在中国被认为应当适用实用性条款的情形，欧洲专利局会适用A83规定的“充分公开”或者A52规定的“可专利性的例外”处理。因此，《欧洲专利局审查指南》G部分第Ⅲ章第1节指出，未被A52（2）所排除的“发明”中只有少数不具有A57所规定的工业实用性。

第四章 欧洲其他实质审查规定的特点

除新颖性、创造性、工业实用性外，欧洲专利申请的实质审查中还涉及一些其他重要的规定，如关于权利要求的规定、充分公开、关于修改的要求、优先权等。本章将针对这些主要的规定进行分析比较。

4.1 权利要求的规定

权利要求书限定了专利的保护范围，也是专利审查中的重中之重，因此无论是欧洲还是中国的专利法和审查指南中均对权利要求作了详细的规定。

4.1.1 总体规定

A84 和 R43 以及《欧洲专利局审查指南》F 部分第Ⅳ章对权利要求的内容及其撰写作了规定。

A84 规定：权利要求书应确定请求保护的内容。权利要求书应清楚、简明，并以说明书为基础。

《欧洲专利局审查指南》F 部分第Ⅳ章第 1 节对权利要求进行了概括性规定：

申请必须包含“一个或多个权利要求”。

权利要求还必须：

（1）“限定寻求保护的内容”；

（2）“清楚简明”；和

（3）“得到说明书的支持”。

中国《专利法》第 26 条第 4 款和《专利法实施细则》第 19 条至第 22 条，

以及《专利审查指南 2010》第二部分第二章第 3 节对权利要求的内容及其撰写作了规定。

中国《专利法》第 26 条第 4 款规定：权利要求书应当以说明书为依据，清楚、简要地限定要求专利保护的范围。

欧洲和中国的专利法对权利要求的相关规定基本相同。但具体到细节，如实施细则和审查指南中的规定，还是存在一些差异。后续将主要对这些差异之处进行比较分析。

4.1.2 从属权利要求撰写中的“多引多”问题

1. 欧洲专利局规定

R43（4）规定：任何包含其他任何权利要求（从属权利要求）所有特征的权利要求中应包含：如果可能的话在开头引用其他权利要求，然后说明其他特征。从属权利要求直接引用另一个从属权利要求也可以接受。所有从属权利要求都向后引用单个在先的权利要求，以及所有从属权利要求向后引用先前的几项在先权利要求，应在一定程度范围内和采用最合适的方法分组在一起。

《欧洲专利局审查指南》F 部分第Ⅳ章第 3.4 节指出：进一步限定发明细节的权利要求可以包括另一个从属权利要求的所有特征，此时就应当引用该权利要求。同样，在某些情况下，从属权利要求可以定义一个或多个特定特征，可以将这些特征适当地添加到一个以上的先前权利要求中（独立或从属）。因此，有以下几种可能性：一项从属权利要求可以引用一项或多项独立权利要求，可以引用一项或多项从属权利要求，或者引用独立权利要求和从属权利要求。

2. 中国专利局规定

中国《专利法实施细则》第 22 条第 2 款和《专利审查指南 2010》第二部分第二章第 3.3.2 节中均规定：从属权利要求只能引用在前的权利要求。引用两项以上权利要求的多项从属权利要求只能以择一方式引用在前的权利要求，并不得作为被另一项多项从属权利要求引用的基础，即在后的多项从属权利要求不得引用在前的多项从属权利要求。

3. 对比分析

通过比较可以看出，欧洲专利局并没有限制多项从属权利要求引用多项从属权利要求（多引多），而中国专利局则明确不允许多项从属权利要求作为被另一项多项从属权利要求引用的基础。

在撰写权利要求书时，在允许多项从属权利要求引用多项从属权利要求的情况下，通过多引多的方式可以适当地减少从属权利要求的个数，由于欧洲专利局对权利要求个数限制较严且申请费用较高，通过这种从属权利要求“多引多”的方式可以将从属权利要求限制在一个合理数量内，从而节省申请费用。

下面给出了两个多项从属权利要求引用多项从属权利要求的权利要求书具体案例。

【案例 4–1】

1. 一种用于燃烧发动机的废气歧管（1），尤其是机动车中的燃烧发动机，该燃烧发动机具有废气涡轮增压系统和用于将废气气体从所述废气歧管（1）再循环到发动机进口的废气气体再循环系统，其中所述废气歧管（1）具有歧管管体（4），所述歧管管体具有多个入流开口（6）和用于所述废气气体再循环系统的和通向废气涡轮增压器的出口开口（7、8），所述入流开口可被连接到所述燃烧发动机的燃烧室，优选地通过连接短管，所述出口开口通过连接器从所述歧管管体（4）分支出来，其中所述出口开口（7、8）被分配有流动引导元件，该流动引导元件可被以受控方式移动并且该流动引导元件根据可具体规定的操作参数选择性地将废气气体流分配给所述出口开口（7、8），其特征在于，该流动引导元件由废气气体翻板阀（10）形成，所述废气气体翻板阀被可枢转地安装在所述歧管管体（4）内并且借助该废气气体翻板阀，该废气气体流可被引向用于废气气体再循环系统的出口开口（7）以及引向通向废气涡轮增压器的出口开口（8）。

2. 如权利要求 1 所述的废气歧管，其特征是，所述用于废气气体再循环系统的和通向废气涡轮增压器的出口开口（7、8）在所述歧管管体（4）上被布置成彼此邻近，尤其是所述布置的方式使得所述用于废气气体再循环系统的和通向废气涡轮增压器的出口开口（7、8）在所述歧管管体（4）上基本上直径相对地定位。

3. 如权利要求1或2所述的废气歧管，其特征是，所述用于废气气体再循环系统的和通向废气涡轮增压器的出口开口（7、8）被定位在所述歧管管体（4）的两个入流开口（6）之间。

4. 如前述权利要求中任一项所述的废气歧管，其特征是，所述废气气体翻板阀（10）被定位在所述歧管管体（4）内，尤其是被定位在所述歧管管体（4）的两个入流开口（6）之间，所述定位的方式使得来自由至少一个燃烧室形成的第一燃烧室组的第一废气气体流（11）通过相关的至少一个入流开口（6）流入所述歧管管体（4）并且从那里沿着处于第一流动方向的所述废气气体翻板阀（10）的方向流动，同时来自由至少一个另外的燃烧室形成的第二燃烧室组的第二废气气体流（12）通过相关的至少一个入流开口（6）流入所述歧管管体（4）并从那里沿着处于第二流动方向的所述废气气体翻板阀（10）的方向流动，所述第二流动方向与所述第一流动方向相反。

5. 如前述权利要求中任一项所述的废气歧管，其特征是，所述废气气体翻板阀（10）具有多边形和/或滚筒形和/或圆形横截面，尤其是Y形和/或三角形滚筒和/或圆形横截面。

【案例4-2】

1. 一种用于以高压加载燃料的高压燃料泵（10），其具有：

①用于容纳至少一个高压产生元件（16）的壳体（12），所述高压产生元件用于在燃料中产生高压；

②用于将壳体（12）紧固到内燃机的气缸盖和/或发动机气缸体的法兰（14），所述法兰（14）与所述壳体（12）分开地构造并且具有至少两个法兰部分（26），所述至少两个法兰部分相互分离并且构造成分别围绕壳体（12）的一个部分圆周区域（30）而接合，所述法兰部分（26）在壳体（12）紧固的状态下构造成相互重叠。

2. 根据权利要求1所述的高压燃料泵（10），其特征在于，每个法兰部分（26）具有第一法兰部分端部区域（40）以及第二法兰部分端部区域（42），所述法兰部分（26）如此构造，使得它们在壳体（12）紧固的状态下既在第一法兰部分端部区域（40）中也在第二法兰部分端部区域（42）中重叠。

3. 根据权利要求1或2任一项所述的高压燃料泵（10），其特征在于，每个法兰部分（26）具有第一法兰平面（52）和第二法兰平面（54），所述第一法兰平面和第二法兰平面平行地相互偏移地布置，所述第一法兰部分端部区域（40）布置在第一法兰平面（52）中并且所述第二法兰部分端部区域（42）布置在第二法兰平面（54）中。

4. 根据权利要求2或3任一项所述的高压燃料泵（10），其特征在于，每个法兰部分（26）具有在所述第一法兰部分端部区域和第二法兰部分端部区域（40，42）中至少一个用于使紧固螺栓引导穿过的螺孔（44），所述法兰部分（26）如此构造，使得所述第一法兰部分（26）和所述第二法兰部分（26）的螺孔（44）在壳体（12）紧固的状态下重叠。

5. 根据权利要求3或4任一项所述的高压燃料泵（10），其特征在于，每个法兰部分（26）具有用于容纳壳体（12）的部分圆周区域（30）的部分圆形的凹陷（46），在所述凹陷（46）中构造有用于作用在部分圆周区域（30）上的接触幅（38），所述接触幅在所述凹陷（46）中延伸、特别是仅仅部分地延伸、更特别地在所述凹陷（46）的部分圆（48）的50%至80%之间延伸。

6. 根据权利要求3至5任一项所述的高压燃料泵（10），其特征在于，每个法兰部分（26）在壳体（12）紧固的状态下延伸经过多于壳体（12）的壳体圆周区域（32）的一半。

7. 根据权利要求5或6任一项所述的高压燃料泵（10），其特征在于，所述至少两个法兰部分（26）具有彼此相同的构造。

【案例4-1】和【案例4-2】示出了常见的多项从属权利要求引用多项从属权利要求的情况下，事实上，多数欧洲申请人在撰写权利要求书时会采用上述方式，特别是类似【案例4-1】的情况，这在欧洲申请人在我国申请专利时的申请文件中也经常遇到。

针对【案例4-1】的情况，在采用“**根据权利要求1至X任一项所述**”的方式撰写权利要求书时，将会显著减少从属权利要求的数量。

例如，示例性的权利要求书：

1. 一种装置，其特征在于：A。（方案A）

2. 如权利要求1所述的装置，其中：B。（方案A+B）

3. 如权利要求1或2所述的装置，其中：C。（方案A+C，A+B+C）

4. 如前述权利要求中任一项所述的装置，其中：D。（方案A+D，

A+B+D，A+C+D，A+B+C+D）

5. 如前述权利要求中任一项所述的装置，其中：E。（方案 A+E，A+B+E，A+C+E，A+B+C+E，A+D+E，A+B+D+E，A+C+D+E，A+B+C+D+E）

从上述示例中可以看出，在采用“如前述权利要求中任一项所述的”的方式撰写权利要求书时，可以采用较少的权利要求数量寻求较多技术方案的保护，例如上述权利要求 5 通过该方式采用一个权利要求保护了 8 个并列的技术方案。

因此，在申请欧洲专利时，在允许的情况下，可以尽量采用多项从属权利要求引用多项从属权利要求的方式撰写权利要求书。

4.1.3 必要特征

1. 欧洲规定

R43（1）和 R43（3）规定：权利要求书应限定以发明的技术特征表达的寻求保护的主题。适当时，权利要求书应包含：①说明发明的主题及限定所要求保护的主题所必需的且组合起来构成现有技术的一部分的那些技术特征；②一个特征部分，以“其具有特征”或“其特征在于”开头并限定结合前述①项表达的技术特征，从而寻求保护。任何记载发明必要特征的权利要求之后可能是一个或多个有关发明特定实施例的权利要求。

《欧洲专利局审查指南》F 部分第Ⅳ章第 4.5 节则对必要特征作了详细规定。

由于缺少必要特征而引起的异议：定义要求保护的主题的权利要求必须清楚，这不仅意味着从技术角度出发，权利要求必须是可理解的，而且必须清楚地限定发明的所有基本特征（参见 T 32/82）。此外，A84 规定，说明书所支持的权利要求适用于说明书中明确提出的对于实施发明必不可少的特征（参见 T 1055/92）。因此，应根据明确性和支持要求来解决独立权利要求中缺乏必要特征的情况。

必要特征的定义：权利要求的基本特征是在为解决与申请有关的技术问题（该问题通常从说明书中得出）的基础上达到技术效果所必需的特征。因此，独立权利要求必须包含说明书中明确描述的实现本发明所必需的所有特征。对于一些特征，即使其在本申请全文中始终在本发明的上下文中提及，但实际上对解决问题没有贡献，则它们不是必要特征。

作为一般规则，功能部件产生的技术效果或结果是确定功能部件是否有助于解决问题的关键（参见指南 G-Ⅶ，5.2）。

如果一项权利要求是本发明产品的生产方法，则要求保护的方法应当是以本领域技术人员通过合理方式实施时最终必然会生产出该产品的方法；否则会出现内在的不一致，从而使权利要求不清楚。

如果专利性取决于技术效果，则撰写的权利要求必须包括对于该技术效果来说必不可少的发明的技术特征（参见 T 32/82）。

必要特征的概括：在具体确定必要技术特征时，必须考虑 A83 的规定：如果整个申请在细节上描述了发明的必要特征，使得本领域技术人员可以实施本发明，这就足够了（参见指南 F-Ⅲ，3），不必在独立权利要求中包括本发明的所有细节。因此，只要权利要求的特征总体上允许解决技术问题，则允许权利要求的特征的某种程度的概括。在这种情况下，对特征进行更具体的定义是不需要的。该原理同样适用于结构和功能特征。

隐含功能：如上所述，独立权利要求必须明确记载限定发明所需的所有必要特征。除非所用的通用术语暗示了这些特征，例如，对“自行车”的主张不需要提及车轮的存在。

对于产品权利要求，如果产品是已知的，发明点在于对其某些方面进行了改进，那么权利要求清楚地确定该产品并且说明其改进点和改进方式即可。对于设备权利要求也是如此。

【案例 4-3】

权利要求 1 涉及一种具有凝胶涂层的凝胶包衣种子的储存方法，该凝胶涂层包括具有水不溶性金属离子的水性凝胶。该方法的特征在于将包有凝胶的种子储存在含有所述金属离子的水溶液中。在说明书中，本发明的目的被定义为提供一种易于储存的凝胶包衣的种子而不引起产量和处理性能降低的方法。在说明书中强调，为了实现本发明的目的，必须将金属离子浓度限制在特定范围内，超出特定范围的金属离子浓度对产量和处理性能产生负面影响。因此，权利要求 1 的主题没有指出具体的范围，因此不能解决说明书中所述的问题。

【案例 4-4】

本发明涉及一种用于金属带凹形成型的设备。在最接近的现有技术中，使金属条沿长度方向穿过成型辊组，在该成型辊组上将凹形施加到金属条上。根据说明书，问题在于，辊子不能使带材的侧向端部产生弯曲力，因此，侧向端部通常平整地终止。独立权利要求的区别特征限定，设置有柔性带或网状构件以在金属条通过的成型辊组的通道中支撑金属条；此特征足以解决上述问题。其他特征，例如将金属条推进成型辊组的机构细节或提供至少 3 个辊，都不是解决问题所必需的：这些附加特征将不适当地限制权利要求（参见 T 1069/01）

【案例 4-5】

权利要求 1 涉及一种用于对电视信号进行编码的设备，该设备除其他特征外还包括参数生成装置，该参数生成装置确保将预测电流场和实际电流场的像素数据之间的误差最小化。该说明书仅记载了用于最小化误差的一个示例，即最小二乘法。重要的是，技术人员将能够意识到如何实现误差最小化；在这种情况下，最小二乘法是否是唯一适用的方法并不重要。因此，没有必要将最小二乘法进一步限制到要求保护的参数生成装置（参见 T 41/91）。

【案例 4-6】

说明书指出，化合物 C 是通过使 A 和 B 的混合物在 100℃下反应至少 10 分钟而获得的。要强调的是，A 和 B 必须在此最短时间内进行反应，否则反应将不完全，并且不会形成 C。权利要求 1 涉及化合物 C 的生产方法，其特征在于使 A 和 B 的混合物在 100℃下反应 5～15 分钟。权利要求书不包含本发明的所有基本特征，因为说明书清楚地指出，为了完成反应，必须使 A 和 B 反应至少 10 分钟。

【案例 4-7】

说明书指出了需要解决的技术问题，即提供一种气溶胶组合物，其显著降低了作为推进剂一部分的不希望的挥发性有机化合物（VOCs）的百分比，从而减少了向大气中的 VOC 释放。权利要求 1 限定了气溶胶中至少 15%（质量分数）的推进剂（VOC）的最小量，但是完全没有提及其任何最大量。仅当推进剂不超过气溶胶组合物中的特定最大量时，才能解决了向环境中释放较少 VOC 的技术问题：因此，该最大值是本发明的必要技术特征。权利要求 1 涵盖了含有大于或等于 15%（质量分数）的任何数量推进剂的气溶胶，从而涵盖了传统气溶胶中存在的不足的高百分比推进剂。因此，所要求保护的气雾剂组合物中不希望的VOC的百分比没有“显著降低”，因此不能实现本发明的所述目的（参见T586/97）。

2. 中国专利局规定

中国《专利法实施细则》第20条第2款规定：独立权利要求应当从整体上反映发明或者实用新型的技术方案，记载解决技术问题的必要技术特征。

中国《专利审查指南2010》第二部分第二章第3.2.2节则规定：

必要技术特征是指，发明或者实用新型为解决其技术问题所不可缺少的技术特征，其总和足以构成发明或者实用新型的技术方案，使之区别于背景技术中所述的其他技术方案。

判断某一技术特征是否为必要技术特征，应当从所要解决的技术问题出发并考虑说明书描述的整体内容，不应简单地将实施例中的技术特征直接认定为必要技术特征。

3. 对比分析

对比可知，《欧洲专利局审查指南》规定的“必要特征”与中国《专利审查指南2010》中的“必要技术特征”属于相同的概念，但对于其产生的问题，如缺少必要技术特征的问题，欧洲专利局则将其归属于权利要求不清楚或不支持的范畴，在A84条款指出。而中国专利局则采用专门的实施细则将其与权利要求的清楚与支持的条款［A26（4）］区分开来。

因此，A84条款涉及的内容很多，申请人收到不符合该条款的规定的意见后应当仔细分析并进行准确答复，以避免回应不当。

4.1.4 “大约”“近似”或“基本上”的使用

1. 欧洲规定

由于要“尽量从技术角度理解权利要求”，《欧洲专利局审查指南》F部分第Ⅳ章第4.7节指出：

解释诸如“大约”“近似”或“基本上”的术语：如果将诸如“大约”或“近似”的术语应用于特定值（如“大约200℃”或“近似200℃”）或范围（如“大约 x 到大约 y”），则该值或范围被解释为与用于测量它们的方法一样准确。如果在申请中未指定误差范围，则适用《欧洲专利局审查指南》G 部分第Ⅵ章第 8.1 节中所述的相同原理，即表述“约 200℃”被解释为具有与“200℃”相同的舍入。如果在本申请中指定了误差范围，则必须在权利要求中使用它们来代替包含“大约”或类似术语的表述。

当将诸如“基本上”或“近似”的术语应用于设备的结构单元时（如“具有大致圆形圆周的托盘板”或“具有大致弯曲的底座的托盘板”），包含该术语的表述“基本上”或“大约”将被解释为在其制造方法的技术公差范围内产生的技术特征（例如，切割金属比切割塑料精确得多；或者用 CNC 机床切割比手动切割更精确）。换句话说，表述“具有大体上圆形的托盘”被解释为要求与“具有圆形的托盘”具有相同的技术特征。进而，这两种表达方式都被认为是要求保护任何托盘，其制造领域的技术人员将其基础视为圆形的。

明确反对：如果申请提出使用诸如“大约”“近似”或“基本上”之类的术语，以将一个值和 / 或范围所要求的间隔扩展到测量系统的误差范围之外或超出结构单元制造公差，则上述措词会变得含糊且不确定，即该申请不符合 A84 的规定，因为上述措辞的存在阻碍了发明在新颖性和创造性方面明确区别于在先技术。

如果申请提出，对于通过 CNC 水刀切割机得到的金属托盘，二十边形（20 条边的多边形）也是“大致圆形的圆周”，则这将使权利要求的范围不清楚，因为：

（1）申请所显示的公差超出了制造方法的公差（CNC 水刀切割机通过使用具有数百条边的多边形来近似圆形圆周）；

（2）如果一个二十边形也是一个“基本上是圆形的圆周”，那么一个十九边形（19 条边的多边形）或一个十八边形（18 条边的多边形）呢？多边形何时可以形成为“基本圆形的圆周”？本领域技术人员如何客观地对此进行评估？

2. 中国专利局规定

中国《专利审查指南 2010》第二部分第二章第 3.2.2 节中则规定：在一般情况下，权利要求中不得使用“约”“接近”“等”“或类似物”等类似的用语，因为这类用语通常会使权利要求的范围不清楚。当权利要求中出现了这类用语时，审查员应当针对具体情况判断使用该用语是否会导致权利要求不清楚，如果不会，则允许。

3. 对比分析

在中国专利局的实质审查过程中，根据专利审查指南中的规定，通常情况下会认为“约 200℃”是不清楚的，因为本领域技术人员不清楚申请中所采用的具体误差范围是多少。特别是“大约 x 到大约 y”，更是认为其难以明确确定一个具体的范围。因此中国专利局倾向于采用明确的数值表述，避免“约”“接近”“等”“或类似物”等类似的用语的使用。

通过《欧洲专利局审查指南》的相关规定可见，对于“大约”“近似”或“基本上”之类的术语，欧洲专利局通常情况下认为它们不会导致权利要求的不清楚，仅仅认为它们是技术人员的常规表达，具有常规的舍入。由于有明确的限定，因此上述“大约”“近似”或“基本上”之类的术语并不会导致权利要求的保护范围无法明确确定。

综上所述，在申请欧洲专利时，对“大约”“近似”或“基本上”之类的术语可以不用特别考虑，技术人员可以直接采用。但在向中国专利局申请专利时，应当尽量避免使用“约”“接近”“等”“或类似物”等类似的用语。

4.1.5 “优选地”“例如”“诸如”或“更特别地”的表述

1. 欧洲规定

《欧洲专利局审查指南》F 部分第Ⅳ章第 4.9 节指出：如果可选特征不引起歧义，则允许其以诸如“优选地”“例如”“诸如”或“更特别地”之类的表达开头的特征。在这种情况下，它们将被视为完全可选的。

这些表达如果不导致对权利要求的实质内容的限制，则会引入歧义并且使权利要求的范围不清楚。例如，措辞“一种制造人造石，例如黏土砖的方法”不能满足A84的要求，因为黏土砖永远不会是一种人造石的类型。因此，不清楚通过权利要求的方法制造的是人造石还是黏土砖。

类似地，措词“将溶液加热到65℃至85℃，特别是90℃”不符合A84的规定。之所以如此，是因为术语“特别是”之后的温度与之前的温度相矛盾。

从中可以看出，欧洲专利局允许在权利要求中使用诸如“优选地”“例如”“诸如”或“更特别地”之类的表达，只要这些表述后面限制与前面的内容不会产生歧义或矛盾即可。

2. 中国专利局规定

中国《专利审查指南2010》第二部分第二章第3.2.2节中则规定：权利要求中不得出现“例如”“最好是”“尤其是”“必要时”等类似用语。因为这类用语会在一项权利要求中限定出不同的保护范围，导致保护范围不清楚。

3. 对比分析

由分析可见，欧洲专利局和中国专利局在“优选地”“例如”“诸如”或“更特别地”等类似用语上的规定明显相反，但都有各自的合理性。

例如：对于具体的权利要求：一种内燃机，例如汽油机，其……。

从《欧洲专利局审查指南》的角度，作为一名本领域技术人员，如果从技术角度理解该权利要求，则完全理解该权利要求要保护内燃机，同时也选择保护了汽油机。这对于本领域技术人员来说，还是能够具体确定权利要求的保护范围的。

但从中国《专利审查指南2010》的角度，作为一名本领域技术人员，面对上述权利要求，一定程度上不确定其具体要保护内燃机还是柴油机，从而导致了不清楚。

但是，在允许“优选地”“例如”“诸如”或“更特别地”之类的表述的情况下，确实可以避免重新撰写从属权利要求，减少权利要求的数量。

例如，在中国《专利审查指南2010》的规定下，如果既要保护内燃机，又要保护汽油机，此时需要考虑将上述权利要求拆分为一个独立权利要求和一个从属权利要求：

1. 一种内燃机，其……。

2. 如权利要求 1 所述的内燃机，其具体是汽油机。

通过上述分析可知，采用诸如“优选地”“例如”“诸如”或“更特别地”之类的表达，同样可以适当地减少从属权利要求的个数以节省费用。

如下述【案例 4–8】，通过采用多处“特别是”“优选”等用语，可以在一个权利要求中限定出多个并列的技术方案。

【案例 4–8】

1. 用于内燃机、特别是车辆内燃机的排气设备，该排气设备包括引导排气流（A）的排气通道（12）和用于将反应剂流（R）排出到排气流（A）中的反应剂排出组件（18），其特征在于，所述排气设备还包括外围流产生组件（25），用于产生包围从所述反应剂排出组件（18）排出的反应剂流（R）的外围流（M）。

2. 按照权利要求 1 所述的排气设备，其特征在于，所述外围流（M）关于反应剂主流动方向（HR）至少局部地、优选基本上完全包围所述反应剂流（R），或 / 和外围流主流动方向（HM）基本上对应反应剂流主流动方向（HR）。

3. 按照权利要求 1 或 2 所述的排气设备，其特征在于，所述反应剂排出组件（18）包括反应剂排出单元（24），并且所述外围流产生组件（25）包括环状地包围所述反应剂排出单元（24）的外围流排出单元（26）。

4. 按照权利要求 3 所述的排气设备，其特征在于，所述外围流排出单元（26）包括优选环状的外围流排出体（30）并且在所述外围流排出体（30）的上游包括引导到所述外围流排出体（30）的、优选环状的外围流排出室（28）。

5. 按照权利要求 4 所述的排气设备，其特征在于，所述外围流排出体（30）构造成多孔的、优选构造为烧结体。

6. 按照权利要求 1 至 5 中任一项所述的排气设备，其特征在于，设置有用于将外围流气体输送到外围流排出单元（26）的外围流气体源（40）。

4.1.6 欧洲关于“解释表示目的的表达式”的规定

《欧洲专利局审查指南》F 部分第Ⅳ章第 4.13 节对解释表示目的的表达式，

如“用于……的设备”“用于……的方法”，作了详细的规定，具体如下。

1. 解释诸如“用于……的设备”“用于……的产品”之类的表达式

如果一项权利要求的开头用语为“用于实施某方法的设备……”，则必须将其解释为仅适用于实施该方法的设备。对于除此之外的包含该权利要求限定的所有特征，但是不适合于所述目的的设备或者需经过改进才能如此应用的设备，通常不应当认为是预期的权利要求。特殊用途的产品权利要求同此考虑。例如，如果一项权利要求是“用于钢水浇铸的模具”，这暗示了对模具的某些限制条件。因此，熔点比钢低得多的用于冰块成型的塑料模盒就不在该权利要求的范围内。与此类似，特殊用途的物质或组合物的权利要求应当解释为实际上只适合所述用途的物质或组合物；表面上看与该权利要求定义的物质或组合物相同但其形式不适合所述用途的已知产品不能使该权利要求丧失新颖性。但是，如果已知产品的形式实际上适合所述用途，只是从来没有被记载过适合该用途，则会破坏该权利要求的新颖性。用在外科手术、治疗或诊断方法中的已知物质或组合物的权利要求是上述一般性解读原则的例外情况。

中国专利局关于用途的限定与欧洲专利局基本相同，《专利审查指南 2010》第二部分第二章第 3.1.1 节指出：对于主题名称中含有用途限定的产品权利要求，其中的用途限定在确定该产品权利要求的保护范围时应当予以考虑，但其实际的限定作用取决于对所要求保护的产品本身带来何种影响。例如，主题名称为“用于钢水浇铸的模具”的权利要求，其中“用于钢水浇铸”的用途对主题“模具”具有限定作用；对于“一种用于冰块成型的塑料模盒”，因其熔点远低于“用于钢水浇铸的模具”的熔点，不可能用于钢水浇铸，故不在上述权利要求的保护范围内。然而，如果“用于……”的限定对所要求保护的产品或设备本身没有带来影响，只是对产品或设备的用途或使用方式的描述，则其对产品或设备例如是否具有新颖性、创造性的判断不起作用。例如，“用于……的化合物 X”，如果其中“用于……”对化合物 X 本身没有带来任何影响，则在判断该化合物 X 是否具备新颖性、创造性时，其中的用途限定不起作用。

2. 装置加功能特征的解释（“……的装置”）

装置加功能特征（“……的手段”）是一种功能特征，因此不违反 A84 的要求。

任何适于执行装置加功能特征的现有技术特征都将预期该装置。例如，门钥匙和撬棍都预期有“打开门的装置”的特征。该解释的一般原理的一个例外是，装置加功能部件的功能由计算机或类似设备执行。在这种情况下，装置加功能特征被解释为适于执行相关步骤 / 功能的装置，而不仅仅是适于执行它们的装置。

实际上，这意味着针对眼镜镜片研磨机的以下两种权利要求是等同的，即它们要求相同的主题。

【案例 4-9】

1. 眼镜镜片研磨机，用于加工镜片，以便将镜片安装在眼镜架中，所述机器包括：

至少一个用于使镜片倾斜的砂轮；

用于在眼镜架上接收镜架构造数据和用于提供镜片相对于眼镜架的布局数据的装置；

用于根据所接收的帧数据和布局数据检测透镜的边缘位置的装置；

用于根据所述边缘位置检测装置的检测结果通过计算确定第一斜面路径的装置；

用于确定第二斜面路径的装置，该第二斜面路径是通过使所述第一斜面路径倾斜以使得所述第二斜面路径经过透镜边缘上的期望位置而获得的；和

用于在所述镜片的倒角过程中基于所述第二斜角路径来控制砂轮的装置。

【案例 4-10】

1. 眼镜镜片研磨机，用于加工镜片，以便将镜片安装在眼镜架中，所述机器包括：

至少一个用于使镜片倾斜的砂轮；

一个计算机，适用于：

接收眼镜架上的镜架配置数据和布局数据，以用于提供镜片相对于眼镜架的布局；

根据接收到的帧数据和布局数据检测镜头的边缘位置；

根据所述边缘位置检测装置的检测结果，通过计算确定第一斜面路径；

确定通过倾斜所述第一斜面路径以使所述第二斜面路径穿过透镜边缘上的

期望位置而获得的第二斜面路径；和

在所述第二斜角路径的基础上，在镜片倒角过程中控制砂轮。

为了预期这些设备权利要求，现有技术文件必须公开一种眼镜镜片研磨机，其执行所要求的步骤，而不仅是适合于执行所述步骤的设备。

针对这方面，中国专利局没有相关的明确规定，但对于上述“眼镜镜片研磨机”的例子，在实质审查过程中通常不会将两个权利要求视为等同，而是将“计算机”作为区别特征对待。

3. 解释诸如“……的方法”之类的表达式

在方法的上下文中，可能有两种不同类型的既定目的，即限定一种应用或使用方法，以及限定从方法的步骤中产生并隐含在其中的效果（参见 T 1931/14）。

在所述目的限定了方法的特定应用的情况下，该目的需要附加步骤，这些附加步骤不是权利要求中定义的其他剩余步骤所隐含或固有的，否则，所要求保护的过程将无法实现所述目的。与设备或产品权利要求不同，对于开头用语如“用于重熔电流层的方法”的方法权利要求，不应当将“用于重熔……”部分理解为该方法仅适用于重熔电流层，而应当理解为关于重熔电流层的功能性特征，从而用要求保护方法的方法步骤限定方法（参见 T 1931/14 和 T 848/93）。

类似地，在“制造方法”（即针对产品制造方法的权利要求）的情况下，事实上该生产产品的方法应视为一个整体的方法步骤（参见 T 268/13）。

另外，如果目的仅是说明在执行所要求保护的方法的其他其余步骤时不可避免地出现的技术效果，并且因此在这些步骤中是固有的，则该技术效果对权利要求的主题没有限制作用。因此，对于涉及方法或过程的权利要求，该方法的预期用途的指示最多可被视为限制了该方法必须适合该用途的程度（参见 T 304/08）。因此，这样的权利要求将由描述了具有这种适用性的方法的现有技术文件所预期，尽管没有提及具体用途（参见 T 1931/14 和 T 304/08）。

针对这方面中国专利局也没有相关明确的规定，但具体审查实践中的操作基本相同。

4.1.7 通过引用（use with）另一实体进行定义

关于物理实体（产品、装置）的权利要求可以通过参考与另一实体有关的特征来试图定义本发明，该另一实体不是所要求的第一实体的一部分，而是通过使用与之相关。这种要求的一个例子是“用于发动机的汽缸盖”，其中前者由其在后者中的位置特征限定。

由于第一实体（汽缸盖）通常可以独立于另一实体（发动机）进行生产和销售，因此申请人通常有权获得第一实体本身的独立保护。因此，在第一实例中，此类权利要求始终被解释为不包括其他实体或其特征：这些仅在第一实体的特征适合与第二实体的特征一起使用的范围内限制了权利要求的主题。在以上示例中，汽缸盖必须适合于安装在权利要求中所述的发动机中，但是发动机的特征本身并不限制权利要求的主题。

仅当权利要求毫无疑问地指向第一和第二实体的组合时，另一实体的特征才对权利要求的主题有所限制。在以上示例中，应将权利要求写为“具有汽缸盖的发动机”或“包括汽缸盖的发动机”，因为该发动机的特征应视为限制了权利要求的主题。

针对涉及计算机实施发明的权利要求的评价，可参见《欧洲专利局审查指南》F 部分第Ⅳ章第 3.9 节，其中关于计算机程序的权利要求是指计算机（独立实体）。

明确反对

一旦确定权利要求是针对一个实体还是针对实体组合，就必须对权利要求的措词进行适当调整以反映它；否则，该权利要求将不符合 A84 的规定。

例如，在针对单个实体的权利要求的情况下，第一实体可“连接”到第二实体；在涉及实体组合的权利要求的情况下，第一实体“连接”到第二实体。

通过参考另一实体定义的尺寸和 / 或形状可以通过一般参考第二个实体的尺寸和 / 或相应形状来定义独立权利要求中的第一个实体的尺寸和 / 或形状，该第二个实体不是要求保护的第一个实体的一部分，但与之相关联采用。这尤其适用于第二实体的尺寸以某种方式标准化的情况（例如，在用于车牌的安装支架的情况下，其中支架框架和固定元件是相对于车牌的外部形状定义的）。

此外，在本领域技术人员可以很容易地推断出对第一实体的保护范围的最终限制的情况下，对第二实体的引用也可以很清楚地理解为不能被视为标准化对象。农用圆形草捆的覆盖片的厚度，其长度和宽度以及其折叠方式是根据草捆的周长、宽度和直径确定的（参见 T 455/92）。这种权利要求既不必包含第二实体的确切尺寸，也不必引用第一实体和第二实体的组合。在不参考第二个实体的情况下指定第一个实体的长度、宽度和 / 或高度会导致不必要的保护范围限制。

4.1.8 "in"的表述

为避免歧义，在评价用"在（in）"定义不同的物体之间（产品、设备）、物体与活动之间（产品、用途）或不同的活动之间的关系的权利要求时，应当特别注意。用这种方式措辞的权利要求的例子包括：

（1）在四冲程发动机中的汽缸盖；

（2）在具有自动拨号器、拨号检音器和性能控制器的电话机设备中，拨号检音器包括……；

（3）在使用弧焊装置的电极输送设备的方法中，控制弧焊电流和电压的方法包括下述步骤……和

（4）在方法 / 系统 / 设备等中，改进之处在于……

在上例中，重点在于具有全功能的部件（汽缸盖、拨号检音器、控制弧焊电流和电压的方法），而不是包含该部件的完整单元（四冲程发动机、电话机、方法）。无论其寻求保护的是部件本身还是完整单元，都可能造成不清楚。为了清楚起见，此类权利要求应写成一种具有（或包括）部件的单元（如"具有汽缸盖的四冲程发动机"）或指明其用途的部件本身（如"用于四冲程发动机的汽缸盖"）。根据 A123（2）的规定，只有在申请人表达意愿且在原始申请中存在依据时才可以进行后一种表述。

对于示例（4）所示类型的权利要求，"in"一词的使用有时使人不清楚是仅针对权利要求中定义的改进还是针对所有特征寻求保护。在这方面，也必须确保措辞明确。然而，基于第二种非医疗用途（参见指南 G-Ⅵ，7.2），诸如

“将物质……用作油漆或漆组合物中的防腐成分”的权利要求是可以接受的。

针对此，中国专利局也没有相关规定，通常审查实践中会依据主题是否清楚作出判断。例如针对上述例（1）~（4），通常会认为其主题不明确，从而导致不清楚。

4.2 充分公开

4.2.1 相关规定

“以公开换保护”是专利制度存在和发展的重要基石，存在专利制度的国家或地区均以法定的形式对专利申请文件中技术信息的公开程度作出了规定。

A83 规定：欧洲专利申请应当以充分清楚和完整的方式公开发明，以使所属技术领域的技术人员能够实现该发明。

中国《专利法》第 26 条第 3 款规定：说明书应当对发明或者实用新型作出清楚、完整的说明，以所属技术领域的技术人员能够实现为准。

对比 A83 与中国《专利法》第 26 条第 3 款的上述表述可以看出，二者的判断客体存在区别，前者规范的对象是“专利申请”，而后者规范的对象是“说明书”。对此，《欧洲专利局审查指南》F 部分第Ⅱ章第 4.1 节明确指出，公开的充分性必须基于整个申请进行评估，包括说明书，权利要求书和附图（如果有）。

4.2.2 相关概念

A83 中出现的“充分清楚和完整”与“能够实现”，欧洲专利局在其官方文件中有如下规定。

《欧洲专利局审查指南》F 部分第Ⅱ章第 4.1 节指出，必须详细描述实施发明的至少一种方式。由于申请针对的是本领域技术人员，因此不必也不需给出众所周知的辅助特征的细节，但是说明书必须充分详细地公开对于实时发明必不可少的所有特征，以使本领域技术人员明确知道如何实施发明。

《欧洲专利局审查指南》F部分第Ⅱ章第4.1节援引T 729/95号案件的判决指出，对于后者情形，除了实施例以外，申请必须包含足够的信息以使本领域技术人员使用普通技术知识就可以在要求保护的整个范围内实现发明，而不需要付出过度劳动（undue burden）和创造性技能。然后又援引T 226/85号案件及T 409/91号案件的判决进一步指出，在此案中，“要求保护的整个范围”实际上被理解为落入权利要求范围内的任何事实方式，即使有限数量的试验和错误也可以被允许，例如在未开发领域或者当存在很多技术困难时。

关于“过度劳动（undue burden）”的概念，可以参考《判例法》第Ⅱ部分第C章第6.6节。

《欧洲专利局审查指南》F部分第Ⅲ章第5.1节指出，不能立即得出发明主题作为一个整体不能实施的结论，即其不能解决相关技术问题并由此获得预期的技术效果。

中国《专利法》第26条第3款中出现的“清楚、完整”与“能够实现”，中国专利局在其官方文件中有如下规定。

中国《专利审查指南2010》第二部分第二章第2.1.1节指出：说明书的内容应当清楚，具体应满足下述要求：①主题明确。说明书应当从现有技术出发，明确地反映出发明或者实用新型想要做什么和如何去做，使所属技术领域的技术人员能够确切地理解该发明或者实用新型要求保护的主题。换句话说，说明书应当写明发明或者实用新型所要解决的技术问题以及解决其技术问题采用的技术方案，并对照现有技术写明发明或者实用新型的有益效果。上述技术问题、技术方案和有益效果应当相互适应，不得出现相互矛盾或不相关联的情形。②表述准确。说明书应当使用发明或者实用新型所属技术领域的技术术语。说明书的表述应当准确地表达发明或者实用新型的技术内容，不得含糊不清或者模棱两可，以致所属技术领域的技术人员不能清楚、正确地理解该发明或者实用新型。

中国《专利审查指南2010》第二部分第二章第2.1.2节指出：完整的说明书应当包括有关理解、实现发明或者实用新型所需的全部技术内容。一份完整的说明书应当包含下列各项内容：①帮助理解发明或者实用新型不可缺少的内容。例如，有关所属技术领域、背景技术状况的描述以及说明书有附图时的附图说明等。②确定发明或者实用新型具有新颖性、创造性和实用性所需的内容。例如，发明或者实用新型所要解决的技术问题，解决其技术问题采用的技术方案和发明或者实用新型的有益效果。③实现发明或者实用新型所需的内容。例如，为解决发明或者实用新型的技术问题而采用的技术方案的具体实施方式。对于克服了技术偏见的发明或者实用新型，说明书中还应当解释为什么说该发明或者实用新型克服了技术偏见，新的技术方案与技术偏见之间的差别以及为克服技术偏见所采用的技术手段。应当指出，凡是所属技术领域的技术人员不能从现有技术中直接、唯一地得出的有关内容，均应当在说明书中描述。

中国《专利审查指南 2010》第二部分第二章第 2.1.3 节指出：所属技术领域的技术人员能够实现，是指所属技术领域的技术人员按照说明书记载的内容，就能够实现该发明或者实用新型的技术方案，解决其技术问题，并且产生预期的技术效果。说明书应当清楚地记载发明或者实用新型的技术方案，详细地描述实现发明或者实用新型的具体实施方式，完整地公开对于理解和实现发明或者实用新型必不可少的技术内容，达到所属技术领域的技术人员能够实现该发明或者实用新型的程度。

对比欧洲专利局和中国专利局的上述规定可以看出，在理论层面，A83 中出现的“充分清楚和完整”和“能够实现”与中国《专利法》第 26 条第 3 款中出现的“清楚、完整”与“能够实现”并无实质差别；在审查实务中，欧洲专利局更加强调通过是否需要付出过度劳动和创造性技能这一具体办法来判断发明是否“能够实现”，而中国专利局更加强调说明书中技术问题、技术方案、技术效果等各组成部分的完整性以及表述是否清楚对于发明是否“能够实现”的重要性。

4.2.3 公开不充分的典型情形

对于申请中可能存在的公开不充分缺陷，欧洲专利局在其审查指南中事实上按照是否可以补救将其区分为完全公开不充分和部分公开不充分两种情形，并分别介绍了几种典型情况。

1. 完全公开不充分

所谓的完全公开不充分，指的是基本上无法补救的公开不充分缺陷。《欧洲专利局审查指南》F部分第Ⅲ章第3节给出了完全公开不充分的两种典型：①第一种情况是发明的成功实施依赖于偶然性。也就是说，当技术人员按照教导实施发明时，发现发明所宣称的效果是无法再现的，或者成功获得该技术效果的方式是完全不可靠的；②第二种情况是发明由于违反已经广为接受的自然规律而根本不可能成功实施，如永动机。

对于第一种情况，《欧洲专利局审查指南》F部分第Ⅲ章第3节进一步指出：可能产生该情况的一个例子是涉及突变的微生物工艺。应当将这种情况与尽管伴随着一定比例的失败但能够确保可再现的成功的情形区别开来，这一定比例的失败但能够确保可再现的成功的情形区别开来，例如在小磁芯或电子元件的生产中出现的。在后一种情形中，只要符合要求的元件可以容易地通过非毁坏性检验法被挑选出来，就不必提出根据A83的反对意见。

对于第二种情况，《欧洲专利局审查指南》F部分第Ⅲ章第3节进一步指出：如果要求这种机器的权利要求不仅要求保护其结构，还涉及其功能，则不仅要根据A83，还要根据A52（1）提出反对意见，原因在于该发明不具备"工业实用性"。

2. 部分公开不充分

所谓的部分公开不充分，指的是可以补救的公开不充分缺陷。根据《欧洲专利局审查指南》F部分第Ⅲ章第5节的内容，实际上部分公开不充分基本只有一种情况，即仅发明的变体不能实施。

《欧洲专利局审查指南》F部分第Ⅲ章第5.1节指出：仅仅由发明的变体，例如发明的多个实施方式中的一个不能实施的事实，不能立即得出发明主题作为一个整体不能实施的结论，即其不能解决相关技术问题并由此获得预期的技术效果。

《欧洲专利局审查指南》F部分第Ⅲ章第5.1节又进一步指出了这种情况下的补救措施：如果该缺陷不能被克服，则应当按照审查小组的要求删除与发明无法实施的变体相关的说明书内容及有关的权利要求，或将其标记为不属于本发明内容的背景技术信息。然后必须改写说明书以使其余权利要求能够得到说明书支持并且与被证实不能实施的那些实施方式无关。

这里必须指出的是，虽然《欧洲专利局审查指南》F部分第Ⅲ章第5节还包括第 5.2 节（缺乏众所周知的细节）和第 5.3 节（实施发明的困难）。但是这两种情形实际上并不必然导致出现公开不充分的缺陷。

对于缺乏众所周知的细节的情形，前文已经讨论过，在此不再赘述。

对于实施发明的困难的情形，《欧洲专利局审查指南》F 部分第Ⅲ章第 5.3 节指出：一项发明不应当由于实施过程中遇到合理程度的困难而被直接认定为其不可实施（如“初期的暂时困难”）。为此，欧洲专利局还特别给出了两个例子：

例 1：例如“一种人造髋关节只有经验丰富和能力超群的外科医生才能将其安装到人体之内”这样的困难，不会妨碍外科整形设备制造者从说明书中充分获取信息，并取得再现发明以制造出人造髋关节的结果。

例 2：一种可切换半导体，根据发明介绍，其可以不使用触点就实现电路的开和关，从而使操作更加平稳，却由于电路关闭后仍然有剩余电流在其中流动而遇到了暂时的困难。然而剩余电流仅在特定领域对电子开关的使用带来副作用，随着半导体技术的正常发展，其可以降低到可忽略的程度。

3. 与中国专利局相关规定的对比

相对于中国专利局仅在《专利审查指南 2010》第二部分第二章第 2.1.3 节给出了被认为是由于缺乏解决技术问题的技术手段而无法实现的五种具体情形，欧洲专利局在其审查指南中对公开不充分的情形的分类和概括显然更具体也更深入。其中，与中国专利局区别明显的主要有以下几点：

（1）对于发明的成功实施依赖于偶然性（如生物突变）以及违反自然规律（如永动机）的情形，欧洲专利局明确指出这两种情形都存在无法补救的公开不充分缺陷。

中国专利局在审查指南有关充分公开的章节中回避了这一问题，认为这两种情形都属于实用性的范畴。在中国专利局的审查实务中，涉及以上两种情形的，审查员一般只会提出实用性的反对意见而不是公开不充分的反对意见。

（2）对于发明的多个实施方式中的一个不能实现的事实，欧洲专利局认为这属于部分公开不充分的情形，申请人可以通过删除与发明无法实施的变体相关的说明书内容及有关的权利要求，或将其标记为不属于本发明内容的背景技术信息的方式来克服该缺陷。

对于同样的情形，虽然《专利审查指南 2010》中对此并没有明确规定，但是根据中国专利局的审查实务可以看出，只要发明的多个实施方式中有一个能够实施，审查员一般不会发出公开不充分的审查意见，如果无法实现的实施方式存在于权利要求书中，审查员一般会要求申请人从权利要求书中删除与该实施方式有关的权利要求或者通过指出相关权利要求存在不清楚的缺陷，要求申请人在不超范围的前提下修改相关权利要求；如果无法实现的实施方式仅存在于说明书中，对于说明书中存在缺陷的实施方式，审查员可能通过《专利法实施细则》第 17 条第 3 款要求申请人改正，如果无法在不超范围的情况下克服该缺陷，审查员也可能直接忽视说明书中的相关缺陷。

（3）欧洲专利局特别指出：一项发明不应当由于实施过程中遇到合理程度的困难而被直接认定为其不可实施。

4.2.4 公开充分与其他法条的关系

1. A83 与 A123（2）

《欧洲专利局审查指南》F 部分第Ⅲ章第 2 节指出，如果公开严重不充分，这样的缺陷不能通过随后进一步补交实施例或特征而不违反 A123（2）来消除。A123（2）规定，修改不能引入超出申请文件在提交时记载范围的主题。因此，在该情形下，申请通常会被驳回。

《欧洲专利局审查指南》F 部分第Ⅲ章第 2 节又指出：如果仅仅是发明的某些实施方式存在缺陷而其他实施方式不存在缺陷，此时可以通过根据充分公开的实施方式来对权利要求进行限制、并删除公开不充分的实施方式来克服。

2. A83 与 A57

《欧洲专利局审查指南》F 部分第Ⅲ章第 3 节指出，第二种情况是发明由于违反已经广为接受的自然规律而根本不可能成功实施，如永动机。如果要求这种机器的权利要求不仅要求保护其结构，还涉及其功能，则不仅要根据 A83，还要根据 A52（1）提出反对意见，原因在于该发明不具备“工业实用性”。

3. A83 与 A56

《欧洲专利局审查指南》F 部分第Ⅲ章第 12 节援引 G 1/03 号、T 1079/08 号、T 1319/10 号、T 5/06 号和 T 380/05 号等案件的判决指出，如果所要求保护的发明缺乏可再现性，则可能涉及充分公开或者创造性。通过本发明实现的技术效果解决了本申请基础的技术问题。如果一项发明由于无法实现权利要求中所述的预期技术效果而缺乏可再现性，则这将导致公开不充分，这是根据 A83 必须反对的。否则，即如果技术效果未在权利要求中表述，但只是要解决的问题的一部分，则存在创造性的问题。

4. A83 与 A84

《欧洲专利局审查指南》F 部分第Ⅲ章第 11 节援引 T 608/07 号、T 1811/13 号案件的判决指出，权利要求模糊可能导致没有充分公开的反对意见。然而，模糊也涉及权利要求的范围，即 A84。因此，一般来说，只有在权利要求的整体范围受到影响以致于完全不能实施其中限定的发明时，权利要求的模糊才会导致按照 A83 的反对意见。否则，适用于按照 A84 提出反对意见。

《欧洲专利局审查指南》F 部分第Ⅲ章第 11 节又援引 T 593/09 号、T 61/14 号案件的判决进一步指出，具体来说，如果权利要求包含不当限定（“不清楚”“模糊”）的参数，技术人员根据作为一个整体的公开内容且使用其掌握的普通技术知识不能确定（无需过度劳动）解决发明所宣称问题必须的技术措施，则应当提出按照 A83 的反对意见。不当限定的参数的情形下（此时，技术人员不知道他是在权利要求的范围内还是在其范围外工作）的问题，涉及没有进行清楚限定且单独属于按照 A84 提出反对意见的问题。

《欧洲专利局审查指南》F 部分第Ⅲ章第 11 节最后总结，在 A83 和 A84 之间存在微妙的平衡，需要根据个案特点进行评估。因此，需要注意的相反情况是，没有充分公开的反对意见不仅仅是 A84 隐含的反对意见，特别是在权利要求模糊的情况下。另外，即使缺乏支持 / 不清楚不是反对的基础，其涉及的问题也可能事实上关系到 A83。

5. A83 与 R56

《欧洲专利局审查指南》F 部分第Ⅲ章第 10 节指出，按照 R56，为了保留原始申请日可撤回遗漏部分，且该部分不再视为申请的一部分。在这种情况下，审查员应当仔细评估在不依赖于所撤回的遗漏部分包含的技术信息的前提下发明是否仍然充分公开。如果审查员得出的结论是不符合 A83 的要求，则应当提出相应的反对意见。最终，申请可能因没有充分公开而被驳回。

4.2.5　特殊发明

1. 涉及生物材料的发明

《欧洲专利局审查指南》F 部分第Ⅲ章第 6.1 节指出，如果发明涉及生物材料或其用途，而该材料不能被公众获得，也无法通过欧洲专利申请中的记载而使本领域技术人员实现该发明，此时认为申请文件的公开不满足 A83 的规定，除非满足 R31（1）和 R31（2）的第一和第二句以及 R33（1）第一句的要求。

2.“reach-through”型权利要求

《欧洲专利局审查指南》F 部分第Ⅲ章第 9 节援引 T 435/91 号、T 1063/06 号案件的判决指出，根据 A83 和 R42（1）（c），权利要求必须包含对解决问题足够的技术公开。对化合物的功能性限定（“reach-through”型权利要求）覆盖了具有权利要求中限定的活性或效果的所有化合物。没有对其特性的任何有效指示而要分离和表征所有潜在化合物（如兴奋剂或拮抗剂），或者要测试每个已知化合物和每个可想象的未来化合物的该活性以观察其是否落入权利要求的范围内属于过度劳动。在效果上，申请人试图要求专利保护尚未发明的物质，申请人可测试用于限定化合物的效果这一事实并不必然导致该权利要求充分公开；事实上它构成了对技术人员执行该研究计划的邀请。

《欧洲专利局审查指南》F 部分第Ⅲ章第 9 节又援引 T 1063/06 号案件的判决指出，一般来说，涉及可借助新型研究手段（如使用基于新发现的分子或新的作用机理的新筛选方法）发现的只有功能性限定的化合物的权利要求涉及未来的发明，按照EPC没有计划对其进行专利保护。对于这种“reach-through”型权利要求，将权利要求的主题限定到其对本领域技术的实际贡献既是合理的也是必要的。

4.2.6 其他规定

1. 关于举证责任

《欧洲专利局审查指南》F部分第Ⅲ章第4节援引T 1329/11号案件的判决指出：尽管通常在公开充分性框架内举证的责任在于提出异议的一方，但该原则不适用于所提交的申请没有提供单个实例或其他技术信息可以从中证明可以执行所要求保护的发明。

《欧洲专利局审查指南》F部分第Ⅲ章第4节进一步指出：如果对按所描述的那样实施和再现发明的可能性存在严重怀疑，申请人或者专利权人有责任对其可能性进行举证或者至少论证其成功实施是可信的。在异议程序中可能出现如下情况，例如反对者通过实验验证专利主题无法实现预期技术效果。

2. 关于引用文献

《欧洲专利局审查指南》F部分第Ⅲ章第8节指出：如果引用文献直接涉及发明的公开内容（如要求保护的设备的一个部件的细节），那么审查员应首先考虑根据A83知道在引用文献中它是什么，对于实施本发明事实上是否是必需的。

如果不是必需的，则应当从说明书中删除通常的表述“在此作为参考文献引用”或相同类型的任何表述。如果该文献涉及的内容对于满足A83的要求是必需的，则审查员应当要求删除上述表述，作为替代，将该内容清楚地写入说明书中。因为对于发明的必要特征，专利说明书本身应包含该内容，即不需参考任何其他文献就能明白，还应记住引用文献不是依照A65应翻译的文本部分。

3. 关于专用名称、商标、商业名称

《欧洲专利局审查指南》F部分第Ⅲ章第8节指出，如果使用专用名称、商标、商业名称或类似词语仅表示来源，或者如果它们可能表示很多不同的产品，则用它们表示材料或者物品是不符合要求的。如果使用了这样的词语，为了满足A83的规定，则必须能够不依赖于该词语而充分确认该产品，以使本领域技术人员在申请日能够实施该发明。然而，当这类词语已成为国际接受的标准说明性术语并且具有确切含义时（如“鲍登”线、“贝勒维尔”弹簧垫片、“潘哈德”杆、“卡特彼勒”带），它们允许被使用而不必再对它们涉及的产品进行进一步说明。

4.3　实质审查中关于修改的要求

与中国专利制度不同，欧洲专利制度除了实质审查程序之外还包括异议程序和限制程序，限于篇幅，本节仅讨论实质审查程序中的修改。

4.3.1　关于修改的权利

专利制度发展至今，对于是否需要赋予申请人对于专利申请文件的修改权这一问题的答案已经毋庸置疑，即申请人应当享有修改权。这主要是基于以下两方面的考虑。

（1）申请人提交的申请文件往往存在各种缺陷。

关于这方面，相关学者及从业人员已经提出如下观点：①之所以规定申请人可以对其专利申请文件进行修改，是因为申请人提交的专利申请常常存在各种缺陷，如用词不严谨、表述不准确、权利要求的撰写不恰当等。如果不加修改即授予专利权，不仅会影响准确地向公众传递专利信息，妨碍公众对授权专利的实施应用；还会影响专利权保护范围的大小及其确定性，给专利权的行使带来困难。以上两者都会妨碍专利制度的正常运作，降低专利制度的应有价值。②语言描述通常是为了满足专利法的要求而在事后书写的。将其转换成文字可导致意想不到而又难以填补的漏洞。通常发明是新颖的，但却没有能够描述它的文字。

（2）出于商业利益的驱动，申请人有修改申请文件（特别是权利要求书）的需要。

关于这方面，相关学者以及从业人员已经提出如下观点：①一件发明创造自提交申请文件之日起到获得授权一般需经历受理、初步审查、公布、实质审查、授权五大程序，在这漫长审批中，赋予专利申请人修改权是因为存在修改之必要。这种必要性往往不仅出自“使申请文件更准确地描述发明和符合授权条件”，而更多的是基于申请人保护技术诀窍、市场竞争情况、自身研发进展等因素，即申请人修改动机除来自“克服表达缺陷”外，还来自商业利益的驱动，没有任何利益所图，那些绞尽脑汁进行增改删技术方案的申请人岂不是庸人自扰。进一步而言，这种商业动机源自申请人“一己之私欲”：在“公开换保护”过程中尽可能地“扩展先前申请的保护范围”或者根据商机“调整先前的保护范围”。②“修正论”是以发展的角度去看待专利申请文件的修改，一方面我国的专利采用的是先申请原则，另一方面发明专利的申请周期一般比较长，专利法对说明书的要求是“充分公开”，权利要求书则是基于说明书去确定专利权的保护范围，因而实务中，往往申请人会在说明书中公开足够多的技术特征，权利要求的保护范围则是在主动修改或者被动修改中进行调整。主动修改其实是实践“修正论”最理想的方式，发明人根据技术的发展主动调整保护范围。

综上所述，允许申请人对专利申请文件进行修改是专利制度正常运作的必然要求。因而各国专利法中都赋予了申请人修改其专利申请文件的权利。

欧洲专利局的相关规定：

A123（1）规定：欧洲专利申请或欧洲专利可以根据实施细则在欧洲专利局的程序中进行修改。无论如何，应给予申请人至少一次修改自己的意愿的机会。

《欧洲专利局审查指南》H 部分第Ⅰ章进一步明确指出：欧洲专利申请或欧洲专利可以在审查、异议和限制程序中进行修改。

中国专利局的相关规定：

中国《专利法》第 33 条规定：申请人可以对其专利申请文件进行修改。

4.3.2　修改类型及修改时机

在前文中已经讨论了赋予申请人对于专利申请件的修改权的必要性，其中两个主要方面简单概括就是应对审查的被动需求和商业利益驱动的主动需求。那么与此相对的，实质审查程序中就出现了两种类型的修改：被动修改和主动修改。除此之外，出于及时有效完成审查程序方面的考虑，各国专利法中通常也规定了另外一种形式的修改，即审查部门的依职权修改。下面，按照三种修改类型的自由度从高到低，分别介绍欧洲专利局和中国专利局对于发明专利授予专利权之前的程序中对于三种修改类型的有关规定。

1. 主动修改

由于这种类型的修改本身就是为了赋予申请人不仅为了应付审查而更多地出于商业利益的驱动、根据自身的意愿所进行的修改，因而这种修改是自由度最大的修改，也是对于申请人来说最为重要的修改。下面是欧洲专利局及中国专利局对于主动修改的现行规定。

R137（2）规定，对欧洲专利局依照 R70（a）（1）、R70（a）（2）或 R161（1）所作的通知书作出回应提交意见陈述、改正或修改时，申请人可以同时根据其自己的意愿修改说明书、权利要求书和附图。其中 R70（a）（1）或 R70（a）（2）的内容是对扩展的欧洲检索报告的答复，R161 是关于欧洲 PCT 申请的修改。

《欧洲专利局审查指南》C 部分第Ⅱ章第 3.1 节规定：收到检索报告和检索意见之后，并且在审查部门发出第一次审查意见通知书之前，申请人必须（除某些例外情况外）对检索意见做出回应，通过对说明书、权利要求书或附图进行修改和 / 或对检索意见提出异议的方式。……在此阶段提交的任何修改均由申请人根据 R137（2）自行做出。

《欧洲专利局审查指南》H 部分第Ⅱ章第 2.2 节规定：在有关答复的期限届满后（如果申请人放弃答复的剩余时间，则在答复之后），申请人只有在经审查部门同意的情况下才能修改申请。

《专利法实施细则》第 51 条第 1 款规定：发明专利申请人在提出实质审查

请求时以及在收到国务院专利行政部门发出的发明专利申请进入实质审查阶段通知书之日起的 3 个月内，可以对发明专利申请主动提出修改。

因此，R137（2）及中国《专利法实施细则》第 51 条第 1 款都明确规定申请人可以主动修改申请文件。

另外，R137（1）规定：除另有规定外，在收到欧洲专利检索报告之前，申请人不可以修改欧洲专利申请的说明书、权利要求或附图；R137（3）规定：未经审查部同意，不得再进行修改。

中国《专利审查指南 2010》第二部分第八章第 5.2.1.2 节明确规定：申请人仅在下述两种情形下可对其发明专利申请文件进行主动修改：①在提出实质审查请求时；②在收到专利局发出的发明专利申请进入实质审查阶段通知书之日起的 3 个月内。在答复专利局发出的审查意见通知书时，不得再进行主动修改。

也就是说，除了 R137（2）及中国《专利法实施细则》第 51 条第 1 款给出的时机以外，申请人不再享有其他主动修改时机。

表 4.1 示出了欧洲专利局和中国专利局关于主动修改时机的对比。

表 4.1　欧洲专利局和中国专利局关于主动修改时机的对比

法规名称	法律条文	法条内容	主动修改时机
《欧洲专利公约实施细则》	R173（2）	对欧洲专利局依照 R70（a）（1）、R70（a）（2）或 R161（1）所作的通知书作出回应提交意见陈述、改正或修改时，申请人可以同时根据其自己的意愿修改说明书、权利要求书和附图	1 次，收到检索报告之后和从审查小组收到一通之前
中国《专利法实施细则》	第 51 条第 1 款	发明专利申请人在提出实质审查请求时以及在收到国务院专利行政部门发出的发明专利申请进入实质审查阶段通知书之日起的 3 个月内，可以对发明专利申请主动提出修改	2 次、第 1 次：在提出实质审查请求时，第 2 次：自收到发明专利申请进入实质审查阶段通知书之日起的 3 个月内

值得一提的是，表 4.1 中给出的欧洲专利局和中国专利局规定的主动修改时机都经过数次修订。

《欧洲专利公约实施细则》中有关主动修改时机最大的一次变化出现在第 14 版（2010 年 8 月），相对于第 13 版修订了第 137 条、第 161 条并增加了第

70（a）条。在第13版第137条中规定，申请人有两次根据其意愿修改说明书、权利要求书和附图的机会，一次是在收到欧洲检索报告之后，一次是在收到审查小组的第一次通知书之后。上述规定虽然给予了申请人更多主动修改的机会，但是在某些情况下降低了审查效率，延长了审查程序。特别是自从欧洲专利局规定欧洲检索报告需要附书面意见后，上述规定削弱了附有书面意见的检索报告的作用，使其没有得到充分的利用。

为克服上述不足，修改后的第14版《欧洲专利公约实施细则》第137条中规定，只有对欧洲专利局依照本细则第70（a）条第1款、第2款或第161条第1款所作的通知书作出回应而提交意见陈述、改正或修改时，申请人可以同时根据其自己的意愿修改说明书、权利要求书和附图。此后没有审查小组的同意，申请人不得作出进一步的修改。

第14版《欧洲专利公约实施细则》第70（a）条第1款或第2款涉及欧洲专利局应给予申请人针对扩展欧洲检索报告的意见陈述和修改说明书、权利要求书和附图的机会，第161条第1款规定，涉及如果欧洲专利局已被选择作为国际检索单位（ISA），也被选择作为进入欧洲阶段的PCT申请（欧洲-PCT）的国际初步审查单位（IPEA），欧洲专利局应给予申请人针对国际检索单位的书面意见或国际初步审查报告的陈述意见的机会和修改说明书、权利要求书和附图的机会。也就是说，第14版之后，申请人只在收到欧洲检索报告之后有一次主动修改的机会，而在收到审查小组的第一次通知书之后不再被赋予主动修改的权利。同时，对进入欧洲阶段的PCT申请程序中修改的时机与方式进行了细化确认，规定申请人只在收到欧洲专利局作为ISA或IPEA作出的国际检索报告的书面意见或国际初审报告之后有一次主动修改的机会。这样，申请人会更加重视欧洲检索报告或欧洲专利局作为ISA或IPEA作出的国际检索报告的书面意见或国际初审报告的作用，也使得审查员能更加有效地缩短审查程序。

1985年中国首部《专利法实施细则》第51条第1款规定：发明专利申请人自申请日起15个月内，提出实质审查请求或者在对异议提出答复时，可以对发明专利申请的说明书或者权利要求书主动提出修改。1992年版《专利法实施细则》第51条第1款修订为：发明专利申请人在提出实质审查请求或者在对专利局第一次实质审查意见作出答复时，可以对发明专利申请主动提出修改。2001年版《专利法实施细则》第51条第1款修订为：发明专利申请人在收到国务院专利行政部门发出的发明专利申请进入实质审查阶段通知书之日起的3个月内，可以对发明专利申请主动提出修改。随后的两次修订（2002年、2010年）再未对第51条第1款做出过修订。

对比欧洲专利局与中国专利局有关主动修改时机的差异，表面上看，二者的差异在于欧洲专利局规定只有一次主动修改时机，而中国专利局规定有两次主动修改时机。但是，如果我们仔细研究就会发现，欧洲专利局虽然规定只有一次主动修改时机，但是这个时机是一个时间段，自收到欧洲专利局检索报告之日起至从审查小组收到第一次审查意见通知书之前，根据欧洲专利局的审查实践，这段时间至少在8个月以上；而中国专利局虽然给了申请人两次主动修改时机，但是却是一个时间点，即“在提出实质审查请求时”，加一个时间段，即“自收到发明专利申请进入实质审查阶段通知书之日起的3个月内”，也就是说，从时间长短上来看，中国专利局给申请人主动修改的期限其实是短于欧洲专利局的。当然，在中国，申请人也完全可以利用在提出实质审查请求时至收到发明专利进入实质审查阶段通知书之日的时间对主动修改作出准备。因而，无论是欧洲专利局还是中国专利局，给申请人提出主动修改的准备时间应当都是足够的，也就是说，时间长短并非欧洲专利局与中国专利局有关主动修改时机的主要差异。

二者的主要差异其实在于申请人在主动修改时机到来之前是否得到了审查部门提供的相对权威且全面的有关本申请现有技术的充分信息。欧洲专利局的做法是，将申请人的主动修改时机放到收到审查部门发出的检索报告之后。而中国专利局的做法是，两次主动修改时机均是在检索报告之前，因为中国专利局的首次检索报告是随第一次审查意见通知书一起发送的。显然，欧洲专利局的规定更倾向于让申请人的主动修改有的放矢，而中国专利局的规定更倾向于快速结束审查程序。

2. 被动修改

“被动修改”通常是指收到审查意见通知书后按照通知书的要求进行的修改，显然其主要目的是克服审查部门指出的申请文件中存在的各种缺陷，因此，被动修改中申请人不能完全按照自己的意愿进行修改，其自由度明显低于主动修改。

A94（1）规定：如经审查发现该申请或其涉及的发明并不符合本公约的各项要求，审查部应当要求申请人提交意见陈述，并根据 A123（1）修改该申请（次数依必要情况）。

A137（3）规定：未经审查部门同意，不得再进行修改。

《欧洲专利局审查指南》C 部分第Ⅲ章第 4 节规定：审查员应在通知书中指出任何、在他看来的申请文件不符合 EPC 规定之处。通知书中应当给出异议的理由，并要求申请人在指定期限内提出其意见或提出修改。

综合上述规定，可以看出，欧洲专利局规定了在答复审查意见通知书时，如果审查员指出了申请文件的缺陷，申请人可以相应作出“被动修改”，这种“被动修改”被视为是经过审查部门同意的。

中国《专利法实施细则》1985 年版 和 1992 年版中均未出现“被动修改”方式，直到 2001 年第三次修订时，才增加了第 51 条第 3 款，其内容是“申请人在收到国务院专利行政部门发出的审查意见通知书后对专利申请文件进行修改的，应当按照通知书的要求进行修改”。

由此，可以看出，欧洲专利局与中国专利局的现行规定中，关于被动修改的定义及时机没有本质区别。

3. 审查部门的依职权修改

无论是“主动修改”还是“被动修改”，都是申请人通过提交相应的修改替换页的方式进行，从形式上看都是申请人对申请文件作出的修改。然而，在某些时候，为了加快审查进程，节约审查程序，审查部门有时候需要依职权对申请文件作出适当的修改。由于这种修改是由审查部门而不是申请人自己作出，因而为了保护申请人的私有产权，这种修改是被严格限制的。

《欧洲专利局审查指南》H 部分第Ⅲ章第 2.4 节规定，如有必要，欧洲专利局主管部门也可应当事人的要求修改存在缺陷的申请文件。这是轻微修改的程序，例如，有必要插入授权请求中遗漏的细节并且所涉及的修改数量是合理的情况，或者要删除整个页面或整个段落的情况。有关当事人应提交一份清单，概述欧洲专利局将要进行的修改。但是，审查部门可自行决定所要求的变更数量实际上是否合理，并且是否要需要相当长的时间来处理。如果认为是，审查部门将要求该当事人作出修改并提交修改页。对于附图的微小修改，例如，修改附图标记或删除一个或多个整图，也可以遵循该程序。在对附图进行复杂修改的情况下，如果不能非常清楚地表明更改是如何进行的，则相关当事人，通常是申请人或权利人，必须提交替换页。

《欧洲专利局审查指南》C部分第V章第1.1节规定：一旦审查小组已经决定可以授予专利，则必须将授权拟依据的文本基础告知申请人。该文本可以包括由审查小组做出的可以合理预期到申请人会接受的主动修改和更正。如果对于申请人是否会同意审查小组所提出的修改存疑，则必须电话联系申请人或撰写正式的通知书。通常情况下，应根据R71（3）的规定将申请人同意接受所述修改的情况记录在案。

不需要与申请人进行上述协商的修改实例如下：

（1）使说明书中的发明表述与权利要求书的表述相一致；

（2）删除说明书中笼统的概括性表述或明显无关的主题；

（3）加入国际公制（SI）单位的数值；

（4）在权利要求书中加入附图标记，除非已知申请人会对此表示反对或之前已经表示过反对；

（5）引入能清楚代表本发明最接近现有技术的背景技术概况；

（6）即便有一些修改实际上改变了独立权利要求的含义或范围，但是如果这些修改很显然是必须做出的，则可推定申请人不会反对进行上述修改；

（7）对语法及其他微小错误的更正；

（8）将治疗方法型权利要求重组为可允许的格式。

未经与申请人协商不能提出修改的实例如下：

（1）明显改变权利要求含义或范围的修改，前提是如果存在修改权利要求的不同方式，以至于审查员无法推定申请人将会同意哪种修改可能性；

（2）整项权利要求的删除，但删除所谓的“混合型权利要求（omnibus claims）”（即权利要求撰写为“一种基本上如本申请所述的装置”等）除外；

（3）权利要求的组合，以克服新颖性或创造性问题。

中国《专利法实施细则》1985年版未出现“依职权修改”这一修改方式；1992年版增加了第64条第1款，其内容是“专利局对专利申请文件中的发明创造名称、摘要或者请求书的明显错误可以予以修改，并通知申请人”；2001年版将1992年版第64条第1款的相关内容修订为第51条第4款，内容变更为“国务院专利行政部门可以自行修改专利申请文件中文字和符号的明显错误。国务院专利行政部门自行修改的，应当通知申请人”，随后的两次修订（2002年、2010年）再未对第51条第4款做出过修订。

《专利审查指南2010》第一部分第二章第2节中对发明专利申请的初步审查阶段的程序节约原则规定：对于申请文件中的缺陷均可以通过依职权修改克服的申请，审查员可以不发出补正通知书。

《专利审查指南2010》第一部分第一章第8节规定，根据《专利法实施细则》第51条第4款的规定，对于发明专利申请文件中文字和符号的明显错误，审查员可以在初步审查合格之前依职权进行修改，并通知申请人。依职权修改的常见情形如下：①请求书：修改申请人地址或联系人地址中漏写、错写或者重复填写的省（自治区、直辖市）、市、邮政编码等信息。②权利要求书和说明书：改正明显的文字错误和标点符号错误，修改明显的文本编辑错误，删除明显多余的信息。但是，可能导致原始申请文件记载范围发生变化的修改，不属于依职权修改的范围。③摘要：添加明显遗漏的内容，改正明显的文字错误和标点符号错误，删除明显多余的信息，指定摘要附图。

《专利审查指南2010》第一部分第二章第8.3节规定，审查员在作出授予实用新型专利权通知前，可以对申请文件中文字和符号的明显错误依职权进行修改。依职权修改的内容如下：①请求书：修改申请人地址或联系人地址中漏写、错写或者重复填写的省（自治区、直辖市）、市、邮政编码等信息。②说明书：修改明显不适当的实用新型名称和/或所属技术领域；改正错别字、错误的符号、标记等；修改明显不规范的用语；增补说明书各部分所遗漏的标题；删除附图中不必要的文字说明等。③权利要求书：改正错别字、错误的标点符号、错误的附图标记、附图标记增加括号。但是，可能引起保护范围变化的修改，不属于依职权修改的范围。④摘要：修改摘要中不适当的内容及明显的错误，指定摘要附图。审查员依职权修改的内容，应当在文档中记载并通知申请人。

《专利审查指南2010》第二部分第八章第5.2.4.2节规定：对于申请文件中个别文字、标记的修改或者增删及对发明名称或者摘要的明显错误的修改，审查员可以依职权进行，并通知申请人。

《专利审查指南2010》第二部分第六章第6.2.2节规定：在发出授予专利

权的通知书前，允许审查员对准备授权的文本依职权作如下的修改。①说明书方面：修改明显不适当的发明名称和/或发明所属技术领域；改正错别字、错误的符号、标记等；修改明显不规范的用语；增补说明书各部分所遗漏的标题；删除附图中不必要的文字说明等。②权利要求书方面：改正错别字、错误的标点符号、错误的附图标记、附图标记增加括号。但是，可能引起保护范围变化的修改，不属于依职权修改的范围。③摘要方面：修改摘要中不适当的内容及明显的错误。审查员所作的上述修改应当通知申请人。

对比欧洲专利局与中国专利局的现行规定，从形式上看，欧洲专利局的依职权修改包含两种情况，第一种情况是应当事方的要求进行的修改，第二种情况是审查小组对于拟授予专利权的文本所作出的“可以合理预期到申请人会接受的”修改和更正。而中国专利局的依职权修改仅包括第二种情形；从内容上看，欧洲专利局给予审查员依职权修改的权限和自由度［如《欧洲专利局审查指南》C部分第Ⅴ章第1.1节规定的实例（a）~（h）］要远大于中国专利局给予审查员的权限和自由度。当然，这与欧洲专利局在发出准备授予欧洲专利权通知书且传送拟授权文本之后，申请人仍然有机会提出反对意见的修改制度有关。应该说，经过长时间的审查实务检验，欧洲专利局的做法对于提升专利质量以及节约审查程序方面有重大意义。

4.3.3 修改的可接受性

1. 内容的可接受性

所谓修改的“可接受性”指的是经过修改的申请文件是否能够被审查程序正式接纳，换句话说就是修改文本是否能够被接受作为后续审查程序的审查文本。

从上述对修改的可接受性的解释可以看出，对于审查部门的依职权修改这一类型，一般不存在修改的可接受性问题。

对于申请人在主动修改时机内提出的主动修改，显然应当被审查部门所接受，主动修改时机这一概念本身就源于此。关于此，欧洲专利局和中国专利局的相关规定在前文介绍主动修改的类型和时机时已经给出，在此不再赘述。

对于主动修改时机以外提出的主动修改和被动修改，讨论可接受性时，欧洲专利局按照时间节点统一将它们分为两类，第一类是收到检索报告之前提出的修改，第二类是收到第一次审查意见通知书之后的修改。

1）对于收到检索报告之前提出的修改

R137（1）规定：除另有规定外，在收到欧洲专利检索报告之前，申请人不可以修改欧洲专利申请的说明书、权利要求或附图。这里的另有规定指的是欧洲 PCT 申请。《欧洲专利局审查指南》H 部分第二章第 2.1 节规定，在直接向欧洲专利局（不是通过 PCT）提交欧洲专利申请的情况下，申请人不可能在收到欧洲检索报告之前修改该申请［R137（1）］。也就是说，欧洲专利局接受申请人在收到检索报告之前所作的任何修改。对于非 PCT 申请，欧洲专利局对于申请人在收到检索报告前的主动修改是不接受的。

中国专利局的规定有所不同。对于主动修改时机以外申请人提出的修改，在发出第一次审查意见通知书之前，适用如下规定。《专利审查指南 2010》第二部分第八章第 4.1 节规定：申请人在上述规定以外的时间对申请文件进行的主动修改，一般不予接受，其提交的经修改的申请文件，不应作为审查文本。审查员应当在审查意见通知书中告知此修改文本不作为审查文本的理由，并以之前的能够接受的文本作为审查文本。如果申请人进行的修改不符合《专利法实施细则》第 51 条第 1 款的规定，但审查员在阅读该经修改的文件后认为其消除了原申请文件存在的应当消除的缺陷，又符合《专利法》第 33 条的规定，且在该修改文本的基础上进行审查将有利于节约审查程序，则可以接受该经修改的申请文件作为审查文本。也就是说，中国专利局对于申请人在《专利法实施细则》第 51 条第 1 款规定的时间以外、在收到第一次审查意见通知书及其所附的首次检索报告前的主动修改并非一律不接受，而是把裁量权交给了审查员。

2）对于收到检索报告之后提出的修改

R137（3）规定：未经审查部同意，不得再进行修改。

《欧洲专利局审查指南》H 部分第Ⅱ章第 2.3 节规定：在第 2.2 节中提到的适用事件之后，由申请人提出的对进一步修改的起诉由审查部门决定。给予审查部门这种自由裁量权的目的是确保以尽可能少的行动得出审查程序的结论。审查部门在行使其酌处权时必须考虑所有相关因素；特别是，它必须平衡申请人在获得合法有效专利方面的利益和欧洲专利局在有效完成审查程序方面的利益。也就是说，欧洲专利局将是否接受的“酌处权”交给了审查部门。对于“酌处权”的行使，欧洲专利局有如下规定值得注意。

《欧洲专利局审查指南》H 部分第Ⅱ章第 2.3 节规定：此外，必须对行使根据 R137（3）拒绝修改的酌处权进行推理（参见 T 755/96）。审查部门也不能拒绝预先接受修改（T 1105/96；T 246/08）。在根据 R137（3）行使其酌处权时，审查部门将考虑每个个案的情况以及迄今该申请已经进行的程序阶段。另一个重要因素是申请人是否已经有足够的机会进行修改。尤其是不允许接受先前由审查部门指出并由申请人删除的缺陷的修正案（参见 T 1326/11 和 T 1064/04）。

《欧洲专利局审查指南》H 部分第Ⅱ章第 2.3 节，一方面给出了应当接受的两类具体情况，“限制已被认为是允许的权利要求的修正案通常被接受。这同样适用于以明显期望的方式改善说明书或权利要求书的清晰度的修改（参见 T 1929/13）”和“如果修正案根据先前的发文明确弥补了缺陷，则只要它们不会引起新的缺陷，就始终可以接受”；另一方面也给出了不应当接受的示例，“审查部门根据 A83 提出异议，即整个申请没有向本领域技术人员公开如何在不使用发明技能的情况下如何实施本发明，除非申请人能够证明审查分部满意该申请包含足够的信息以使本领域技术人员能够实施本发明，否则审查分部不会接受 R137（3）的任何（进一步）修正案”“审查部门根据 R123（2）提出了异议，指出引入权利要求中的某些功能扩展了所提交申请的主题，除非申请人能够令审查部门满意，否则所提交的申请将直接且明确地披露了此功能，否则，根据 R137（3），审查部门通常将不接受任何其他包含该特征的权利要求”“审查部门根据 A84 提出异议，认为权利要求缺少必要特征，除非申请人能够使审查分部满意，表明指定的特征对于实施本发明不是必不可少的，否则审查分部通常不会根据 R137（3）接受任何其他不含权利要求中所述特征的权利要求”“从原则上讲，审查部门在行使 R137（3）的酌处权时，不接受一个或多个辅助请求时，必须在申请人利益和程序效率之间取得平衡；因此，通常应允许包含轻微缺陷但其他方面符合 EPC 要求的辅助请求”。

另外，R137（5）规定，修改的权利要求不得涉及未结合原始递交的发明或形成单一发明构思的一组发明的未检索的主题；修改的权利要求也不得涉及根据 R62（a）或 R63 未检索的主题。

在中国，对于申请人在收到检索报告，即第一次审查意见通知书（因为在中国专利局的审查过程中，首次检索报告一般随第一次审查意见通知书一起发出）之后提出的修改一般被视为被动修改，适用《专利法实施细则》第 51 条第 3 款的有关规定，即“申请人在收到国务院专利行政部门发出的审查意见通知书后对专利申请文件进行修改的，应当针对通知书指出的缺陷进行修改”。

《专利审查指南 2010》第二部分第八章第 5.2.1.3 节，一方面规定，根据《专利法实施细则》第 51 条第 3 款的规定，在答复审查意见通知书时，对申请文件进行修改的，应当针对通知书指出的缺陷进行修改，如果修改的方式不符合《专利法实施细则》第 51 条第 3 款的规定，则这样的修改文本一般不予接受。然而，对于虽然修改的方式不符合《专利法实施细则》第 51 条第 3 款的规定，但其内容与范围满足《专利法》第 33 条要求的修改，只要经修改的文件消除了原申请文件存在的缺陷，并且具有被授权的前景，这种修改就可以被视为是针对通知书指出的缺陷进行的修改，因而经此修改的申请文件可以接受。这样处理有利于节约审查程序。另一方面也规定，当出现下列情况时，即使修改的内容没有超出原说明书和权利要求书记载的范围，也不能被视为是针对通知书指出的缺陷进行的修改，因而不予接受。①主动删除独立权利要求中的技术特征，扩大了该权利要求请求保护的范围。②主动改变独立权利要求中的技术特征，导致扩大了请求保护的范围。③主动将仅在说明书中记载的与原来要求保护的主题缺乏单一性的技术内容作为修改后权利要求的主题。④主动增加新的独立权利要求，该独立权利要求限定的技术方案在原权利要求书中未出现过。⑤主动增加新的从属权利要求，该从属权利要求限定的技术方案在原权利要求书中未出现过。

可以看到，对于申请人在收到检索报告之后提出的修改的可接受性，欧洲专利局在其审查指南中将 R137（3）规定的“未经审查部门同意，不得再进行修改”，解释为审查部门的“酌处权”，并对如何行使这种“酌处权”给出了一般可接受的与一般不可接受的几种情形的建议。而中国专利局在《专利审查指南 2010》中对于《专利法实施细则》第 51 条第 3 款规定的"针对通知书指出的缺陷"，也从正反两面给出了一般可接受的与一般不可接受的几种情形的建议。表 4.2 给出了欧洲专利局和中国专利局关于"收到检索报告之后提出的修改的可接受性"的对比。

表 4.2 欧洲专利局和中国专利局关于"收到检索报告之后提出的修改的可接受性"的对比

法规名称	段落位置	一般接受的	一般不接受的
《欧洲专利局审查指南》	H 部分第二章第 2.3 节	（1）限制已被认为是允许的权利要求； （2）根据先前的发文明确弥补了缺陷且不会引起新的缺陷	（1）审查意见涉及 A83（公开不充分）； （2）审查意见涉及 A123（2）（修改超范围）； （3）审查意见涉及 A84（缺少必要技术特征）； （4）原则上不接受一个或多个辅助请求
《欧洲专利公约实施细则》	第 137 条第 5 款		修改涉及因不具有单一性或根据 R62（a）或 R63 未检索的主题
中国《专利审查指南 2010》	第二部分第八章第 5.2.1.3 节	修改的内容和范围满足 A33 的要求，且经修改的文件消除了缺陷，且具有授权前景	（1）主动删除独权特征，扩大保护范围； （2）主动改变独权特征，扩大保护范围； （3）主动将缺乏单一性的技术内容作为修改后权利要求的主题； （4）主动增加新的独立权利要求； （5）主动增加新的从属权利要求

对于收到检索报告之后提出的修改的可接受性，表面上看欧洲专利局并没有硬性规定什么可接受，什么不可接受，而是赋予审查部门"酌处权"，看似申请人修改的自由度很大。而中国专利局依据《专利法实施细则》第 51 条第 3 款规定修改必须是针对通知书指出的缺陷进行，看似申请人修改的自由度很小。但是从表 4.2 的对比中我们可以看出，欧洲专利局在其审查指南中给出的一般不接受的情形相对于中国专利局要严格得多，例如对于涉及公开不充分、修改超范围或缺少必要技术特征的审查意见，一般直接不接受申请人的修改，除非申请人在意见陈述中能够提出具有说服力的反对理由。而中国专利局的做法是，针对这些审查意见，如果申请人作出了修改，先接受申请人的修改文本作为审查文本，随后再发通知书指出修改文本可能存在的缺陷。在审查实践中，对于是否针对通知书指出的缺陷进行修改并不十分严格。一般来讲，修改的权利要求在审查意见通知书中被评述过，对该权利要求的修改就可被认定为

是为了克服通知书所指出的缺陷。

最后，有必要说明的是，上面对表 4.2 体现出的欧洲专利局与中国专利局在实质审查方面的差异的讨论并不充分，这是因为表 4.2 中体现的差别不仅涉及本节探讨的关于修改的可接受性，还涉及后文将要讨论的关于修改的允许性，造成这种现象的原因是欧洲专利局和中国专利局对于同样的修改到底属于可接受性范畴还是允许性范畴的认知存在分歧。

2. 形式的可接受性

1）强制性要求

修改能否被接受，除了上一节讨论的对内容的相关要求外，还必须满足一定的形式要求。

R137（4）规定，在提交第 1 款 ~ 第 3 款所指的任何修改时，申请人应当标识它们并指出它们在原申请中的依据。如果审查部门发现不符合任一规定，则可以要求在 1 个月的期限内改正该缺陷。

《欧洲专利局审查指南》H 部分第Ⅲ章第 2.1 节进一步指出，审查部门可以要求必须针对前一次修订或原始提交的申请作出修改标明。该要求应被理解为申请人向审查部门提供令人信服的理由的机会，以便说明为什么所述修改是直接地、毫无疑义地从原申请文件中确定的。当所述修改并没有获得原始提交申请的文字支持时，这些理由对于审查部门对 A123（2）的评估结果就特别重要，另外还特别指出：没有作出特定标识的做法，如“参见原说明书”“参见原权利要求”或“参见原实施例”，通常认为是不够的。

《欧洲专利局审查指南》H 部分第Ⅲ章第 2.1.1 节进一步指出，如果申请人在上述一个月的期限内未能满足 R137（4）的要求，则因为申请人被视为未对审查部门的通知书做出答复，该申请被视为撤回。

欧洲专利局通过法条明确要求申请人在修改时必须标示修改标记，并且指出修改依据，否则该申请被视为撤回，与之不同的是，中国专利法及其实施细则均未对此作出强制性要求。

《欧洲专利局审查指南》H 部分第Ⅲ章第 2.1.1 还特别指出：在提交附加请求的情况下，还可以针对一个或多个主要和 / 或附加请求发出 R137（4）通知书。或者，如果对特定的请求（主要的或是附加的）不适合使用 R137（4），则可以出于节约程序和 A113（1）申请人听证的权利的考虑，该请求根据 R137（3）规定被视为不可接受。

对于申请人在答复 R137（4）通知书时撤回修改或者替代修改的，《欧洲专利局审查指南》H 部分第Ⅲ章第 2.1.2 节指出：如果申请人及时答复了 R137（4）的通知书，撤回了与该通知书有关的修改，但没有标识出这些修改或在原申请中确定这些修改依据，那么根据 R137（4），不会发生任何权利损失。但是，如果撤回的结果导致重新引入已经拒绝过的主题，根据 R137（3），引入该主题的修改可被视为不可接受。对 R137（4）通知书的及时答复而提交的进一步修改，则不再发送 R137（4）通知书。在一个月期限届满时，申请人必须标识并指出以下的修改基础：①已经发出的 R137（4）通知书涉及所述修改，并且所述修改在 R137（4）规定的一个月期限内并未被提交的进一步修改所替代；②在该一个月期间提交的修改。对于在一个月内提交的进一步修改而替代的修改，申请人无须遵守 R137（4）有关规定。也就是说，撤回修改可以克服根据 R137（4）的通知书指出的缺陷，在根据 R137（4）的通知书 1 个月期限届满前必须指明所有未被撤回并且也未被新的修改替换的修改的基础。

对于口审程序中提出的修改，《欧洲专利局审查指南》H 部分第Ⅲ章第 2.1.3 节指出：如果在口头审理程序期间提出有关修改，则不会发送依据 R137（4）的通知书。尽管如此，R137（4）要求确定修改及其依据。如果申请人提交的修改未能满足此要求，那么在口头审理期间，出于节约程序原因并考虑到 A113（1）规定的申请人的听证权，审查部门可以实施根据 R137（4）规定裁量权，拒绝接受所述修改。对于答复依据 R116（2）通知准备口头审理程序而提交的修改，将在上述口头审理程序中处理。然而，如果口头审理程序被取消或申请人没有出席而在其缺席的口头审理程序之后以书面形式继续进行所述程序，审查部门可就这些修改发出依据 R137（4）的通知书。

2）一般修改形式

欧洲专利局在其审查指南中给出了 3 种形式的修改：

（1）通过提交缺失文件或提交替换页面进行修改。对于这种形式的修改，《欧洲专利局审查指南》H 部分第Ⅲ章第 2.2 节指出，如果提交了替换页面，为了有利于程序效率，申请人或专利权人应当标识所做的所有修改，并说明这些修改所依据的原始申请的段落。最好使用文本编辑器中提供的功能来标识修改，以清楚地在修改后的文本中表明删除和插入的部分。除了干净的副本之外，还应提交带有此类标识的页面。或者，为了满足R137（4）的要求，也可以采取手写形式，前提是干净的副本不含手写的修改。

（2）使用副本的修改。对于这种形式的修改，《欧洲专利局审查指南》H部分第Ⅲ章第2.3节指出，如果认为有利，审查部门或形式审查员可以在一份单页或多页要修改的文件副本上提出针对所提反对意见如何进行修改的建议。附带注释的副本（不是留在档案中的工作文件）将转发给申请人，或者在异议程序中转发给专利所有人和其他各方，并在通知书中列出反对意见。在该通知书中，申请人或权利人不仅会被告知所记录的缺陷并被指定在一个固定的时限内发表意见或提交修改，而且还将受邀同时重新提交所述副本（并作为提交的替换页的替代方案）和在本副本上注明对有关页面作出任何修改，并与答复审查部门的意见分开（打字并以复印后易于辨认的方式）。也可请异议人以同样的方式提交意见”以及“当事人还可以主动提交单页或多页修改副本。由于节约程序原因，应通常不赞成提交完整重新打字的文件，这是因为必须核对这些文件与原始文件的一致性。因此，通常不会根据R137（3）接受此类请求。只有大范围的修改影响到了副本的易读性时，才必须提交替换页面。在这种情况下，审查部门也可以主动要求这些页面。

（3）欧洲专利局根据一方的要求进行的修改。对于这种形式的修改，《欧洲专利局审查指南》H部分第Ⅲ章第2.4节指出，这是轻微修改的程序，例如有必要插入授权请求中遗漏的细节并且所涉及的修改数量是合理的情况，或者要删除整个页面或整个段落的情况。有关当事人应提交一份清单，概述欧洲专利局将要进行的修改。但是，审查部门可自行决定所要求的变更数量实际上是否不合理，并且是否要需要相当长的时间来处理。如果认为是，审查部门将要求该当事人作出修改并提交修改页。对于附图的微小修改，例如，修改附图标记或删除一个或多个整图，也可以遵循该程序。在对附图进行复杂修改的情况下，如果不能非常清楚地表明更改是如何进行的，则相关当事人，通常是申请人或权利人，必须提交替换页。

《专利法实施细则》第52条规定，说明书或者权利要求书的修改部分，应当按照规定格式提交替换页。

《专利审查指南 2010》进一步规定替换页的提交有两种方式：

（1）提交重新打印的替换页和修改对照表。

这种方式适用于修改内容较多的说明书、权利要求书以及所有作了修改的附图。申请人在提交替换页的同时，要提交一份修改前后的对照明细表。

（2）提交重新打印的替换页和在原文复制件上作出修改的对照页。

这种方式适用于修改内容较少的说明书和权利要求书。申请人在提交重新打印的替换页的同时提交直接在原文复制件上修改的对照页，使审查员更容易察觉修改的内容。

在中国专利审查实务中，申请人广泛采用的是第二种修改形式。

4.3.4 修改的允许性

所谓修改的“允许性”指的是修改后的申请文件在程序中被接受了以后，审查部门必须确定对申请文件的修改是否被允许，即是否满足专利法及其实施细则的相关要求。

1. 基本原则

A123（2）规定：欧洲专利申请或欧洲专利不得以这样的方式进行修改，即包含超出原申请内容的主题。

《欧洲专利局审查指南》H 部分第Ⅳ章第 2.1 节，援引第 G 1/93 号案件的判决指出：A123（2）的基本思想是不允许申请人通过添加申请时未公开的主题来强化自己的地位，这将给他带来莫须有的好处，并可能损害依赖原申请内容的第三方的法律保障。

并进一步援引第 G 2/10 案件号案件的判决指出：如果申请文件内容的整体变化（无论是通过添加、变更或删减哪种方式）导致呈现给本领域技术人员的信息，即使考虑到对本领域技术人员来说是隐含公开的信息，不能从本申请先前提供的信息中直接地、毫无疑义地导出（directly and unambiguously derivable），那么修改应当被视为引入了超出了申请时内容的主题。该原则出自在第 G 3/89 号判决和第 G 11/91 号判决中，在 G 2/10 号判决中被欧洲专利局重申，并被称为“黄金标准”。

《欧洲专利局审查指南》H部分第Ⅳ章第2.2节，援引第T 667/08号案件的判决指出：A123（2）不允许将本领域技术人员即使在使用公知常识以及考虑到基于文件中明确提及的内容而对本领域技术人员来说隐含公开的特征的情况下，依然无法将原始申请文件中直接地、毫无疑义地导出的内容添加到欧洲专利申请的主题中。但是A123（2）不要求文字支持。

并进一步援引第T 823/96号和第T 1125/07号案件的判决指出：术语“隐含公开”指的是原申请文件中明确提及的内容清楚地、毫无疑义地得出的内容。因此，在决定申请文件公开内容清楚地、毫无疑义地隐含了什么信息时，必须考虑本领域的公知常识。然而，根据公知常识，该公开可能使哪些内容变成显而易见的问题与评估该文件隐含公开的内容无关。

《欧洲专利局审查指南》H部分第Ⅳ章第2.2节还指出：在评估修改后的权利要求是否满足A123（2）的规定时，焦点应该放在针对技术受众所提交的申请文件对本领域技术人员真正公开的内容上。特别地，审查部门应当避免过度关注权利要求书的结构，这对本领域技术人员能够直接地、毫无疑义地从申请文件整体内容中得出主题是不利的。

又援引第T 99/13号案件的判决指出：此外，对A123（2）的要求的评估应当站在本领域技术人员的立场，合理依据，避免人为地和语义地构造。

综合以上规定，可以看出，欧洲专利局关于修改超范围判断的基本原则包含以下要点：①要求不能包含超出原申请内容的主题；②原申请内容包括能够从明示和隐含公开两部分直接地、毫无疑义地导出的内容；③不要求必须是文字支持；④允许结合公知常识判断哪些属于隐含公开的内容，但需要注意显而易见并不等同于隐含公开。

中国专利局的相关规定如下。

《专利法》第33条规定，对发明和实用新型专利申请文件的修改不得超出原说明书和权利要求书记载的范围。

《专利审查指南2010》第二部分第八章第5.2.1.1节规定：审查员对申请人提交的修改文件进行审查时，要严格掌握《专利法》第33条的规定。不论申请人对申请文件的主动修改还是针对通知书指出的缺陷进行的修改，都不得超出原说明书和权利要求书记载的范围。原说明书和权利要求书记载的范围包括原说明书和权利要求书文字记载的内容和根据原说明书和权利要求书文字记载的内容以及说明书附图能直接地、毫无疑义地确定的内容。

对比欧洲和中国的相关规定，我们可以看出二者对于修改的允许性问题有着基本相同的原则，业内一般称为“修改不得超范围”原则。但是对于该原则的进一步阐释，欧洲专利局在其审查指南中给出了多层次、多角度的解读，这些解读多出自欧洲专利局扩大上诉委员会以及技术上诉委员会的经典判例。这是欧洲专利局在多年审查实践中不断优化的结果。

2. 权利要求修改的具体情形

在上一节中，介绍了欧洲专利局和中国专利局为审查程序中修改的允许性所规定的基本原则。但是在实际审查过程中，可能遇到的修改情形是多种多样的，而是否允许这些修改对于专利审查的最终结果又是至关重要的，因而无论是欧洲专利局还是中国专利局都在其审查指南中给出了关于修改允许性的各种示例。限于篇幅，本节仅讨论权利要求修改的具体情形。

1）替换或删除权利要求中的特征

《欧洲专利局审查指南》H 部分第Ⅴ章第 3.1 节指出：如果通过替换或者删除权利要求中的特征的方式进行修改，如果未满足以下任一条件时，则该修改必然违反 A123（2）的规定：①在原始提交的公开中没有将替换或删除的特征解释为必不可少的；②鉴于本发明要解决的技术问题，本领域技术人员将直接明确地认识到该特征对于本发明的功能不是必不可少的；③本领域技术人员将认识到，上述替换或删除不需要修改一个或多个特征以补偿其改变（其本身并不改变本发明）。同时，该节还援引第 T 545/92 号案件的判决进一步指出：如果从独立权利要求中删除了几个功能，例如仅将其限制为原始要求保护的主题的一部分，则修改后的权利要求的主题必须能够直接地、毫无疑义地作为一项发明从原申请中导出，即它必须解决一个技术问题，并且能够在不删除任何特定技术特征的情况下工作。

与之类似的，中国《专利审查指南 2010》第二部分第八章第 5.2.3.3 节规定：不允许的删除包括：从独立权利要求中删除在原申请中明确认定为发明的必要技术特征的那些技术特征，即删除在原说明书中始终作为发明的必要技术特征加以描述的那些技术特征。第 5.2.2.1 节规定：变更独立权利要求的类型、主题名称及相应的技术特征，以克服原独立权利要求类型错误或者缺乏新颖性或创造性等缺陷。只要变更后的独立权利要求所述的技术方案未超出原说明书和权利要求书记载的范围，就可允许这种修改。

2）引入另外的特征

由于申请人在描述发明内容或撰写权利要求时经常采用逐级或分层次的撰写方式，往往在文字上先是进行概括性的记载，随后是逐步细致的记载，然后在说明书的实施例中记载最具体的技术方案。为了克服各种缺陷，申请人通常对原申请文件中不同层次的技术方案中的技术特征进行选择或重新组合，形成一种中间层次的技术方案。最常见的修改方式是将原申请文件中同一或不同的技术方案的技术特征重新组合在一起而形成新的技术方案，例如，将特定实施例中的特征抽离出来形成新的权利要求，或者将特定实施例中的特征抽离出来与其他特征进行组合形成新的权利要求。通过这种修改方式，将原始申请中的内容重新概括和提炼，并将概括、提炼的部分技术特征与原始权利要求的技术特征组合，得出一个小于原始权利要求的范围，但比说明书中具体的内容宽的中位的权利要求范围。还有一种修改，是引入从原始记载的下位技术特征和上位技术特征之间重新概括得到的中位的技术特征。

《欧洲专利局审查指南》H 部分第Ⅴ章第 3.2 节指出，权利要求可以被包含附加特征的限制，条件是：所得到的组合可以直接地、毫无疑义地在原始申请文件中以显式或隐式的方式公开；如果所产生的组合对原始申请而言是新颖的，则经修改的权利要求书不符合 A123（2）的规定。

也就是说，对于权利要求以包含附加特征的方式所做的修改，欧洲专利局采用了新颖性判断法。

具体的，《欧洲专利局审查指南》H 部分第Ⅴ章第 3.2.1 节关于“中位概括”的修改方式，进一步指出：仅当特征之间没有结构和功能关系时，才允许从最初公开的特征组合中提取特定特征并将其用于限定要求保护的主题。在评估从特征组合中提取的特征对权利要求的限制是否满足 A123（2）时，原申请的内容一定不能被认为是这样一个库，从中可以将属于单独实施例的各个特征进行组合，以便人为地创建特定的组合。当某个特征取自特定实施例并添加到权利要求中时，必须确定：该特征与该实施例的其他特征无关或者不紧密相关，并且公开内容整体上证明了该特征的概括隔离及将其引入权利要求中具有正当性。在给出上述具体的判断方法之后，该节中还援引了四个判例。这里选取前两个案例做简单介绍。

在第 T 300/06 号案件中，修改后的权利要求涉及一种织机综线束。原始权利要求被引入仅结合特定实施例而公开的特征来限制，在该特定实施例中，综框的孔眼具有纺锤形。该形状未包括在修改后的权利要求中。在说明书的一般部分中，还提到了孔眼也可以具有其他形状，例如椭圆形。因此，上诉委员会得出结论，认为上述修改符合 A123（2）的规定。

在第 T 1164/04 号案件中，权利要求 1 涉及一种水可分散和可冲洗性的吸收制品。修改后的权利要求 1 限定第一、第二纤维组件是湿的层状组织。与第一纤维组件相关，原申请提及了湿的层状组织与其他特征的组合（组织有孔，组织由纤维或充足的固有孔隙率来提供）。由于第一纤维组件仅以与权利要求 1 中未记载的其他特征相组合的湿的层状组织的方式在原申请中公开，该修改构成对于原始公开技术信息的概括，从而引入了超出原申请内容的主题。

中国《专利审查指南 2010》第二部分第八章第 5.2.2.3 节规定：不能允许的改变内容的修改，包括：将原申请文件中的几个分离的特征，改变成一种新的组合，而原申请文件没有明确提及这些分离的特征彼此间的关联。

对比欧洲和中国关于对权利要求包含附加特征的修改方式，我们可以看出，二者的核心思想是一致的。只不过中国专利局的规定略显简单，而欧洲专利局则给出了具体的判断方法，特别是对于审查实践中常见的中位概括的修改方式，欧洲专利局除了给出具体的判断方法，还援引了具体判例进行了详细阐述。

3）删除部分要求保护的主题

《欧洲专利局审查指南》H 部分第Ⅴ章第 3.3 节指出，如果原始文件描述了相应的实施例，则允许删除所要求保护的部分主题，例如，作为权利要求中的替代选择或作为在说明书中明确阐述的实施方式。

在 2019 年版的《欧洲专利局审查指南》H 部分第Ⅴ章第 3.3 节的修改中，

欧洲专利局补充了如下内容：仅在不导致创建新技术信息的情况下允许从一个以上的列表中删除替代方案，而这些新技术信息不能直接明确地从最初提交的申请中获得。

特别是，那些不会导致特定特征的特定组合被删除而将其余主题保持为与原始组的区别仅在于其较小的范围的限制，通常将满足A123（2）的规定。如果所提交的申请例如通过参考优选实施例的方式提供了指向该特定组合的方向，则可以允许特定特征的组合。

这些原理也适用于从属权利要求产生的特征的组合。

【案例4–11】

原权利要求1：用于治疗用途的组合物，其包含治疗剂和玻璃形成的碳水化合物。

原权利要求2：根据权利要求1的组合物，其中治疗剂选自酶。生物药物，生长激素，生长因子，胰岛素，单克隆抗体，干扰素，白介素和细胞因子。

原始公开：

在说明书中，吸入被列为几种给药方式之一。

在说明书中，胰岛素被列为几种治疗剂之一。

限制后的权利要求1：适于通过吸入给药的治疗用途的组合物，其包含治疗剂和玻璃形成的碳水化合物。

从属权利要求10：根据权利要求1的组合物，其中治疗剂是胰岛素。

权利要求1中的吸入限制是从一个列表中选择的，并且在原始申请中具有基础。

从属权利要求10的主题与权利要求1的主题的组合是从多个列表中进行选择的结果，在最初提交的申请中没有直接明确地公开。

《专利审查指南2010》中对于并列技术方案的删除这一修改方式是否允许没有作出特别说明。

4）扩大权利要求范围的其他情况

《欧洲专利局审查指南》H部分第Ⅴ章第3.4节指出，仅当提交的申请中存在产品也可以某种其他方式使用的设想的基础（并且如果目的声明不构成功能限制），删除关于独立产品权利要求中的使用或预期用途的陈述符合

A123（2）的要求。不能由于对本领域技术人员来说是显而易见的，从而将特定特征替换为更上位的一般特征来扩大权利要求的保护范围。此外，一特定特征的删除或使用其他更上位特征进行置换通常导致权利要求的扩张。因而无法满足 A123（3）的要求。

与之类似，中国《专利审查指南 2010》第二部分第八章第 5.2.1.3 节规定，不允许的修改包括：主动删除独立权利要求中的技术特征，扩大了该权利要求请求保护的范围。

例如，申请人从独立权利要求中主动删除技术特征，或者主动删除一个相关的技术术语，或者主动删除限定具体应用范围的技术特征，即使该主动修改的内容没有超出原说明书和权利要求书记载的范围，只要修改导致权利要求请求保护的范围扩大，则这种修改不予接受。

5）原始提交的申请中公开的放弃

《欧洲专利局审查指南》H 部分第Ⅴ章第 3.5 节指出：在这种情况下，原始申请已经表明特定主题不是本发明的一部分。

否定性特征与正面特征以相同的方式定义要求保护的发明，并且必须基于相同的基础进行审查。换句话说，它们可以赋予新颖性，并且像正面特征一样，应该评估它们与创造性的相关性。它们还必须满足 A84（清楚，简明和支持）的要求，以及将它们包含在权利要求中不违反 A123（2）的规定（T 170/87，T 365/88）。

例子：

“……所述传送装置不包括电容器元件”；

“……条件是不包括熔体指数低于 0.05 的混合物”。

否定性限定，如正面限定那样可能是结构性的或功能性的，也可与物理实体或活动有关。

4.4　优先权

4.4.1　优先权的条件

1. 欧洲专利局规定

《欧洲专利局审查指南》F 部分第Ⅵ章第 1.3 节指出，有效的优先权要求必须满足以下条件：

（1）在先申请必须属于《欧洲专利局审查指南》A 部分第Ⅲ章第 6.2 节中提到的一种情形（该情形限定在线申请的条件，如必须是在参加巴黎公约或 WTO 的成员国进行的申请等）；

（2）被要求优先权的在先申请必须是欧洲申请的申请人或其有权利的前任提出；

（3）在先申请必须在欧洲申请的申请日前的 12 个月内申请；

（4）在先申请必须是与欧洲申请涉及相同发明的“首次申请”。

对于（1），在《欧洲专利局审查指南》A 部分第Ⅲ章第 6.2 节中提到的词语“已在或者已向”巴黎公约任何成员国或者 WTO 成员是指，优先权可以针对在先的国家申请、在先的欧洲申请、根据其他区域专利条约提出的在先申请、或者在先的 PCT 申请提出。在先申请可以是专利申请、实用新型登记或实用证书。然而不承认基于工业设计存放的优先权。

对于（4），A87（1）中的术语“相同发明”是指，只有本领域技术人员利用公知常识、从整个在先申请中直接且毫无疑义地得到欧洲申请的权利要求的主题时，该欧洲申请的权利要求主题才可以享受在线申请的优先权。这意味着权利要求中存在的特征的特定组合必须至少隐含公开于在先申请中。

2. 中国专利局规定

中国《专利审查指南 2010》第二部分第三章第 4 节中将优先权分为了外国优先权和本国优先权，具体如下：

根据《专利法》第29条的规定，申请人就相同主题的发明或者实用新型在外国第一次提出专利申请之日起12个月内，或者就相同主题的外观设计在外国第一次提出专利申请之日起6个月内，又在中国提出申请的，依照该国同中国签订的协议或者共同参加的国际条约，或者依照相互承认优先权的原则，可以享有优先权。这种优先权，称为外国优先权。

申请人就相同主题的发明或者实用新型在中国第一次提出专利申请之日起12个月内，又以该发明专利申请为基础向专利局提出发明专利申请或者实用新型专利申请的，或者又以该实用新型专利申请为基础向专利局提出实用新型专利申请或者发明专利申请的，可以享有优先权。这种优先权称为本国优先权。

享有外国优先权的专利申请应当满足以下条件：

（1）申请人就相同主题的发明创造在外国第一次提出专利申请（以下简称"外国首次申请"）后又在中国提出专利申请（以下简称"中国在后申请"）。

（2）就发明和实用新型而言，中国在后申请之日不得迟于外国首次申请之日起12个月。

（3）申请人提出首次申请的国家或政府间组织应当是同中国签有协议或者共同参加国际条约，或者相互承认优先权原则的国家或政府间组织。

享有本国优先权的专利申请应当满足以下条件：

（1）只适用于发明或者实用新型专利申请；

（2）申请人就相同主题的发明或者实用新型在中国第一次提出专利申请（以下简称"中国首次申请"）后又向专利局提出专利申请（以下简称"中国在后申请"）；

（3）中国在后申请之日不得迟于中国首次申请之日起12个月。

被要求优先权的中国在先申请的主题有下列情形之一的，不得作为要求本国优先权的基础：

（1）已经要求外国优先权或者本国优先权的，但要求过外国优先权或者本国优先权而未享有优先权的除外；

（2）已经被授予专利权的；

（3）属于按照《专利法实施细则》第42条规定提出的分案申请。

应当注意，当申请人要求本国优先权时，作为本国优先权基础的中国首次申请，自中国在后申请提出之日起即被视为撤回。

3. 对比分析

从图 4.1 中可以看出，欧洲专利局优先权与中国专利局外国优先权的条件基本上是对应的，其条件“在先申请必须属于《欧洲专利局审查指南》A 部分第Ⅲ章第 6.2 节中提到的一种情形”对在先申请的条件进行了限定，例如必须是在参加巴黎公约或 WTO 组织的国家进行的申请等，这与中国专利局外国优先权中的第三个条件相对应；关于申请人和“首次申请”的条件与中国专利局外国优先权中的第一个条件相对应；关于时间期限的条件则与中国专利局外国优先权中的第二个条件相对应。

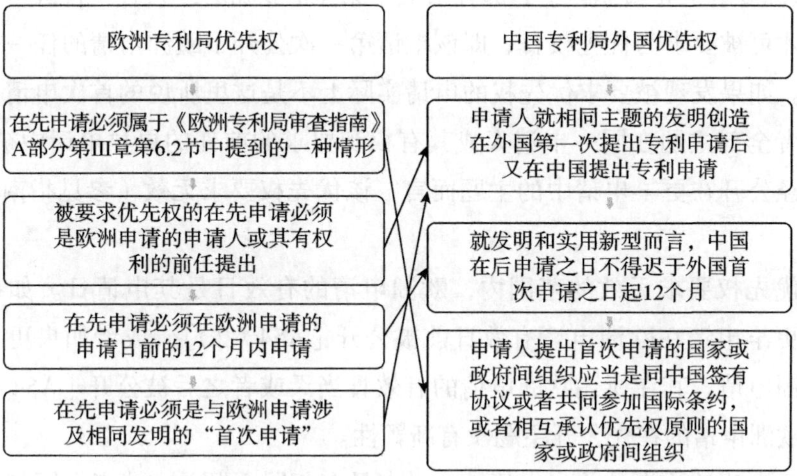

图 4.1 欧洲专利局优先权与中国专利局外国优先权的条件比较

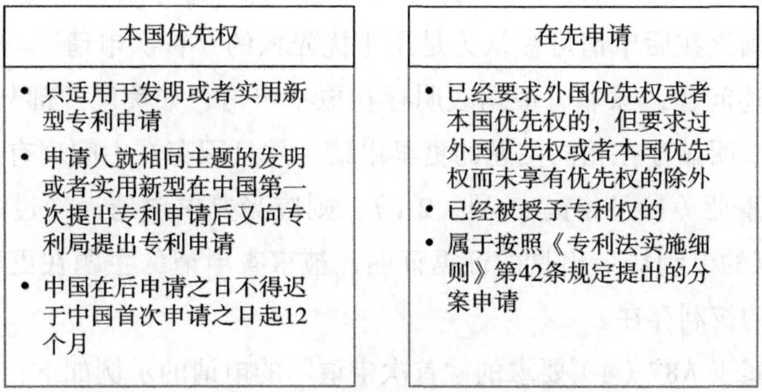

图 4.2 中国专利局本国优先权与在先申请的条件

中国专利局对本国优先权与外国优先权要求的条件基本相同，但对于本国优先权的在先申请的要求则更为严格。特别是已经被授予专利权申请不得作为要求本国优先权的基础，且作为本国优先权基础的中国首次申请，自中国在后申请提出之日起即被视为撤回。

4.4.2 首次申请的限定

1. 欧洲规定

《欧洲专利局审查指南》F 部分第Ⅵ章第 1.4 节规定：只有“首次申请”的申请日才可被要求为优先权日，即该申请第一次公开了欧洲申请的任一或者全部主题。如果发现被要求优先权的申请实际上不是这里所说的首次申请，而是一些或者全部主题在同一申请人或其有权利要求的前任的更早申请中被披露，则就已经公开在更早申请中的主题而言，该优先权要求无效（参见指南 F-Ⅵ，1.4.1）。

就优先权要求无效的范围内，欧洲申请的有效日是其申请日。如果上文提到的更早申请在欧洲申请有效日前被公开［A54（2）］，或者如果更早申请也是欧洲申请，其在所述欧洲申请的有效日当天或者之后被公开［A54（3）］，则所述欧洲申请的在先公开主题没有新颖性。

在后申请被认为是首次申请：如果在具有相同主题并在或者向同一国家或者 WTO 成员申请的在后申请的申请日，更早申请已经被撤回、放弃或者驳回，没有对公众公开，同时没有留下任何悬而未决的权利，并且没有作为要求优先权的基础，则该在后申请可被认为是用于优先权的“首次申请”。欧洲专利局将不考虑上述问题，除非有证据表明存在更早申请，如美国“部分连续申请”的情况。如果明显存在相同主题的更早申请，并且因存在中间现有技术而使优先权变得很重要（参见指南 F-Ⅵ，2.1），则应当要求申请人通过适当的官方（通常是国家的专利局）出具的证据证明，被审查申请的主题在更早申请中没有悬而未决的权利存在。

认为不属于 A87（4）要求的“首次申请”的申请的示例如下：

（1）在先申请的“连续”申请的美国申请（“con”）；

（2）在先申请的“部分连续”申请的美国申请（“cip”），如果有疑问的主题已经在最初的美国申请中被披露；

（3）要求在先的国家申请或是国家的实用新型的优先权的国家申请。

在美国的con或是cip申请的情况下，说明书的第一句话如下所述“本申请为在某日申请的序列号为……的申请的连续申请或是部分连续申请”。而在标题“连续申请数据下的标题页”中可以找到如下的信息：经核实本申请为……申请的cip（或con）申请。标题为“专利申请的声明”的表格也会被附加到申请的最后（在这种情况下，是优先权文件），其中在标题“基于标题35，U.S.C.，119的外国优先权”或“基于标题35，U.S.C.，120的任意美国申请的权利”下列出了更早的外国或美国申请。

申请也可以以引用在先申请的形式提出（参见指南A-Ⅱ，4.1.3.1）。如果没有要求在先申请的优先权，基于引用本身不能产生基于A87（4）的悬而未决的权利。

例如，在国家申请GB1（于2002年2月1日申请，未要求优先权）和涉及相同主题的GB2（于2008年1月2日申请，未要求优先权）的情况下，一份欧洲专利申请EP1（于2009年1月2日申请）要求了GB2的优先权，但基于R40（1）（c）在其内容中引用了GB1。如果GB1被视为撤回、放弃或是驳回，并且没有对公众公开，并且没有作为要求优先权的基础，仅仅基于R40（1）（c）对其的引用不能构成A87（4）意义上的悬而未决的权利。因此，这种情况下要求的GB2的优先权应当认为对EP1有效。

2. 中国专利局规定

虽然中国《专利审查指南2010》中没有对于“首次申请”进行明确限定，但实际操作中一些规定与《欧洲专利局审查指南》的规定基本相同。

此外，中国《专利审查指南2010》第二部分第三章第4.2.1节具体指出：被要求优先权的中国在先申请的主题有下列情形之一的，不得作为要求本国优先权的基础：

（1）已经要求外国优先权或者本国优先权的，但要求过外国优先权或者本国优先权而未享有优先权的除外；

（2）已经被授予专利权的；

（3）属于按照《专利法实施细则》第42条规定提出的分案申请。

应当注意，当申请人要求本国优先权时，作为本国优先权基础的中国首次申请，自中国在后申请提出之日起即被视为撤回。

这些条件可以视为对“首次申请”的限定。

4.4.3 相同发明

1. 欧洲规定

《欧洲专利局审查指南》F部分第Ⅵ章第1.4节指出：就“相同发明”的要求［参见指南F-Ⅵ，1.3（6）］而言，确定一项权利要求是否享有优先权文件日期的基本判断标准与确定对申请的修改是否满足A123（2）的要求的判定标准（参见指南H-Ⅳ，2）相同。也就是说，在这个方面，为了使优先权日有效，必须能由优先权文件公开的发明内容直接且毫无疑义地推导出权利要求的主题，同时还需考虑在该文件明确提到的内容中对于本领域技术人员而言隐含公开的任何特征（参见G 2/98）。例如，有一个隐含公开的例子：一项涉及包括“可释放紧固装置”的设备的权利要求可享有以下设备的公开内容的优先权日，其中在该设备中，相关紧固元件例如为螺母和螺栓，或者是弹簧制动件或者触发弹簧栓，条件是“可释放”的一般概念隐含在的公开内容中。直接且毫无疑义地导出的例子是：如果权利要求涉及特定的数值范围，并且优先权文件披露了不同的数值范围，即使在后的范围与之前的范围重叠或被包含在之前的范围内也是不允许的。在这种情况下，请求保护的数值表示的是一个连续的数值范围，其与有特色的可选的实施例情况不同［A88（3）中规定的情况］。因此在这个连续的范围内没有单独的可选实施例能够享有优先权（参见T 1877/08）。

被要求优先权的主题不一定要在在先申请的权利要求中出现。只要在先申请文件作为整体“具体公开”了这个主题就足够了。因此，在考虑此问题时，在先申请的说明书和权利要求或者附图应作为一个整体来考虑，但仅在说明书提及现有技术的部分或者明确放弃的部分中出现的主题不需考虑。

公开必须具体的要求是指，如果讨论的主题仅以宽泛和上位术语来描述，则这种公开不够具体。涉及某一特征的详细实施方式的权利要求不能在优先权文件中仅泛指该特征的基础上享有优先权。然而，也不需要非常精确的对应关系。根据合理判定，实质公开所有权利要求的主题就足够了。

根据A123（2）允许的放弃（参见指南H–Ⅴ,4.1和4.2），没有改变A87（1）意义上的发明特性。此外，当撰写并提交一件连续的欧洲专利申请时，这种放弃可以被允许补入，此时不影响要求没有包含该放弃的首次申请的优先权（参见G 1/03，G 2/03和G 2/10）。

2. 中国专利局规定

中国《专利审查指南2010》第二部分第三章第4.1.2节具体指出:《专利法》第29条所述的相同主题的发明或者实用新型，是指技术领域、所解决的技术问题、技术方案和预期的效果相同的发明或者实用新型。但应注意这里所谓的相同，并不意味着在文字记载或者叙述方式上完全一致。

审查员应该注意，对于中国在后申请权利要求中限定的技术方案，只要已记载在外国首次申请中就可享有该首次申请的优先权，而不必要求其包含在该首次申请的权利要求书中（有关优先权的核实适用《专利审查指南》第二部分第八章第4节~第6节的规定）。

3. 对比分析

通过上述记载可以看出，欧洲专利局“相同发明”与中国专利局的“相同主题的发明或者实用新型”属于相同的概念。《欧洲专利局审查指南》限定“必须能由优先权文件公开的发明内容直接且毫无疑义地推导出权利要求的主题，同时还需考虑在该文件明确提到的内容中对于本领域技术人员而言隐含公开的任何特征”；中国专利局则采用“技术领域、所解决的技术问题、技术方案和预期的效果相同”来判断，同时指出“不意味在文字记载或者叙述方式上完全一致”。分析可知，虽然表述不太相同，但欧洲专利局和中国专利局的相关规定的实质是相通的。

4.4.4 优先权声明

1. 欧洲规定

《欧洲专利局审查指南》F部分第Ⅵ章第3.2节指出：欧洲要求较早申请的优先权的声明最好应当在提交欧洲申请的同时提交，然而这也可在自要求的最早优先权日起16个月内的任何时间提交（参见指南A-Ⅲ，6.5.1）。优先权声明必须注明优先权申请的日期、《巴黎公约》的相关缔约国或世贸组织成员国以及申请号。

优先权声明可在自最早优先权日起16个月内修改。此期限届满日不能早于申请日后4个月。

2. 中国专利局规定

中国《专利审查指南2010》第一部分第一章第6.2.1.2规定：申请人要求优先权的，应当在提出专利申请的同时在请求书中声明；未在请求书中提出声明的，视为未要求优先权。

申请人在要求优先权声明中应当写明作为优先权基础的在先申请的申请日、申请号和原受理机构名称；未写明或者错写在先申请日、申请号和原受理机构名称中的一项或者两项内容，而申请人已在规定的期限内提交了在先申请文件副本的，审查员应当发出办理手续补正通知书，期满未答复或者补正后仍不符合规定的，审查员应当发出视为未要求优先权通知书。

要求多项优先权而在声明中未写明或者错写某个在先申请的申请日、申请号和原受理机构名称中的一项或者两项内容，而申请人已在规定的期限内提交了该在先申请文件副本的，审查员应当发出办理手续补正通知书，期满未答复或者补正后仍不符合规定的，视为未要求该项优先权，审查员应当发出视为未要求优先权通知书。

3. 对比分析

通过关于优先权声明规定的对比可以发现，欧洲提交优先权声明的条件较为宽松，并且可以在规定的期限内进行修改。而中国专利局则规定必须在提出专利申请的同时在请求书中声明。由此可以看出，对于欧洲申请，可以在申请提交后4个月内结合在先申请的实际情况考虑提交优先权声明。

4.4.5　在先申请副本

1. 欧洲规定

《欧洲专利局审查指南》F部分第Ⅵ章第3.3节指出：在先申请（优先权文件）经核准的副本：除非应R56的要求（参见指南A-Ⅱ，5.4.3）或者是基于R40（3）（参见指南A-Ⅱ，4.1.3.1）的要求已经提交了在先申请即优先权文件经核准的副本，从而使该副本已存档（参见指南A-Ⅲ，6.7，对于欧洲-PCT的情况参见指南E-Ⅷ,2.3.5），否则必须在优先权日之后16个月内提交该副本。

此外，根据R53（2）和2009年3月17日欧洲专利局局长令（OJ EPO 2009,236），如果在先申请是以下类型，在不需要缴费的情况下，欧洲专利局将在欧洲专利申请文档中加入在先申请的副本。

（1）欧洲专利申请；

（2）以欧洲专利局作为PCT受理局的国际申请；

（3）日本专利申请或者实用新型申请；

（4）美国临时或者非临时专利申请；

或者（5）韩国专利申请或者实用新型申请。

为此，无须要求提交副本。如果在先申请是美国申请，则参考欧洲专利局在2007年6月27日发布的关于欧洲专利局和USPTO之间优先权文件的电子交换实践的通知（OJ EPO 2007，473）。一旦欧洲专利局在欧洲专利申请文档中加入在先申请副本，则相应地通知申请人。

《欧洲专利局审查指南》F部分第Ⅵ章第3.4节指出：在先申请的译文：只有与在审发明专利相关而需要确定优先权要求的有效性时，才要求把在先申请翻译成欧洲专利局官方语言之一。译文必须在欧洲专利局规定的期限内提交；或者，根据R53（3），可以在相同期限内提交有关欧洲专利申请是在先申请的完整译文的声明。声明必须明确地指明翻译是“完整的”，例如“相同的”或者“逐字逐句的”。淡化的或是改进形式的声明（例如，指明翻译“几乎是完整的”或者内容“实质是相同的”）不能被接受。这同样适用于声明明显不正确的情况（例如，如果一件欧洲申请要求多项优先权或者如果欧洲申请包含的内容多于或少于原始在先申请包含的内容）。在所有的这些情况中，都必须提交完整的译文。当欧洲申请在其申请日包含一些权利要求，而优先权申请在其申请日没有包含这些权利要求或者包含的权利要求比在后欧洲申请中的少时，这种声明不能接受。仅是申请各个部分的不同布局（例如，权利要求放在说明书前面或者相反），不影响这种声明的有效性，还可参见《欧洲专利局审查指南》A 部分第Ⅲ章第 6.8 节。

在欧洲专利局把在先申请的副本加入到申请文档中的情况下，也必须提交根据 R53（3）规定的译文或者声明（参见欧洲专利局通知，OJ EPO 2002，192）。

如果申请人已经把优先权文件的译文作为 R56 规定要求的一部分提供给欧洲专利局［参见指南 A-Ⅱ，5.4（7）］，以基于优先权申请本身证明遗漏了说明书或附图的一部分，则申请人不需要再次提交译文。

翻译请求不能通过电话提出（不管是否在期限内提出）。考虑到时间期限和其可能的法律地位，该请求必须以书面形式提出。既可以是单独发布，也可以随着其他的官方文件一同发出［如基于 A94（3）的通知书］。当基于 A54（3）对抵触申请进行“topping-up”检索时，优先权文件的译文可能仅仅在后续的程序中是必需的（参见指南 C-Ⅳ，7.1）。

如果在时间期限内没有提交要求的译文或者声明，则导致要求优先权有效的中间文件成为评估专利性的相关文件，该文件被认为是属于根据 A54（2）或者 A54（3）（如果适用的话，参见指南 A-Ⅲ，6.8）的现有技术。然而，为了法律稳定性起见，就其他任何一份欧洲专利申请而言，在确定 A54（3）目的的现有技术时，优先权仍然有效（参见指南 F-Ⅵ，2.1 和 3.5）。在这方面，由于在公开日后生效的变化不影响适用 A54（3），所以译文或者声明是否提交无关紧要。

如果要求的译文或者声明在时间期限内提交，理想的情况下随着答复意见一起提交，那么会对优先权有效性的程度和相应的实质性内容进行审查。

对基于 R53（3）的要求的答复可以仅以答复意见的形式做出，而不提供任何翻译或声明。在这种情况下，审查员将评估是否考虑优先权要求的有效性仍然很重要，从而导致是否仍然需要优先权文件的译文。例如，申请人可能会提出具有信服力的争辩意见来说明在优先权期限之内公开的文献事实上不影响新颖性（如开始所陈述的那样）。如果没有提出有说服力的争辩意见，那么由于基于 A87（1）的核实是必要的但又不可能做出，因此中间文件将被认定为属于现有技术。因而，倘若已经给过申请人基于 A94（3）发表意见的机会，因此申请将基于实质理由被驳回。这就是例如中间文件构成影响新颖性和 / 或创造性的文件的情况（如上）。

如果基于 R53（3）的要求提交了修改后的权利要求而不是翻译或是声明，那么审查员也会以类似的方式进行审查。为了进行审查，审查员将核实优先权要求的有效性在修改后是否仍然相关。

2. 中国专利局规定

对于国外优先权，中国《专利审查指南 2010》第一部分第一章第 6.2.1.3 规定：作为优先权基础的在先申请文件的副本应当由该在先申请的原受理机构出具。在先申请文件副本的格式应当符合国际惯例，至少应当表明原受理机构、申请人、申请日、申请号；不符合规定的，审查员应当发出办理手续补正通知书，期满未答复或者补正后仍不符合规定的，视为未提交在先申请文件副本，审查员应当发出视为未要求优先权通知书。

要求多项优先权的，应当提交全部在先申请文件副本，其中某份不符合规定的，审查员应当发出办理手续补正通知书，期满未答复或者补正后仍不符合规定的，视为未提交该在先申请文件副本，针对该在先申请文件副本对应的那项要求优先权声明，审查员应当发出视为未要求优先权通知书。

在先申请文件副本应当在提出在后申请之日起 3 个月内提交；期满未提交的，审查员应当发出视为未要求优先权通知书。

依照国家知识产权局与在先申请的受理机构签订的协议，国家知识产权局通过电子交换等途径从该受理机构获得在先申请文件副本的，视为申请人提交了经该受理机构证明的在先申请文件副本。

已向专利局提交过的在先申请文件副本，需要再次提交的，可以仅提交该副本的中文题录译文，但应当注明在先申请文件副本的原件所在案卷的申请号。

对于本国优先权，中国《专利审查指南 2010》第一部分第一章第 6.2.2.3 规定：在先申请文件的副本，由专利局根据规定制作。申请人要求本国优先权并且在请求书中写明了在先申请的申请日和申请号的，视为提交了在先申请文件副本。

中国专利局对于在先申请的译文则没有相关规定。

3. 对比分析

在申请欧洲专利并要求优先权的情况下，对于优先权副本的提交要额外注意，特别要注意其与中国专利局申请提交本国优先权时的不同。通常情况下，我国申请人申请欧洲专利通常会以我国的申请作为在先申请，这种情况下，必须向欧洲专利局提交在先申请文件的副本并提交在先申请的译文，同时在准备译文的时候需要注意译文的准确性；而如果是向中国专利局提交本国优先权的申请，则仅需要注明在先申请文件副本的原件所在案卷的申请号。因此申请人在申请欧洲专利时应注意及时提交在先申请的副本和译文。

4.4.6 其他规定

《欧洲专利局审查指南》F 部分第Ⅵ章第 3.5 节“放弃优先权要求”指出：申请人可在任何时候自愿放弃要求的优先权。如果申请人在申请文件公开的技术准备完成前放弃，则优先权日无效，同时延迟公开，直到申请日后 18 个月。如果在公开的技术准备完成后放弃，则申请文件仍然在最初要求的优先权日后 18 个月公开（参见指南 A-Ⅵ，1.1 和指南 G-Ⅳ，5.1.1）。

《欧洲专利局审查指南》F 部分第Ⅵ章第 3.6 节“有关优先权期限的重新确权”指出：申请人可以根据 A122 提交优先权期限的重新确权的请求（参见指南 A-Ⅲ，6.6）。根据 R136（1）的第二句话，有关在 A87（1）中规定的期限内重新确权的请求必须在该期限届满后 2 个月内提出。如果就优先权期限重新确权的请求被允许，则审查员应当仔细审查在此前检索报告或者审查意见通知书中引用的现有技术文件的相关性。

中国《专利审查指南 2010》第一部分第一章仅第 6.2.3 节针对本国优先权

进行了“优先权要求的撤回”规定：①申请人要求优先权之后，可以撤回优先权要求。申请人要求多项优先权之后，可以撤回全部优先权要求，也可以撤回其中某一项或者几项优先权要求。②申请人要求撤回优先权要求的，应当提交全体申请人签字或者盖章的撤回优先权声明。符合规定的，审查员应当发出手续合格通知书。不符合规定的，审查员应当发出视为未提出通知书。③优先权要求撤回后，导致该专利申请的最早优先权日变更时，自该优先权日起算的各种期限尚未届满的，该期限应当自变更后的最早优先权日或者申请日起算，撤回优先权的请求是在原最早优先权日起 15 个月之后到达专利局的，则在后专利申请的公布期限仍按照原最早优先权日起算。④要求本国优先权的，撤回优先权后，已按照《专利法实施细则》第 32 条第 3 款规定被视为撤回的在先申请不得因优先权要求的撤回而请求恢复。

第五章 欧洲专利局主要程序通知书探析

虽然欧洲专利局与中国专利局的主要审查过程十分相似，各种法规和细则的规定也大同小异，但实际审查过程中，欧洲专利局还是有一些显著的特点与中国专利局不同，结合实际案例详细分析欧洲专利局与中国专利局审查过程中差异较大的部分，使申请人能够对欧洲专利局的审查过程和审查意见有一个全面的了解，为处理欧洲专利局申请的欧洲专利局意见提供一定的参考。

本章将从审查过程中的具体程序出发，展示欧洲专利局与中国专利局审查过程中不同的具体审查程序，可以使申请人在收到欧洲专利局的通知文件后，清楚该如何处理。

5.1 欧洲专利局检索报告的发出及后续处理注意事项

在实质审查过程中，虽然检索报告的作出是必须的，但欧洲专利局和中国专利局出具检索报告的时机和具体作用上却有着显著不同。

5.1.1 欧洲专利局检索报告作出的时机

对于一项发明专利申请，中国专利局是在该申请进入实质审查程序后，通常由实审审查员作出首次检索报告，并且该检索报告通常会与第一次审查意见通知书同时发给申请人，但是在申请不具备实用性、说明书公开不充分、独立权利要求之间明显不具备单一性等情况下，实审审查员也可以视实际情况不进行检索。

而在欧洲专利局的审查程序中，检索报告的作出和具体的审查是分开的，检索报告通常是在申请公布之后、审查之前作出。并且在检索报告作出之前会发出“检索开始（Search Started）”的通知，该通知具体如图 5.1 所示。

Europäisches Patentamt
European Patent Office
Office européen des brevets

Application No.: 14900274.3

The search has started on 15.05.18 (see Notice from the European Patent Office dated 03/2013, OJ EPO 2013, 153).

Receiving Section

图 5.1　欧洲专利局检索开始（Search Started）通知的示例

5.1.2　欧洲专利局检索报告的具体内容

欧洲专利局检索报告中的内容与中国专利局检索报告中的内容基本相同，不同之处在于中国专利局的检索报告中检索信息与具体文件是在一个表单中，该表单不附带相关文件的同族信息，具体如图 5.2 所示；而欧洲专利局的检索报告中仅列出相关文件，同时附带相关文件的同族信息，具体如图 5.3 所示。至于欧洲专利局的检索信息，则会采用单独的文件检索策略信息（Information on Search Strategy）进行传送，具体如图 5.4 所示。

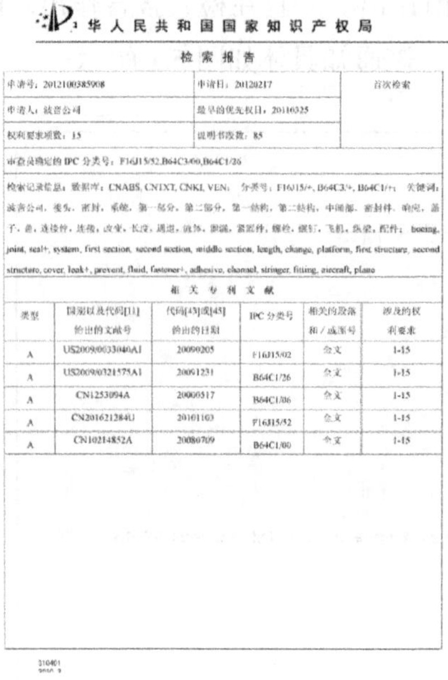

中华人民共和国国家知识产权局

检索报告

申请号：2012100385908	申请日：20120217	首次检索
申请人：波音公司	最早的优先权日：20110325	
权利要求项数：15	说明书段数：85	

审查员确定的 IPC 分类号：F16J15/52,B64C3/00,B64C1/26

检索记录信息：数据库：CNABS, CNTXT, CNKI, VEN；分类号：F16J15/+, B64C3/+, B64C1/+；关键词：波音公司，接头，密封，系统，第一部分，第二部分，第一结构，第二结构，中间部，密封件，响应，盖子，盖，连接件，连接，改变，长度，通道，流体，泄漏，紧固件，螺栓，螺钉，飞机，纵梁，配件；boeing, joint, seal+, system, first section, second section, middle section, length, change, platform, first structure, second structure, cover, leak+, prevent, fluid, fastener+, adhesive, channel, stringer, fitting, aircraft, plane

相关专利文献

类型	国别以及代码[11]给出的文献号	代码[43]或[45]给出的日期	IPC 分类号	相关的段落和/或图号	涉及的权利要求
A	US2009/0033040A1	20090205	F16J15/02	全文	1-15
A	US2009/0321575A1	20091231	B64C1/26	全文	1-15
A	CN1253094A	20000517	B64C1/06	全文	1-15
A	CN201621284U	20101103	F16J15/52	全文	1-15
A	CN10214852A	20080709	B64C1/00	全文	1-15

中华人民共和国国家知识产权局

相关非专利文献

类型	书名（包括版本号和卷号）	出版日期	作者姓名和出版者名称	相关页数	涉及的权利要求
类型	期刊或文摘名称（包括卷号和期号）	发行日期	作者姓名和文章标题	相关页数	涉及的权利要求

表格填写说明事项：

1．审查员实际检索领域的 IPC 分类号应当填写到大组和/或小组所在的分类位置。

2．期刊或其它定期出版物的名称可以使用符合一般公认的国际惯例的缩写名称。

3．相关文件的类型说明：

X：一篇文件影响新颖性或创造性；

Y：与本报告中的另外的Y类文件组合而影响创造性；

A：背景技术文件；

R：任何单位或个人在申请日向专利局提交的、属于同样的发明创造的专利或专利申请文件。

P：中间文件，其公开日在申请的申请日与所要求的优先权日之间的文件；

E：抵触申请。

审查员：

2015年05月12日

审查部门：专利审查协作江苏中心机械发明审查部

图 5.2　中国专利局检索报告示例

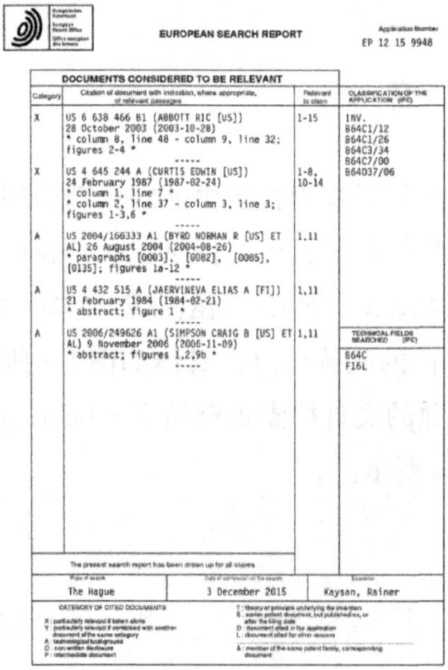

EUROPEAN SEARCH REPORT

Application Number
EP 12 15 9948

DOCUMENTS CONSIDERED TO BE RELEVANT

Category	Citation of document with indication, where appropriate, of relevant passages	Relevant to claim	CLASSIFICATION OF THE APPLICATION (IPC)
X	US 6 638 466 B1 (ABBOTT RIC [US]) 28 October 2003 (2003-10-28) * column 8, line 48 - column 9, line 32; figures 2-4 *	1-15	INV. B64C1/12 B64C1/26 B64C3/34 B64C7/00 B64D37/06
X	US 4 645 244 A (CURTIS EDWIN [US]) 24 February 1987 (1987-02-24) * column 1, line 7 * * column 2, line 37 - column 3, line 3; figures 1-3,6 *	1-8, 10-14	
A	US 2004/166333 A1 (BYRD NORMAN R [US] ET AL) 26 August 2004 (2004-08-26) * paragraphs [0003], [0082], [0085], [0135]; figures 1a-12 *	1,11	
A	US 4 432 515 A (JAERVINEVA ELIAS A [FI]) 21 February 1984 (1984-02-21) * abstract; figure 1 *	1,11	
A	US 2006/249626 A1 (SIMPSON CRAIG B [US] ET AL) 9 November 2006 (2006-11-09) * abstract; figures 1,2,9b *	1,11	TECHNICAL FIELDS SEARCHED (IPC) B64C F16L

The present search report has been drawn up for all claims

Place of search	Date of completion of the search	Examiner
The Hague	3 December 2015	Kaysan, Rainer

CATEGORY OF CITED DOCUMENTS

X : particularly relevant if taken alone
Y : particularly relevant if combined with another document of the same category
A : technological background
O : non-written disclosure
P : intermediate document
T : theory or principle underlying the invention
E : earlier patent document, but published on, or after the filing date
D : document cited in the application
L : document cited for other reasons
& : member of the same patent family, corresponding document

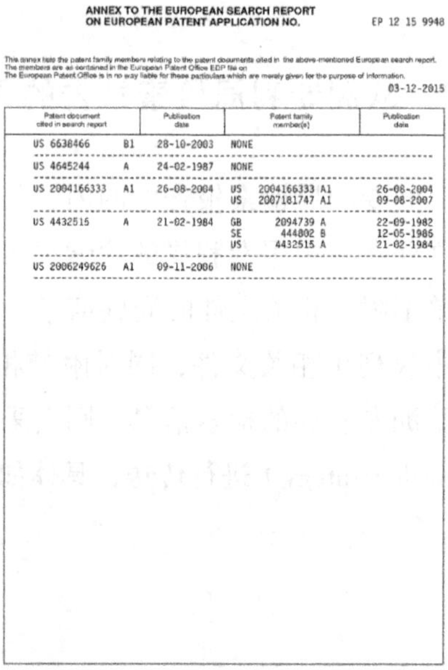

ANNEX TO THE EUROPEAN SEARCH REPORT
ON EUROPEAN PATENT APPLICATION NO. EP 12 15 9948

This annex lists the patent family members relating to the patent documents cited in the above-mentioned European search report.
The members are as contained in the European Patent Office EDP file on
The European Patent Office is in no way liable for these particulars which are merely given for the purpose of information.

03-12-2015

Patent document cited in search report	Publication date	Patent family member(s)	Publication date
US 6638466 B1	28-10-2003	NONE	
US 4645244 A	24-02-1987	NONE	
US 2004166333 A1	26-08-2004	US 2004166333 A1 US 2007181747 A1	26-08-2004 09-08-2007
US 4432515 A	21-02-1984	GB 2094739 A SE 444802 B US 4432515 A	22-09-1982 12-05-1986 21-02-1984
US 2006249626 A1	09-11-2006	NONE	

图 5.3　欧洲专利局检索报告示例

Information on Search Strategy - Pilot phase (see OJ 2015, A86)
The type of information contained in this sheet may change during the pilot for improving the usefulness of this new service.

Application Number
EP 12 15 9948

TITLE: JOINT SEALING SYSTEM

APPLICANT: The Boeing Company

IPC CLASSIFICATION: B64C1/12, B64C1/26, B64C3/34, B64C7/00, B64D37/06

EXAMINER: Kaysan, Rainer

CONSULTED DATABASES: WPI, ANSERA

CLASSIFICATION SYMBOLS DEFINING EXTENT OF THE SEARCH:

IPC:

CPC:

FI/F-TERMS:

KEYWORDS OR OTHER ELEMENTS FEATURING THE INVENTION:
Disclosed is a flexible sealing cover for a composite stringer structure. Other keywords: wet wing, fluid, fuel, liner, play, clearance, adhesive, glue, fastener, metal, alumin[,i]um, plastic, liquid

图 5.4　欧洲专利局文件检索策略信息（Information on Search Strategy）示例

随着检索报告的作出，欧洲专利局通常会同时作出相应的检索意见，针对检索意见将会在第 5.1.3 节具体分析。

5.1.3　收到欧洲专利局检索报告后的相应程序及处理

由于欧洲专利局检索报告做出的时机与中国专利局不同，因此其具体的作用与处理方式也与中国专利局有着不同之处。

由于中国专利局检索报告通常是随着第一次审查意见通知书发出的，申请人只需要结合第一次审查意见和检索报告进行答复即可。但欧洲专利局的检索报告是在审查之前做出的，因此，收到检索报告后部分对欧洲审查程序不了解的申请人不清楚如何处理，下面将对此进行相应解释。

在发出检索报告后欧洲专利公告中检索报告发布之后，欧洲专利局会及时给申请人发出一个通知，即“邀请确认是否继续本申请以及以书面意见或者修改本申请的方式纠正相关缺陷的通知”（Invitation to confirm maintenance of the application and to correct deficiencies in the written opinion/amend application），该通知指出申请人需要对申请的后续进行确认并修改申请文件中的缺陷，该通知的具体内容见表 5.1。

表 5.1 欧洲专利局发出的通知

原文	法条作用
Communication pursuant to Rules 70(2) and 70a(2) EPC and reference to Rule 39(1) EPC	指出本通知的法律依据。
The date on which the European Patent Bulletin mentions the publication of the European search report for the above-identified European patent application (publication number: 2502824) is 13.01.16.	指出欧洲检索报告的发布日期。
Since the request for examination has been filed (R. 70(1), Art. 94(1) EPC) prior to the transmission of the European search report, you are hereby invited to indicate whether you desire to proceed further with the application.	指出已经提出了审查请求，需要确定是否进行申请后续审查程序。
If you do not reply to this invitation within **six months** of the above-mentioned publication date, the application **will be deemed to be withdrawn** (R. 70(3) EPC).	6 个月内不回复，该申请将被视为撤回。
You are invited, within the above-mentioned six-month period, to comment on the objections raised in the opinion accompanying the European search report and/or to file any amendments to the description, claims and drawings correcting any deficiencies noted in the opinion (R. 70a(2), R. 137(2) EPC; Guidelines for Examination in the EPO, B-XI, 8).	指出在 6 个月内对检索意见提出的异议发表评论，并 / 或对申请文件进行修改。
If filing amendments, you must identify them and indicate the basis for them in the application as filed. Failure to meet either requirement may lead to a communication from the Examining Division requesting that you correct this deficiency (R. 137(4) EPC).	关于修改文件的格式要求。
Should the reply to the invitation pursuant to Rule 70a(2) EPC be filed in an admissible non-EPO language, a translation is to be submitted within one month of its filing (R. 6(2) EPC).	关于修改文件语言的规定。
Should you not comply with this invitation within the time limit, the application **will be deemed to be withdrawn** in accordance with Rule 70a(3) EPC.	进一步强调未回复该通知，申请将被视为撤回。

该通知明确指出了收到欧洲专利局检索报告后申请人需要如何回应，同时也可以看出欧洲专利局检索报告的重要性。

收到该通知后，申请人应当结合检索报告的内容做出是否进行后续审查的回应。由于已经收到欧洲专利局的检索报告，结合检索报告提供的文件及相应的检索意见，申请人会对本申请的走向有个初步的判断，如果能够确定申请明显不具备授权前景，则可以主动选择终止后续的程序，这与中国专利局现阶段实行的第一次审查意见通知书后申请人主动撤回的情况比较类似。如果申请人进行后续审查程序，则必须提交相应的回复。同时由于随欧洲专利局检索报告会收到欧洲专利局检索意见，因此在确定进行后续程序后，还需要在同样的期限内针对欧洲专利局的检索意见进行答复和/或对申请文件进行相应修改。

需要注意的是，如果存在其他费用未缴纳的情况，该通知可能会被缴费及提醒修改的通知所替代。因此在收到欧洲专利局检索报告后，申请人应当加强对欧洲专利局随后发出的通知的重视，并及时做出针对性的回应，以避免未作出及时回应而导致申请被视为撤回的情况。

5.1.4 欧洲专利局检索意见的效力及处理建议

上节中已经指出，在欧洲专利局检索报告作出之后，欧洲专利局通常会同时做出相应的检索意见并随检索报告一同发送给申请人。由于检索意见并不等同于中国专利局常见的审查意见通知书，因此下面将通过一个具体案例分析如何看待欧洲专利局检索意见以及如何针对其进行处理。

本案例的具体权利要求书见表5.2。

表5.2 权利要求书（节选）

原文	编者译
1. Coated O-ring (200) for forming a seal, the core (201) of the O-ring comprising a polymer and/or synthetic rubber, characterized in that the coating (202^a, 202^b) comprises an anorganic coating with a thickness between 10 nm and 1 pm, more specifically between 20 nm and 100 nm, most specifically between 20 nm and 50 nm, resulting in an O-ring that shows a lower permeation than an uncoated O-ring and where the coating shows little or no cracking when the local curvature of the O-ring in any direction is changed by 20%.	1. 用于形成密封的经涂覆的O形圈（200），所述O形圈的核（201）包括聚合物和/或合成橡胶，其特征在于涂层（202^a，202^b）包括无机涂层，所述无机涂层的厚度在10nm和1μm之间，更特别地，在20nm和100nm之间，最特别地，在20nm和50nm之间，导致O形圈表现出比未涂覆O形圈更低的渗透性，并且其中当所述O形圈的局部曲率在任何方向上改变20%时，所述涂层表现出很少的裂缝或无裂缝。
……	……
8. The O-ring of any of the preceding claims in which the O-ring shows a permeation for water that is at least ten times lower than for an uncoated O-ring.	8. 根据任意在前权利要求所述的O形圈，其中，所述O形圈表现出比未涂覆O形圈低至少10倍的对于水的渗透性。

欧洲专利局发出了检索报告和检索意见，申请人根据检索意见对权利要求

书和说明书进行了针对性的修改，审查开始后，欧洲专利局直接做出了拟授权通知并随后授权。

1. 欧洲专利局的具体检索报告和检索意见

欧洲专利局检索报告（European search report）仅给出了一篇 X 类文件：US2004/157035A1，涉及权利要求 1、4~8。具体如图 5.5 所示。

Europäisches Patentamt
European Patent Office
Office européen des brevets

EUROPEAN SEARCH REPORT

Application Number
EP 12 18 9255

DOCUMENTS CONSIDERED TO BE RELEVANT

Category	Citation of document with indication, where appropriate, of relevant passages	Relevant to claim	CLASSIFICATION OF THE APPLICATION (IPC)
X	US 2004/157035 A1 (GUIZZETTI ALLEN R [US] ET AL) 12 August 2004 (2004-08-12) * the whole document * -----	1,4-8	INV. F16J15/32 C23C14/08

图 5.5 X 类文件

同时欧洲专利局给出了检索意见（European search opinion），具体见表 5.3。

表 5.3 检索意见

原文	编者译
The examination is being carried out on the **following application documents** **Description, Pages** 1-5 as originally filed **Claims, Numbers** 1-8 as originally filed **Drawings, Sheets** 1/1 as originally filed Reference is made to the following document; the numbering will be adhered to in the rest of the procedure. D1 US 2004/157035 A1 (GUIZZETTI ALLEN R [US] ET AL) 12 August 2004 (2004-08-12)	
1. The present application does not meet the requirements of Article 52(1) EPC because the subject-matter of claim 1 does not involve an inventive step within the meaning of Article 56 EPC.	1. 指出权利要求 1 不具备创造性。权利要求 1 与 D1 的区别在于无机涂层的厚度参数，并说明只有当从 D1 公开范围

续表

原文	编者译
The subject-matter of claim 1 differs from the known low permeability O-ring disclosed by D1 in that the thickness of the anorganic coating mesures between 10nm and 1 μ m. Such a selection from the range described in D1 (see paragraph 21) can only be regarded as inventive if the thickness presents unexpected effects or properties. However, no such effects or properties are indicated in the application. Hence, no inventive step is present in the subject-matter of claim 1.	内选择的这些具体参数具有预料不到的技术效果时才具有创造性，但是在本申请中并未暗示这样的效果，因而权利要求 1 不具有创造性。
2.The additional features of dependent claim 2 are not disclosed in their present form in any of the documents cited in the search report. A new independent claim may be drafted to include these features, bearing in mind that the features known in combination in D1 should be placed in the preamble of such a claim in accordance with Rule 43(1) EPC.	2. 权利要求 2 的附加特征没有被任何检索报告引用的文件公开，建议申请人将权利要求 2 作为新的独立权利要求，并将 D1 公开的特征放入前序部分以满足 R43（1）的规定。
3.To meet the requirements of Rule 42(1)(b) EPC, D1 should be identified in the description and the relevant background art disclosed therein should be briefly discussed.	3. 指出将 D1 引入说明书中，以满足 R42（1）（b）的规定。

2. 申请人针对检索意见的具体回应

申请人根据欧洲专利局的检索意见对权利要求书和说明书进行了针对性的修改，提交了权利要求书和说明书的替换页，权利要求书和说明书的修改对照页，具体的权利要求书和说明书修改对照页如图 5.6 所示。

Claims

1. A ~~c~~Coated O-ring (200) for forming a seal, the core (201) of the O-ring comprising a polymer and/or synthetic rubber, the O-ring comprising an anorganic coating, ~~characterized in that~~ the anorganic coating (202^a, 202^b) ~~comprises an anorganic coating with~~having a thickness between 10 nm and 1 μm, more specifically between 20 nm and 100 nm, most specifically between 20 nm and 50 nm, **characterized in that** the anorganic coating is a coating comprising a metal oxide, more specifically a metal oxide from the group of SiO_2, Al_2O_3, and TiO,

resulting in an O-ring that shows a lower permeation than an uncoated O-ring and where the coating shows little or no cracking when the local curvature of the O-ring in any direction is changed by 20%.

~~1. The O-ring of claim 1 In which the coating is a coating comprising a metal oxide, more specifically a metal oxide from the group of SiO_2, Al_2O_3, and TiO.~~

2. The O-ring of claim 1~~2~~ in which the coating comprises two layers, a layer (202^a) of Al_2O_3 in contact with the core of the O-ring and a layer (202^b) of SiO_2 surrounding the layer of Al_2O_3.

（a）

Coated O-ring

[0001] The invention relates to a coated O-ring for forming a seal, the core of the O-ring comprising a polymer and/or synthetic rubber, the O-ring- comprising an anorganic coating, the anorganic coating (202^{a}, 202^{b}) having a thickness between 10 nm and 1 μm, more specifically between 20 nm and 100 nm, most specifically between 20 nm and 50 nm

[0002] Coated O-rings, also known as encapsulated O-rings, are well known, for example Fluoroelastomer O-rings with a FEP or PFA coating. The coating is used to enhance a property of the O-ring, such as its chemical resistance or its mechanical behavior (the coating may, for example, have a lubricating effect). See, for example, the internet publication "FEP- or PFA-Encapsulated O-rings" by KED seals [-1-].

~~[0002]~~[0003] Another such example is US patent application publication US2004/0157035A1 to Guizzetti et al. Here a low cost core of a synthetic elastomere is coated with, for example, PTFE, FEP or the like to form a low permeation O-ring usable with a low load.

~~[0003]~~[0004] O-rings are used to form a seal between a high-pressure environment and a low-pressure environment. The O-ring can thus divide, for example, atmosphere from the inside of a pressurized bottle with e.g. steam liquid propane/butane at room temperature, or it can form the division between atmosphere and vacuum. Especially in the latter application the diffusion of gases and vapors through the O-ring can determine the final pressures of the vacuum, see e.g. the internet publication "A journal of practical and useful vacuum technology" by Phil Danielson [-2-].

（b）

图 5.6　权利要求书和说明书修改

在实质审查程序开始后，由于申请人针对检索意见提交了针对性的权利要求书和说明书，克服了相关缺陷，欧洲专利局直接发出了拟授权通知并最终作出授权决定。

3. 分析和建议

由于欧洲专利局会首先发出检索报告和检索意见，因此申请人在收到欧洲专利局的检索报告和检索意见之后，应当审慎分析检索报告中给出的文件及相应的检索意见，客观评判其对本申请授权前景的影响，从而针对性地进行答复和 / 或修改并及时提交到欧洲专利局。虽然欧洲专利局的检索意见是在审查开始之前作出的且并不是审查意见通知书，但由于其提供了足够的信息，申请人应当将欧洲专利局的检索意见视为一次审查意见通知书，切莫以为检索意见仅是检索报告的一个附件，不需要特殊处理，然后就等待后续的审查意见，从而忽视了检索意见的作用并丧失宝贵的修改时机，从而导致后续审查出现困难。

5.2 PCT 申请进入欧洲阶段

PCT 申请进入欧洲阶段后，欧洲专利局会先发出通知书，告知申请人该案已进入欧洲审查阶段，可以在 1 个月内对申请文件进行修改。对于 PCT 国际检索报告和检索意见均由欧洲专利局做出的案件，如果申请人未提交修改文本，欧洲专利局的第一次审查意见直接告知申请人参考 PCT 国际检索报告和 PCT 国际初审报告。对于 PCT 国际检索报告和检索意见不是由欧洲专利局作出的案件，如果申请人未提交修改文本，欧洲专利局将会以原始文本作为补充检索的基础。对于前一类案件，申请人可以利用该次修改机会加快审查进程，对于后一类案件，申请人可以先根据 PCT 检索报告的具体情况确定是否以及如何进行修改，然后综合考虑欧洲专利局的补充检索报告，从而获得更全面、更深入的检索信息。

5.2.1 国际检索报告由欧洲专利局作出的情况

1. 欧洲专利局第一次审查意见通知书为“参见 PCT 国际初审报告”

该案的 PCT 国际检索报告和 PCT 国际初审报告均由欧洲专利局作出。在进入欧洲审查阶段后，欧洲专利局先发出通知书，告知申请人该案已进入欧洲审查阶段，可以对申请文件进行修改，如果申请人未提交修改文本，欧洲专利局的第一次审查意见直接告知申请人参见 PCT 国际初审报告。

2. 欧洲专利局通知书

欧洲专利局发出通知书，告知申请人审查进入欧洲阶段，申请人可以对申请文件进行修改，通知书正文见表 5.4。

表 5.4　通知书正文

欧洲专利局审查意见原文	编者译
Communication pursuant to Rules 161 and 162 EPC	根据 R161 和 R162 的通知
(1) Amendment of application documents, especially the claims (R. 161 EPC) The above mentioned international (Euro–PCT) application has entered the European phase. Under Articles 28, 41 PCT, Rules 52, 78 PCT and Rule 137(2) to (4) EPC, the applicant may amend the application documents after receiving the international search report.	（1）修改申请文件，尤其是权利要求书（R161） 上述国际申请（欧洲 -PCT）已进入欧洲阶段。 根据 A28、A41、R52、R78、R137（2）~（4），申请人可以在收到国际检索报告后修改申请文件。
Whether or not he has already done so, he now has a further opportunity to file amended claims or other application documents within a non–extendable period of ONE MONTH after notification of the present communication (R. 161 EPC). The claims applicable on expiry of the above time limit, i.e. those filed on entry into the European phase or in response to the present communication, will form the basis for the calculation of any claims fee to be paid and for any supplementary search to be carried out under Article 153(7) EPC (R. 161 EPC).	无论是否已经这样做，现在都有进一步的机会在收到本通知后的不可延期的一个月的时间内提出修改后的权利要求或其他申请文件。（R161） 在上述期限届满时适用的权利要求，即进入欧洲阶段或根据本通知提交的权利要求，将构成计算应支付的任何权利要求费用的基础且也是根据 A153（7）（R161）进行补充检索的基础

通知书第 2 页关于费用的信息如图 5.7 所示，对于该案，告知申请人所有需要的费用已付。

(2) Claims fees under Rule 162 EPC

If the application documents on which the European grant procedure is to be based comprise more than fifteen claims, a claims fee shall be payable for the sixteenth and each subsequent claim within the period provided for in Rule 159(1) EPC.

☑ Based on the application documents currently on file, all necessary claims fees have already been paid (or the documents do not comprise more than 15 claims).

☐ All necessary fees will be/have been debited automatically according to the automatic debit order.

☐ The claims fees due for the claims ………… to ………… were not paid within the above-mentioned period.

Any non-paid claims fee, either based on the current set of claims or on any amended claims to be filed pursuant to Rule 161 EPC (see page 1), may still be validly paid within a non-extendable period of **one month** after notification of this communication (R. 162(2) EPC).

If a payment is made for only some of the claims, it must be indicated for which claims it is intended. If a claims fee is not paid in due time, the claim concerned is deemed to be abandoned (R. 162(4) EPC).

If claims fees have already been paid, but on expiry of the above-mentioned period there is a new set of claims containing fewer fee-incurring claims than previously, the claims fees in excess of those due under Rule 162(2), 2nd sentence EPC will be refunded (R. 162(3) EPC).

You are reminded that any supplementary search under Article 153(7) EPC will relate only to the last set of claims applicable on expiry of the above period AND will be confined to those fee-incurring claims for which fees have been paid in due time.

The present amount of the claims fee is

EUR 200 for the 16th and each subsequent claim up to the limit of 50
EUR 500 for the 51st and each subsequent claim

Note to users of the automatic debiting procedure
Unless the EPO receives prior instructions to the contrary, the fees for all claims incurring fees will be debited on the last day of the period for payment. For further details see the Arrangements for the automatic debiting procedure, Supplement to OJ EPO 3/2009.

图 5.7　费用的信息

对于该案，申请人未提交修改文件，欧洲专利局后续发出第一次审查意见通知书，该通知书中仅简单地指出 PCT 国际初审报告中指出的缺陷也同样适用于欧洲阶段，没有再补充其他意见。相关通知书见表 5.5。

表 5.5　第一次审查意见通知书

欧洲专利局审查意见原文	编者译
An International Preliminary Report on Patentability has already been drawn up for the present application in accordance with the PCT. The deficiencies mentioned in that report give rise to objections under the corresponding provisions of the EPC.	已经根据 PCT 为本申请起草了关于可专利性的国际初步报告。该报告中提到的缺陷也违反 EPC 相应条款的规定。

之后，申请人根据国际检索报告给出的对比文件和意见进行修改和答复。

3. 分析与建议

对于 PCT 国际检索报告 / 初审是欧洲专利局作出的案件，在进入欧洲专利局审查阶段后，如果国际检索报告 / 初审意见指出了相关的缺陷而申请人却没有修改，欧洲专利局会直接发出一个简单的通知书，告知申请人国际检索报告 / 初审指出的缺陷适于欧洲审查。

对于该类案件，如果申请人想尽快得到授权，可以在国际审查阶段或者进入欧洲专利局审查阶段时进行有针对性的修改，这样避免收到一个参见式的通知书，可以缩短审查周期。

5.2.2 案件在欧洲专利局开始检索后撤回

退费主要涉及检索费和实质审查费的退费。在检索部门启动检索之前申请已经视为撤回、主动撤回的，检索费全额退回。已经启动检索的申请，检索费的退回比例取决于在先申请检索结果（在先申请的检索由欧洲专利局作出）的可利用程度。实质审查费的退还比例取决于申请是否进入实质审查部门以及实质审查部门是否进行实质审查。如果申请在进入实质审查部门之前已经视为撤回、主动撤回，则实质审查费全额退回。如果申请已进入实质审查部门，但是尚未开始实质审查，则实质审查费可以退回 75%。

本案国际检索报告由日本专利局做出，给出涉及全部权利要求的多篇 X、Y 类对比文件。该案欧洲专利局发出开始检索的通知书后，又发出通知书，由于存在多项同类独立权利要求，告知申请人表明要求检索的权利要求，如果不指明将对第一组进行检索，申请人提交主动撤回的申请，并要求退费。欧洲专利局确认可以退审查费和文件复印费，之后将相关费用退还申请人（图 5.8）。

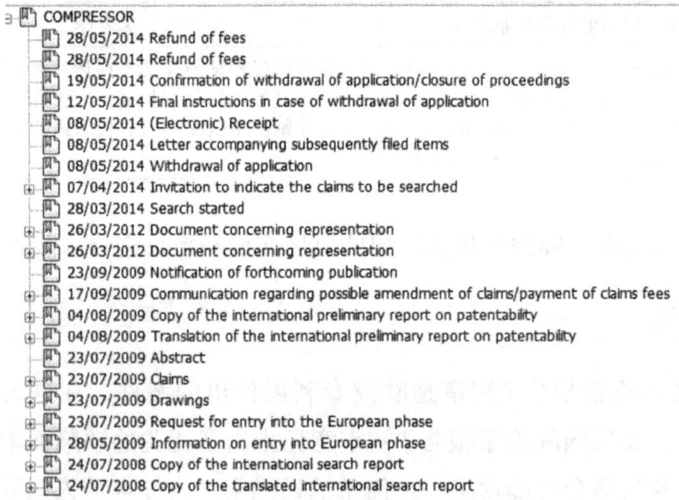
COMPRESSOR
28/05/2014 Refund of fees
28/05/2014 Refund of fees
19/05/2014 Confirmation of withdrawal of application/closure of proceedings
12/05/2014 Final instructions in case of withdrawal of application
08/05/2014 (Electronic) Receipt
08/05/2014 Letter accompanying subsequently filed items
08/05/2014 Withdrawal of application
07/04/2014 Invitation to indicate the claims to be searched
28/03/2014 Search started
26/03/2012 Document concerning representation
26/03/2012 Document concerning representation
23/09/2009 Notification of forthcoming publication
17/09/2009 Communication regarding possible amendment of claims/payment of claims fees
04/08/2009 Copy of the international preliminary report on patentability
04/08/2009 Translation of the international preliminary report on patentability
23/07/2009 Abstract
23/07/2009 Claims
23/07/2009 Drawings
23/07/2009 Request for entry into the European phase
28/05/2009 Information on entry into European phase
24/07/2008 Copy of the international search report
24/07/2008 Copy of the translated international search report

图 5.8 审查和退费过程

1. 欧洲专利局审查意见及申请人答复

检索开始的欧洲专利局通知书见图 5.9。

Europäisches Patentamt
European Patent Office
Office européen des brevets

Application No.: 08703058.1

The search has started on 28.03.14 (see Notice from the European Patent Office dated 03/2013, OJ EPO 2013, 153).

Receiving Section

图 5.9 欧洲专利局通知书——检索开始

要求指定权利要求欧洲专利局通知书见图 5.10。

Invitation pursuant to Rule 62a(1) EPC

In the above-mentioned European patent application as filed, the search division has identified multiple independent claims in the same category. In accordance with Rule 62a(1) EPC, the applicant is invited to indicate the claims complying with Rule 43(2) EPC on the basis of which the search is to be carried out.

The following groups of independent claims in the same category have been identified:

Category apparatus Independent claims 1, 7

You are invited to file the required indication within a period of

two months

from the notification of this communication.

If the indication is filed in due time, the subsequent search report will be issued with respect to the relevant claim / claims in the category concerned.

Failure to comply with this invitation in due time will result in the search report being drawn up on the basis of the first independent claim in each category (R. 62a(1) EPC). Should the applicant contest the objection under Rule 62a EPC, a final decision on the matter may be taken in the course of substantive examination proceedings before the Examining Division.

Re-establishment of rights (Art. 122 EPC)

An applicant who, in spite of all due care required by the circumstances having been taken, was unable to observe a time limit, shall have his rights re-established upon request, provided that the time limits and other requirements of Rule 136(1) and (2) EPC are met.

图 5.10 欧洲专利局通知书——要求指定权利要求

申请人请求撤回并退费的情况见图 5.11。

We hereby **withdraw** the above mentioned application and request a refund of fees.

Prof. Dr. Heinz Goddar

图 5.11 申请人请求撤回并退费

欧洲专利局发出通知书确认撤回，表明可以退费的项目（图 5.12）。

Confirmation of termination of proceedings

☑ Your letter dated 08-05-2014........., by which the above-mentioned European patent application has been withdrawn, was received by the EPO on 08.05.14. The proceedings are terminated as from that date.

☐ The publication of the application has been prevented.

☐ The EPO's communication of .... (EPO Form ....) has become final. The proceedings are terminated.

☐ No fees will be refunded.

☑ Directorate Treasury and Accounts has been instructed to refund the following fee(s):

☑ 100% examination fee (Art. 11(a) RFees)

☐ 75% examination fee (Art. 11(b) RFees)

☐ search fee (Art. 9(1) RFees)

☑ fee for cited documents

图 5.12　欧洲专利局发出通知书确认撤回

之后欧洲专利局退费。

2. 分析与建议

该案的撤回和退费申请是在欧洲专利局发出检索开始的通知书后，并且在审查员让申请人指明检索对象之后提出，因此不能够全额退费。

该案还在检索部门，没有进入实质审查部门，因此实质审查费全部退回。

对于同类的多组权利要求，审查员在检索前会发出通知书要求申请人指明选定哪一组，如果不选定将检索第一组。因此，在撰写时应当把最重要的一组放在第一位。

5.3　年费缴纳

专利申请涉及多种费用，对于在欧洲专利局申请的专利而言，欧洲专利申请的年费是一项重要的费用，其缴纳情况会对实质审查程序产生重要影响，以下通过一件欧洲专利局申请案例，对欧洲专利申请年费的缴纳程序及其影响加以具体说明。

1. 本案欧洲专利局审查过程

1）审查程序

2013 年 7 月 3 日，欧洲专利局启动检索；

2013 年 7 月 17 日，欧洲专利局发出检索报告和检索意见；

2014 年 3 月 11 日，申请人提交了对申请文件的修改；

2015 年 5 月 7 日，欧洲专利局发出通知书提醒申请人缴纳年费和附加费；

2015 年 10 月 26 日，欧洲专利局发出由于没有缴纳年费而导致视为撤回的通知；

2016 年 1 月 26 日，欧洲专利局发出通知关闭本申请；

2016 年 2 月 3 日，欧洲专利局发出通知退还实质审查费。

2）年费缴纳通知书

欧洲专利局发出的年费缴纳通知书（摘要）见表 5.6。

表 5.6　年费缴纳通知书

年费缴纳通知书（摘要）	编者译
Notice drawing attention to Rule 51(2) EPC, Article 2 No. 5 of the Rules relating to Fees, –Payment of the renewal fee plus additional fee – The renewal fee for the 03. year fell due on 31.03.15 unless this date falls within the period covered by an interruption of the proceedings in accordance with Rule 142(1) EPC, or a request for re–establishment of rights is pending (Art. 122, R. 51(4) EPC). The current rate of the renewal fee amounts to EUR 465,00 (see current Schedule of fees and costs). The renewal fee was not paid by the due date. The renewal fee may still be validly paid up to the last day of the sixth calendar month following the due date, provided that the additional fee (50% of the renewal fee) is paid at the same time, see OJ EPO 2008, 5. Within the above period, which cannot be extended, the following fees are to be paid: Renewal fee for the 03. year:　EUR　465,00 Additional fee:　EUR　232,50 TOTAL AMOUNT　EUR　697,50 If the renewal fee and the additional fee are not paid in due time, the European patent application shall be deemed to be withdrawn (Art. 86(1) EPC). Note to users of the automatic debiting procedure The normal time limit for payment of the above renewal fee had already expired when the automatic debit order was received. The renewal fee and the surcharge will be debited automatically on the last day of the six–month period (see Supplementary publication 4 – OJ EPO 2014).	提请注意 R51（2），A2（5）有关费用的通知——年费的支付和额外费用。 第 3 年的年费，应于 2015 年 3 月 31 日到期，除非该日期在根据 R142（1）涉及的程序中断的期限中，或正在审理重新确立权利的请求［A122，R51（4）］。 年费的当前费率为 465.00 欧元（见当前费用和成本表）。 年费未在到期日前支付。 年费在到期日后第 6 个月的最后一天可有效支付，前提是额外费用（年费的 50%）同时支付，见 OJ EPO 2008，5。 在上述不能延长的期限内，应支付下列费用： 第 3 年的续费：　465.00 欧元 附加费：　232.50 欧元 总额　697.50 欧元 如果年费和附加费未及时支付，则应视为撤回欧洲专利申请［A86（1）］。 自动借记程序用户注意事项 当收到自动借记单时，上述年费的正常支付期限已经到期。年费和附加费将在 6 个月期间的最后一天自动借记（见补充出版物 4–OJ EPO 2014）。

续表

年费缴纳通知书原文	编者译
Important information concerning fee amounts Following any amendment to the Rules relating to Fees, the amount(s) mentioned in this communication may be different from the amount(s) actually due on the date of payment. The latest version of the Schedule of fees and expenses, published as a Supplement to the Official Journal of the EPO, is also available on the EPO website (www.epo.org) and can be found under www.epo.org/schedule-of-fees, which allows the viewing, downloading and searching for individual fee amounts, both current and previous. Please note that procedural fees are usually adjusted every two years, on even years, with effect from 1 April. Payments by cheque delivered or sent direct to the EPO are no longer accepted as from 1 April 2008 (see OJ EPO 2007, 626).	有关费用金额的重要信息，在对有关费用的规则进行任何修订后，本函中提及的金额可能与付款日实际到期的金额不同。最新版本的费用和开支表作为《欧洲专利局官方期刊》的补充出版，也可在欧洲专利局网站（www.epo.org）上查阅，并可在 www.epo.org/schedule-of-fees 下找到，该网站允许查看、下载和搜索当前和以前的个人费用金额。 请注意，手续费通常每两年调整一次，偶数年调整一次，从 4 月 1 日起生效。 自 2008 年 4 月 1 日起，不再接受通过支票直接向欧洲专利局支付的款项（见 OJ EPO 2007，626）。

随后欧洲专利局发出了因未缴费而视为撤回通知书，见表 5.7。

表 5.7　因未缴费而视为撤回通知书

视为撤回通知书原文	编者译
Reference: CKC130301PEP **Application No./Patent No:** **13001126.5 – 1606/ 2636865** **Applioant/Proprietor** **Calsonic Kansei Corporation**	
Noting of loss of rights pursuant to Rule 112(1) EPC。The European Patent application is deemed to be withdrawn under Article 86(1) EPC. The renewal fee for the 03. year and the additional fee have not been paid in due time / not been paid in full in due time. **Means of redress** **Request for a decision (R. 112(2) EPC)** If the applicant considers that the finding of the European Patent Office is inaccurate, he may, within a (non-extendable) period of two months after notification of this communication, apply in writing for a decision on the matter. The application can only lead to the finding being reversed if this does not actually correspond to the factual or legal situation.	**关于根据 R112（1）的权利损失的通知。根据 A86（1），欧洲专利申请被视为撤回。** 第 3 年的续费和附加费未按时支付 / 未按时足额支付。 救济手段 请求作出决定［R112（2）］ 如果申请人认为欧洲专利局的调查结果不准确，他可以在收到通知后的 2 个月内（不可延长）以书面形式申请就此事作出决定。只有在这与事实或法律情况不符的情况下，申请才能导致裁决被推翻。

续表

视为撤回通知书原文	编者译
Re-establishment of rights (Art. 122 EPC) The applicant who, in spite of all due care required by the circumstances having been taken, was unable to observe the time limit, shall have his rights re-established upon request, provided that the time limits and other requirements of Rule 136(1) and (2) EPC are met. **Request under Article 7(3) and (4) Rules relating to Fees** The fee is considered to have been paid in due time if, within a period of two months from notification of this communication and in accordance with the requirements under Article 7(3) and (4) Rules relating to Fees, evidence is provided to the EPO that the payment was effected in an EPC Contracting State within the period in which the payment should have been made and, if applicable, the surcharge of 10% of the relevant fee(s) is paid. Office europeen des brevets For the Examining Division	重新确立权利（A122） 尽管已采取了所有必要的谨慎措施，但申请人未能遵守时限，在符合 R136（1）和 R136（2）的时限和其他要求的情况下，有权根据要求重新确立其权利。 **根据 A7（3）和 A7（4）关于费用的规则提出的请求** 如果根据 A7（3）和 A7（4）有关费用的规定，在收到通知后 2 个月内，费用被视为已按时支付，向欧洲专利局提供的证据表明，付款是在本应付款的期限内在一个 EPC 缔约国完成的，如适用，还应支付相关费用 10% 的附加费。 欧洲专利局审查部

欧洲专利局最后发出的退还实质审查费通知如图 5.13 所示。

退还实质审查费通知书

Refund of fees

The following fee(s) was (were) paid in respect of the application 13001126.5:

Fee	Reference	Voucher NO	Date	Currency	Amount
Examination fee	006	00058744	06.03.13	EUR	1555,00

The fee(s) was (were) paid by Hoefer & Partner-

According to the present state of the file the refund will be made by:

CREDITING THE DEPOSIT ACCOUNT 28000600 Hoefer & Partner.

Amount refundable:	Reference	Currency	Amount	Voucher No
	006	EUR	1,166,25	00544766

Reason for refund: Application withdrawn, refused or deemed to be withdrawn after Examining Division has assumed responsibility but before substantive examination has begun (75 % of the examination fee refunded)

（a）

译文

费用退还

就申请 13001126.5 已经支付了以下费用：

费用	参考	单据号	日期	货币	金额
实审费	006	00058744	2013 年 6 月 3 日	欧元	1555.00

费用由 Hoefer & Partner 支付 –

根据文件的当前状态，退款方式如下：
记入存款账户 28000600 Hoefer & Partner。

参考凭证无日期货币

可退还费用	参考	货币	金额	单据号
	006	欧元	1166.25	00544766

退款理由：审查部门承担责任后，实质性审查开始前，申请被撤回、拒绝或视为撤回（退还审查费的 75%）

（b）

图 5.13　欧洲专利局最后发出的退还实质审查费通知

2. 欧洲专利和中国专利的年费规定对比

欧洲专利和中国专利的年费规定对比见表 5.8。

表 5.8　欧洲专利和中国专利的年费规定对比

欧洲专利申请的年费（Renewal fees for the European patent application）	欧洲专利年费（Renewal fees for European patents）	中国专利年费
第八十六条　欧洲专利申请的年费 （1）对于欧洲专利申请应根据实施细则的规定，向欧洲专利局缴纳年费。该年费自申请日算起，从第 3 年开始每年缴纳。 （2）如果在到期日或在该日以前未缴纳年费，在到期后的 6 个月内缴纳仍然有效，但是，应同时缴纳滞纳金。 （3）如未按期缴纳年费和滞纳金，欧洲专利申请应视为撤回。只有欧洲专利局有权作出此项决定。 （4）在公布授予欧洲专利通知当年的年费缴纳后，缴纳年费的义务即将告终止。	第一百四十一条　欧洲专利年费 （1）欧洲专利年费只在第 86 条第 4 款所指年份之后，才开始征收。 （2）欧洲专利年费的支付在授予专利的公布后两个月内到期，只要在该期限内支付了年费，就可视为有效支付。不应收任何按国家法规定的其他费。	第四十三条 专利权人应当自被授予专利权的当年开始缴纳年费。 第四十四条有下列情形之一的，专利权在期限届满前终止： （一）没有按照规定缴纳年费的； （二）专利权人以书面声明放弃其专利权的。 专利权在期限届满前终止的，由国务院专利行政部门登记和公告。

3. 欧洲专利和中国专利的年费缴纳差异分析

通过以上案件审查过程及欧洲专利和中国专利关于年费的相关规定，可以看出欧洲专利和中国专利的年费缴纳存在以下主要差异：

（1）欧洲专利的年费分为两种，即欧洲专利申请的年费和欧洲专利年费，而中国的年费则只有一种，其对应于欧洲专利年费；

（2）欧洲专利申请年费自申请日算起的第3年开始每年缴纳，至公布授予欧洲专利通知当年的年费缴纳后，缴纳义务终止。

（3）对于欧洲专利申请的年费，如果未及时缴纳，可能会导致欧洲专利申请被视为撤回；如果视为撤回发生在实质审查程序启动之前，那么会退还部分实质审查费。

可见，由于欧洲申请增加了“欧洲专利申请的年费”这一缴费项目，由于该年费的缴纳可能在实质审查期间发生，并且未及时缴纳年费会导致欧洲被视为撤回的结果。因此，对于欧洲申请而言，应当在实质审查程序中重视欧洲申请年费的缴纳。作为对比，年费在中国是自被授予专利权的当年开始缴纳。因而在中国的实质审查过程中，不可能出现像以上案例那样的，因为未缴纳年费而导致视为撤回的情况。

4. 分析与建议

欧洲申请的年费，包括“欧洲专利申请的年费”和“欧洲专利年费”，其分别适用于不同的审查阶段；申请人应当对其差别予以重视，及时缴纳相关费用，以避免自身权益的损失。

5.4　欧洲专利局的口头审查过程

除了检索意见及审查意见，欧洲专利局通常会在审查过程中采用口头程序的审查，下面将通过案例具体分析欧洲专利局口头审查程序的特点及应对方式。

1. 欧洲专利局审查过程

欧洲专利局检索报告和检索意见发出后，申请人进行了针对性修改。

开始审查后，欧洲专利局发出了第一次审查意见通知书，申请人进行了答复及修改。

欧洲专利局后续发出了第二次审查意见通知书，申请人进行了答复和修改。

后续欧洲专利局采用了口头程序进行了审查，申请人针对口头程序意见提交了答复和修改。

欧洲专利局作出了授权决定。

2. 欧洲专利局口头程序

欧洲专利局的第一次审查意见通知书和第二次审查意见通知书均评述了权利要求 1 的创造性，在第二次审查意见通知书后，由于审查小组与申请人仍存在争议，申请人仅修改了说明书，未修改权利要求书，在此情况下，欧洲专利局采用了电话沟通进行口头程序。

事实上欧洲专利局的口头程序是比较常用的审查手段，例如，在每次审查意见的结尾，欧洲专利局均会提醒申请人后续口头程序，具体见表 5.9。

表 5.9　后续口头程序的提醒

原文	编者译
It is not at present apparent which part of the application could serve as a basis for a new, allowable claim. Failure to address the novelty objections above will result in refusal of the application. However, in accordance with the applicants' request, Oral Proceedings will be carried out before any final decision is taken. Unless the claims are substantially amended, these Oral Proceedings will be arranged as the next action of the Examining Division.	目前尚不清楚该申请的哪一部分可以作为新的允许的权利要求的基础。无法解决上述新颖性异议将导致申请被拒绝。但是，根据申请人的要求，将在做出任何最终决定之前进行口头审理。除非对权利要求进行实质性修改，否则将安排这些口头审理程序作为审查部门的下一步行动。

需要注意的是欧洲专利局的电话沟通与中国专利局审查时采用的电话沟通有着很大不同。通常中国专利局为了节约审查程序，审查员也会在实质审查程序中视情况采用电话的方式与申请人进行沟通，但中国专利局电话沟通的问题

通常比较简单，虽然审查员会及时记录电话沟通的具体内容，但电话记录一般都不具备法律效力，且电话沟通后申请人可以选择回复与否，例如，提交主动补正等，而如果申请人选择不回复或者未及时回复，审查员则必须再次发出审查意见通知书或作出审查决定。

而欧洲专利局的电话沟通虽然沟通的内容有可能与中国专利局相同，但电话沟通后，欧洲专利局会就电话沟通的内容和结果发送正规的电话沟通文件给申请人，并告知申请人答复期限，如果在规定的答复期限内未进行回应，则会导致申请被视为撤回。

对于本案，发送给申请人的具体电话沟通文件包括三部分，第一部分为“Result of consultation by telephone/in person”“Consultation by telephone/in person”和“Annex to the communication”。三部分的具体内容见图5.14、表5.10及表5.11。

Application No. : 14 823 700.1

Consultation by telephone with the applicant / representative

Despatch with a time limit of 2 month(s)

Participants

Applicant: NOK Corporation

Representative: TBK - Wolfgang Wittmann

Member(s) of the Examining Division: Juvenelle, Cyril

Result of consultation

See Separate Sheet

23.11.2018
Date

Juvenelle, Cyril
Examiner

Enclosure(s):

图 5.14 电话沟通结果

表 5.10 电话沟通

原文	编者译
Communication pursuant to Article 94(3) EPC Examination of the above application has revealed that, for the reasons enclosed herewith which – at least partly – reflect the result of consultation by telephone on 23.11.2018, it does not meet the requirements of the European Patent Convention. If the deficiencies indicated are not rectified the application may be refused pursuant to Article 97(2) EPC.	对上述申请的审查表明，由于随附的原因（至少部分地反映了 2018 年 11 月 23 日电话咨询的结果），它不符合《欧洲专利公约》的要求。如果指出的缺陷没有得到纠正，则根据 A97（2）可以拒绝该申请。
You are invited to file your observations and insofar as the deficiencies are such as to be rectifiable, to remedy the indicated deficiencies within a period of **2 months** from notification of this invitation.	指出 2 个月内纠正所指出的缺陷。
The time limit is calculated in accordance with the provisions of Rule 126(2), 131(2) and (4) EPC. One set of amendments to the description, claims and drawings is to be filed within the said period on separate sheets (R. 50(1) EPC). If filing amendments, you must identify them and indicate the basis for them in the application as filed. Failure to meet either requirement may lead to a communication from the Examining Division requesting that you correct this deficiency (R. 137(4) EPC).	期限和修改要求。
Failure to reply to this invitation in due time will result in the European application being deemed to be withdrawn (Art. 94(4) EPC).	如果未能及时答复，将导致欧洲申请被撤回。

表 5.11 沟通文件的附件

原文	编者译
The examiner called the applicant to clarify the wording of present claim 1 (13.03.2018). The expression "the flow-guiding net portion (21,21a, 21X, 21 Xa, 21Z, 21ZZ) is configured such that a mesh thereof is fine in a vicinity of a center of a flow passage in the intake pipe and becomes coarser with distance from the vicinity of the center" is considered by the applicant to be a difference against figure 7 of D6 because figure 7 of D6 shows a radial dimension between the arc-shaped portions that is becoming smaller. The examining division disagrees, because figure 20 of the application (embodiment claimed) shows also a radial dimension of the peripherial openings which is smaller. Consequently, the expression above is to be considered as unclear or very broad.	审查小组要求申请人澄清当前权利要求 1 的措词（13.03.2018）。 申请人认为表述"导流网部（21，21a，21X，21Xa，21Z，21ZZ）被构造成使得其网眼在进气管中的流路的中心附近是细的，并随着远离中心附近网眼变粗"与 D6 的图 7 是不同的。因为 D6 的图 7 示出了弧形部分之间的径向尺寸变得越来越小。 审查小组表示不认可，因为本申请的图 20（要求保护的实施例）还示出了外围开口的径向尺寸较小，因此以上表达被认为是不清楚的或非常宽泛的。

续表

原文	编者译
The examiner informed the applicant that the examining division deliberated on this issue and that the expression above could be completed with the passage of paragraph [0022]: "...such that more air flows through the region within the intake pipe that is more distant from the vicinity of the center,..." . This would first clarify what is meant with "coarser" and would secondly define the functionality argued by the applicant which is a difference compared to figure 7 of D6, where the flow is concentrated in the center of the noise attenuator, it is worth to mention that D6 has also such a function in the embodiment of claim 10 (more air flow on the periphery). Nevertheless, the examining division is of the opinion that a clear new independent claiml including this clarification above would meet the requirement of Article 52(1) EPC with respect to novelty and inventive step over the prior arts available at this stage.	审查员告知申请人，审查小组对此问题进行了审议，并且上述表达可以通过段落［0022］的部分来完成："……使得更多的空气流经进气管内距离中心附近较远的区域，……"。这首先将阐明"较粗"的含义，其次将定义申请人提出的功能，这与D6的图7有所不同，后者的流量集中在噪声衰减器的中心，值得一提D6在权利要求10的实施例中还具有这样的功能（在外围有更多的空气流）。尽管如此，审查小组认为，包括上述说明在内的明确的新独立权利要求书将满足A52（1）有关现阶段现有技术的新颖性和创造性的要求。
Examiner and Applicant exchanged on the benefits of a phone call.	审查员和通过电话的便利进行了意见交换。

3. 申请人答复

申请人收到电话沟通意见后，提交了回复和权利要求书的修改。从文件来看，申请人的回复文件为"Reply to Communication from the Examining Dvision"，文件的名称与答复审查意见的文件名称是相同的。因此，申请人是将电话沟通作为一次审查意见通知书来进行答复的。

4. 分析建议

从欧洲专利局的电话沟通文件的具体发出和回复可以看出，虽然该电话沟通的内容与中国专利局具体审查过程中电话沟通的内容类似，但由于欧洲专利局的电话沟通内容是要通过正式文件发送给申请人的，且附有电话沟通的具体日期、与申请人沟通的具体内容（如具体的修改建议），因此欧洲专利局的电话沟通是可以视为一次有效的审查意见，并且规定了申请人的答复期限以及不及时将会导致申请被视为撤回。

由于欧洲专利局电话沟通后会发出正式文件，因此申请人收到关于电话沟通的正式文件后，必须针对电话沟通文件中的具体意见进行针对性的答复，切不可依照中国专利局电话沟通的习惯，视情况进行答复，以避免申请被视为撤回的巨大损失。

需要指出的是，即使申请人明确告知不参加口头审理的情况下，欧洲专利局仍会继续口头审理，并在口头审理后给出意见。

5.5 欧洲专利局的拟授权通知及授权决定

在我国，在实质审查过程中，如果专利申请经审查符合被授予专利权的条件，审查员会直接发出授予专利权通知书，否则，审查员会发出审查意见通知书或驳回决定。

对于欧洲专利申请，在满足授予专利权条件后，欧洲专利局会首先发出拟授予欧洲专利的通知，在申请人答复后，才会最终做出授权决定。

下面将具体分析欧洲专利局拟授予欧洲专利通知的具体内容以及申请人应当如何回应。

欧洲专利局的拟授予欧洲专利通知包括授予意向“Intention to grant (signatures)”和一项欧洲专利授予意向的沟通“Communication about intention to grant a European patent”，其中授予意向“Intention to grant (signatures)”仅包括一页签名页，具体如图 5.15 所示。

Application No.: 13 740 526.2

IV.2. Patent classification

The classification has been changed. It now is as follows:

INV. F15B13/02 E02F9/22 B66C23/86 E02F9/12 F04B1/26 F15B11/00 F15B21/02

IV.3. Title of the invention

The title indicated on the published patent application remains unchanged. It reads as follows:

HYDRAULISCHE DRUCKSTEUERUNGSVORRICHTUNG FÜR EINEN
VIBRATIONSMOTOR FÜR EINE BAUMASCHINE

HYDRAULIC PRESSURE CONTROL DEVICE FOR SWING MOTOR FOR
CONSTRUCTION MACHINERY

DISPOSITIF DE COMMANDE DE PRESSION HYDRAULIQUE POUR MOTEUR
D'OSCILLATION POUR ENGIN DE CHANTIER

(a)

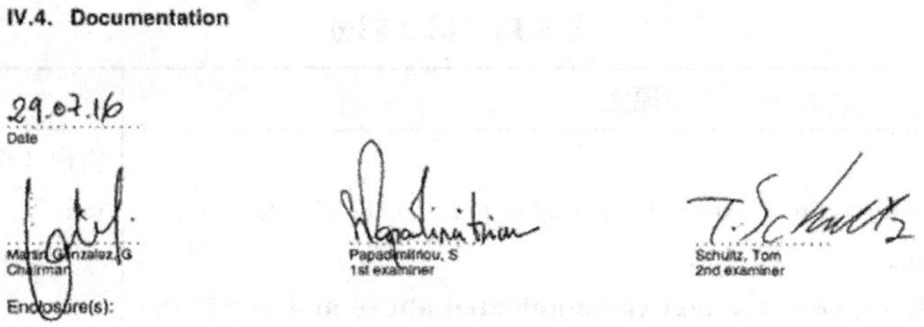
IV.4. Documentation

29.07.16
Date

Martin Gonzalez, G
Chairman

Papadimitriou, S
1st examiner

Schultz, Tom
2nd examiner

Enclosure(s):

（b）

图 5.15　授予意向

而一项欧洲专利授予意向的沟通“Communication about intention to grant a European patent”一般包括 6 个部分（表 5.12~ 表 5.17）。

表 5.12　第 1 部分

原文	编者译
1. Intention to grant You are informed that the examining division intends to grant a European patent on the basis of the above application, with the text and drawings and the related bibliographic data as indicated below. A copy of the relevant documents is enclosed.	指出打算授予欧洲专利
1.1 In the text for the Contracting States: AL AT BE BG CH CY CZ DE DK EE ES FI FR GB GR HR HU IE IS IT LI LT LU LV MC MK MT NL NO PL PT RO RS SE SI SK SM TR	指定的缔约国
Description, Pages 1–12　filed with entry into the regional phase before the EPO **Claims, Numbers** 1, 2　filed in electronoic form on **Drawings, Sheets** 1/6–6/6　filed with entry into the regional phase before the EPO	拟授权的文本
With the following amendments to the above–mentioned documents proposed by the division Claims, Numbers 1 Description, Pages 2: The expression “... comprises to extendable cylinders...” changed to “... comprises tw o extendable cylinders...” **Comments** CLAIMS Page 1, Claim 1: Error(s) in spelling, grammar, typography corrected	依职权修改的内容
1.2 Bibliographic data The title of the invention in the three official languages of the European Patent Office, the international patent classification, the designated contracting states, the registered name(s) of the applicant(s) and the other bibliographic data are shown on **EPO Form 2056** (enclosed).	欧洲专利局的 3 种官方语言的发明名称，国际专利分类等在欧洲专利局表格 2056(即签名页）上显示（附上）。

表 5.13 第 2 部分

原文			编者译
2. Invitation You are invited, within a non-extendable period of four months of notification of this communication, **2.1 to EITHER approve the text communicated above and verify the bibliographic data (Rule 71(5) EPC)** (1) by filing a translation of the claim(s) in the other two official languages of the EPO			指出 4 个月答复期且不得延期。 权利要求其他两种语言的译文。
	FEE CODE	EUR	出版费用
(2A) BY PAYING THE FEE FOR GRANT INCLUDING THE FEE FOR PUBLICATION: MINUS ANY AMOUNT ALREADY PAID	007	925.00 0.00	
(RULE 71A(5) EPC):	TOTAL AMOUNT:	925.00	权利要求附加费
(3) BY PAYING ADDITIONAL CLAIMS FEES UNDER RULE 71(4) EPC; NUMBER OF CLAIMS FEES PAYABLE: 0 MINUS ANY AMOUNT ALREADY PAID:	016	0.00 0.00	
	TOTAL	0.00	
Important: If the translations of the claims and fees have already been filed and paid respectively in reply to a previous communication under Rule 71(3) EPC, e.g. in the case of resumption of examination after approval (see Guidelines C–V, 6), agreement as to the text to be granted (Rule 71a(1) EPC) must be expressed within the same time limit (e.g. by approving the text and verifying the bibliographic data, by confirming that grant proceedings can go ahead with the documents on file and/or by stating which translations of the claims already on file are to be used). Note 1: See "Notes concerning fee payments" below. Note 2: Any overpaid "minus" amounts will be refunded when the decision to grant (EPO Form 2006A) has been issued. Note 3: For the calculation of the grant fee under Article 2(2), No. 7, RFees (old fee structure), the number of pages is determined on the basis of a clean copy of the application documents, in which text deleted as a result of any amendments by the examining division is not shown.			重要提示：如果已经根据 R71（3）答复了先前意见，分别对权利要求进行翻译和对费用进行了支付，在批准后恢复审查的情况下（参见指南 C–V，6），必须在同一时限内表达对要授予的文本［R71（a）（1）］的同意（例如，通过批准文本并验证书目数据，具体是确认授予程序可以继续进行存档的文件和 / 或声明要使用已存档的权利要求的译文）。 注意 1：请参阅下面的“有关费用支付的注释”。 注意 2：在发出授权决定（欧洲专利局表格 2006A）时，超额支付的“减免”费用将被退还。 注意 3：为根据 A2（2）（7）RFees（旧费用结构）计算授权费用，页数是根据申请文件的完整副本确定的，其中未显示由于审查部门的任何修改而删除的文本。

续表

原文	编者译
Such clean copy is made available via on-line file inspection only.	仅通过在线文件检查才能获得这种完整的副本。
2.2 OR, in the case of disapproval, to request reasoned amendments or corrections to the text communicated above or keep to the latest text submitted by you (Rule 71(6) EPC).	2.2 或者，在被拒绝的情况下，要求对以上传达的文字进行合理的修改或更正，或者保留您提交的最新文字［R71（6）］。
In this case the translations of the claims and fee payments mentioned under point 2.1 above are NOT due.	在这种情况下，以上第 2.1 点提到的权利要求翻译和费用支付将被否定。
The terms "amendment(s)" and "correction(s)" refer only to amendments or corrections of the application documents and not of other documents (e.g. bibliographic data, the designation of the inventor, etc.).	术语"修正"和"更正"仅指申请文件的修正或更正，而不是其他文件（如著录项目、发明人的指定等）的修正或更正。
If filing amendments, you must identify them and indicate the basis for them in the application as filed. Failure to meet either requirement may lead to a communication from the examining division requesting that you correct this deficiency (Rule 137(4) EPC).	如果要提交修改，则必须在提交的申请中标识它们并指出其依据。如果不满足任何一项要求，可能会导致审查部门发来意见，要求您纠正此缺陷［R137（4）］。
2.3 Bibliographic data	2.3 书目数据
Where you request a change or correction of bibliographic data in response to the Rule 71(3) communication, this will not cause the sending of a further communication under Rule 71(3) EPC. You will still have to pay the fees and file translations in reply to the Rule 71(3) communication in the case of 2.1 above, unless you also file a reasoned request for amendments or corrections in response to the Rule 71(3) communication (see case 2.2 above).	如果您根据 R71（3）的意见要求更改或更正著录项目，则不会导致根据 R71（3）再次发送意见。在上述 2.1 的情况下，您仍然必须支付费用和文件翻译，以回复 R71（3），除非您还针对 R71（3）来文提出了合理的修正或更正请求（请参阅上述情形 2.2）。

表 5.14　第 3 部分

原文	编者译
3. Loss of rights	3. 权利丧失
If neither of the two possible actions above (see points 2.1 or 2.2) is performed in due time, the European patent application will be deemed to be withdrawn (Rule 71(7) EPC).	如果上述两种可能的措施（参见第 2.1 或 2.2 点）均未在适当的时候执行，则该欧洲专利申请将被视为撤回［R71（7）］。

表 5.15　第 4 部分

原文	编者译
4. Further procedure	4. 进一步程序
4.1 In the case of point 2.1 above	4.1 在上述第 2.1 点的情况下
4.1.1 The decision to grant the European patent will be issued, and the mention of the grant of the patent will be published in the European Patent Bulletin, if the requirements concerning the translation of the claims and the payment of all fees are fulfilled and there is agreement as to the text to be granted (Rule 71a(1) EPC).	4.1.1 如果权利要求的翻译和所有费用的缴纳已满足要求，且同意将要被授权的文本，则将发布授予欧洲专利的决定，并在欧洲专利公告中公布授予专利权的信息［R71（a）(1)］。
Note on payment of the renewal fee:	支付续费的注意事项：
If a renewal fee becomes due before the next possible date for publication of the mention of the grant of the European patent, publication will be effected only after the renewal fee and any additional fee have been paid (Rule 71a(4) EPC).	如果在提及欧洲专利授权书的下一个可能的发布日期之前应缴纳年费，则只有在年费和任何附加费用均已支付之后才进行公开［R71（a）(4)］。
Under Article 86(2) EPC, the obligation to pay renewal fees to the European Patent Office terminates with the payment of the renewal fee due in respect of the year in which the mention of the grant of the European patent is published.	根据 A86（2），在公布授予欧洲专利通知当年的年费缴纳后，缴纳年费的义务即告终止。
Note on payment of the designation fee(s):	关于支付指定费的说明：
If the designation fee(s) become(s) due after the communication under Rule 71(3) EPC, the mention of the grant of the European patent will not be published until these fees have been paid (Rule 71a(3) EPC).	如果根据 R71（3）在通知后应缴纳指定费，则只有在支付了这些费用之后，才会公布提及欧洲专利授予的内容［R71（a）(3)］。
4.1.2 After publication, the European patent specification can be downloaded free of charge from the EPO publication server https:/yfclata.epo.ora/bublication-server.	4.1.2 出版后，可以从欧洲专利局出版服务器 https:///yfclata.epo.ora/bublication-server 免费下载欧洲专利规范。
4.1.3 Filing of translations in the contracting states	4.1.3 在缔约国提交翻译文件
As regards translation requirements prescribed by the contracting states under Article 65(1) EPC, please consult the website of the European Patent Office	根据 A65（1）规定的关于缔约国翻译要求，请查阅欧洲专利局的网站
www.epo.org → Law & practice → Legal texts, National law relating to the EPC	www.epo.org →法律与实务→法律文本，与 EPC 有关的国家法律
www.epo.org → Law & practice → All Legal texts → London Agreement	www.epo.org →法律与实务→所有法律文本→伦敦协定
In the case of a valid extension or validation	在有效地扩展或生效情况下
As regards translation requirements prescribed by the extension or validation states, please consult the website of the European Patent Office	关于扩展国或生效国的翻译要求，请查阅欧洲专利局的网站
www.epo.org → Law & practice → Legal texts, National law relating to the EPC	www.epo.org →法律与实务→法律文本，与 EPC 有关的国家法律

续表

原文	翻译
Failure to supply a prescribed translation in a contracting state, or in an extension or validation state may result in the patent being deemed to be void ab initio in the state concerned (Art. 65(3) EPC).	如果未能在约定期限内或延期或确认期限下提供规定的译文，则可能导致该专利从一开始就被视为无效［A65（3）］。
4.2 In the case of 2.2 above If the present communication under Rule 71(3) EPC is based on an auxiliary request and, within the time limit, you maintain the main request or a higher ranking request which is not allowable, the application will be refused (Art. 97(2) EPC). If the examining division gives its consent to the requested amendments or corrections, it will issue a new communication under Rule 71(3) EPC; otherwise, it shall resume the examination proceedings (Rule 71(6) EPC).	4.2 在上述 2.2 的情况下 如果根据 R71（3）进行的当前通知是基于辅助请求，并且在期限内您保留了主要请求或不允许的更高级别的请求，则该申请将被拒绝［A97（2）］。 如果审查小组同意请求的修改或更正，它将根据 R71（3）发出新的通知；否则，它将恢复审查程序［R71（6）］。

表 5.16　第 5 部分

原文	编者译
5. Filing of a divisional application Any divisional application relating to this European patent application must be filed directly with the European Patent Office in Munich, The Hague or Berlin and will be in the language of the proceedings for the present application, or if the latter was not in an official language of the EPO, the divisional application may be filed in the language of the present application as filed (see Article 76(1) and Rule 36(2) EPC). Any such divisional application must be filed while the present application is still pending (Rule 36(1) EPC; Guidelines A-IV, 1.1.1).	5. 提出分案申请 与本欧洲专利申请有关的任何分案申请，都必须直接向位于慕尼黑、海牙或柏林的欧洲专利局提交，并以本申请程序中的语言进行；如果不属于欧洲专利局的官方语言，分案申请可以以本申请的语言提交［参见 A76（1），R36（2）］。任何此类分案申请都必须在本申请尚待审理时提出［R36（1）；指南 A-Ⅳ，1.1.1］。

表 5.17　第 6 部分

原文	编者译
6. Notes concerning fee payments **6.1 Making payments** For payments made via deposit account, please note that as from 1 December 2017 debit orders will only be carried out if filed in an electronically processable format (xml), using an accepted means of filing as laid down in the Arrangements for deposit accounts (ADA), published in the Supplementary publication in the Official Journal.	6. 有关费用支付的说明 6.1 付款 对于通过存款账户进行的付款，请注意，自 2017 年 12 月 1 日起，借记单将仅以可电子处理的格式（xml）提交，并使用存款账户安排（ADA）中规定的可接受的提交方式发表在官方通告的补充出版物中。

续表

原文	编者译
All relevant information related to the modes of payment of fees to the EPO can be retrieved from the EPO website at "Making Payments".	可以从欧洲专利局网站"缴费方式"中检索与向欧洲专利局付费的方式有关的所有相关信息。
6.2 Information concerning fee amounts Procedural fees are usually adjusted every two years, on even years, with effect from 1 April. Therefore, before making a payment, parties should verify the amounts actually due on the date of payment using the applicable version of the Schedule of fees and expenses, published as a Supplement to the Official Journal of the EPO, available on the EPO website (www.epo.org) at www.epo.org/schedule-of-fees. The "Schedule of fees" table allows the viewing, downloading and searching of individual fee amounts, both current and previous.	6.2 有关费用金额的信息 程序费用通常每 2 年调整一次，在偶数年的 4 月 1 日生效。因此，在付款之前，当事方应使用欧洲专利局网站（www.epo.org），网址为 www.epo.org/schedule-of-fees。"费用明细表"表查看、下载和搜索当前和以前的单个费用金额。
6.3 Note to users of the automatic debiting procedure The fee for grant, including the fee for publication, and any additional claims fees due under Rule 71(4) EPC will be debited automatically on the date of filing of the translations of the claims, or on the last day of the period of this communication. However, if the designation fee(s) become(s) due as set out in Rule 71a(3) EPC and/or a renewal fee becomes due as set out in Rule 71a(4) EPC, these should be paid separately by another permitted way of payment in order not to delay the publication of the mention of the grant. The same applies in these circumstances to the payment of extension and validation fees. The same applies in these circumstances to the payment of extension and validation fees.	6.3 自动扣款程序的注意事项 授权费用，包括出版费用，以及根据 R71（4）应支付的任何其他额外权利要求费用，将在权利要求的译文提交之日或该期间的最后一天自动扣除。但是，如果指定费用已按 R71（a）(3）的规定到期和 / 或年费已按 R71（a）(4）的规定到期，则应分别由另一种允许的付款方式进行支付，以便不延迟授权公告的出版。在这些情况下，延期和验证费用的支付也是如此。
Note: If a waiver is expressed in response to a Rule 71(3) communication (see OJ EPO 2015, A52), the fee for grant, including the fee for publication/jorinting, and any additional claims fees will not be debited automatically. These fees must be paid separately by another means of payment allowed under the Rules relating to Fees.	注意：如果对 R71（3）的通知表示放弃（请参阅 OJ EPO 2015，A52），则授权费用，包括出版 / 印刷费用及任何其他权利要求费用都不会自动扣除。这些费用必须通过"费用相关规则"中允许的另一种付款方式单独支付。

从上述拟授予专利权通知的具体内容可知，拟授予专利权通知的主要作用在于通知申请人缴纳相应的费用并提交权利要求其他两种官方语言的译文。三种欧洲专利局官方语言为英文、德文和法文。

因此，在收到拟授予专利权通知后，申请人应当及时缴纳相关费用并提交相应的文件。如果费用已缴纳且提交的文件符合要求，欧洲专利局将会发出授权决定；如果存在问题，欧洲专利局可能会再次发出拟授予专利权通知。

欧洲专利局的授权决定与中国专利局的授予专利权通知书相比显得较为简单，如图 5.16 所示。这是因为要授权的文本和发明名称在前面拟授予专利权通知中已经被确定，因此授权决定中仅包含指定国及相应的出版信息。

Decision to grant a European patent pursuant to Article 97(1) EPC

Following examination of European patent application No. 13740526.2 a European patent with the title and the supporting documents indicated in the communication pursuant to Rule 71(3) EPC (EPO Form 2004C) or in the information (EPO Form 2004W, cf. Notice from the EPO dated 8 June 2015, OJ EPO 2015, A52) dated 30.08.16 is hereby granted in respect of the designated Contracting States.

Patent No. : 2808561
Date of filing : 07.01.13
Priority claimed : 27.01.12/KRA 20120008235

Designated Contracting States
and Proprietor(s) : AL AT BE BG CH CY CZ DE DK EE ES FI FR GB GR HR HU IE IS IT LI LT LU LV MC MK MT NL NO PL PT RO RS SE SI SK SM TR
Doosan Infracore Co., Ltd.
7-11 Hwasu-dong
Dong-gu
Incheon 401-020/KR

This decision will take effect on the date on which the European Patent Bulletin mentions the grant (Art. 97(3) EPC).

The mention of the grant will be published in European Patent Bulletin 17/11 of 15.03.17.

Examining Division
Papadimitriou S　　Schultz T　　Martin Gonzalez G

图 5.16　欧洲专利局的授权通知书

5.6　授权后更正

在实质审查程序中，不可避免地存在这样那样的疏漏，这会导致授权文本错误或不完整，此时需要启动更正程序，本节通过一个实际案例对欧洲专利局的授权后更正程序加以说明。

1. 欧洲专利局审查过程

1）审查程序

2011 年 6 月 8 日，欧洲专利局发出检索报告和检索意见，其中使用 D1~D3 评述了权利要求 1~3 的新颖性和权利要求 4~8 的创造性。

申请人 2011 年 8 月 5 日提交了对权利要求书和说明书的修改替换页。

欧洲专利局 2012 年 12 月 3 日发出了准备授权通知书。

欧洲专利局 2013 年 3 月 28 日发出授权决定。

申请人 2013 年 5 月 7 日提交了更正公开文本的请求和权利要求书。

欧洲专利局 2013 年 5 月 29 日发出通知书，许可申请人所做的更正。

2）更正请求和接受通知书

申请人提交的更正请求书摘要见表 5.18。

表 5.18 申请人提交的更正请求书摘要

更正请求书摘要原文	编者译
European Patent Application No. 11 151 438.6 European Patent No. 2 362 120 AISIN SEIKIKABUSHIKI KAISHA On the transmission of the certificate for a European patent pursuant to Rule 74 EPC dated 26 April 2013, which was received on 29 April 2013 When checking the European patent specification EP 2 032 060 B1 downloaded from the EPO publication server it has been noted that it does not correspond to the text mentioned in the Communication under Rule 71(3) EPC. For identifying the deviation between the European patent specification and the Communication under Rule 71 (3) EPC a marked-up copy of page 7 (see column 11) of the European patent specification of EP 2 032 060 B1 is enclosed. According to Rule 140 EPC, it is requested to correct the European patent specification according to the above-identified deviation.	依据 R74 于 2013 年 4 月 26 日传送的欧洲专利证书（于 2013 年 4 月 29 日收到）。在检查从欧洲专利局发布服务器下载的欧洲专利说明 EP 2 032 060 B1 时，注意到它与根据 R71（3）在通知书中提及的文本不对应。 为确定欧洲专利说明与依据 R71（3）所发出的通知书之间的偏差，随函附上欧洲专利说明 EP 2 032 060 B1 第 7 页（见第 11 栏）的标记副本。 根据 R140，要求根据上述确定的偏差来修正欧洲专利说明。

申请人还提交了更正的对照页，更正是针对权利要求 5 进行的，更正内容见表 5.19（下划线为增加部分）。

表 5.19 申请人提交的更正对照页

更正前	更正后
5. The seal structure according to claim 1, wherein the bank portion (12) includes a semicircular bank pieces (12a) and two quarter-circular bank pieces (12b, 12c), the semicircular bank piece (12a) being formed at the chain cover (3), the two quarter-circular bank	5. The seal structure according to claim 1, wherein the bank portion (12) includes a semicircular bank pieces (12a) and two quarter-circular bank pieces (12b, 12c), the semicircular bank piece (12a) being formed at the chain cover (3), the two quarter-circular bank

续表

更正前	更正后
pieces (12b, 12c) being formed at the cylinder block(2) and the cylinder head (1) respectively, the semicircular bank piece (12a) and the two quarter-circular bank pieces (12b, 12c) surrounding the	pieces (12b, 12c) being formed at the cylinder block(2) and the cylinder head (1) respectively, the semicircular bank piece (12a) and the two quarter-circular bank pieces (12b, 12c) surrounding the joint portion(11).

以下为欧洲专利局的许可更正通知书的摘要见表 5.20。

表 5.20　欧洲专利局的许可更正通知书

许可更正通知书原文	编者译
Communication concerning request for correction of printing errors in European patent specification Your request 07.05.13.. for the correction of printing errors in the European patent specification is allowed. The extent of the corrections is shown on the enclosed manually corrected patent specification/title page.	关于要求更正欧洲专利文件中印刷错误的通知书 你的 2013 年 5 月 7 日的对欧洲专利说明中的印刷错误进行更正的请求被允许。更正范围见所附的手动更正专利说明书 / 标题页。
A Corrigendum of the European patent specification/title page will be published about two months after notification of this communication. The publication will be announced in the European Patent Register and a note concerning the correction will be published in Section III.3 of the European Patent Bulletin.The Corrigendum can be downloaded free of charge from the EPO publication server https://data.epo.org/publication-server or ordered from the Vienna sub-office upon payment of a fee.	欧洲专利说明 / 标题页的更正将在本通知发出后大约 2 个月公布。该出版物将在欧洲专利登记册上公布，有关更正的说明将在欧洲专利公报第Ⅲ.3 节中公布。更正可从欧洲专利局发布服务器免费下载 https://data.epo.org/publication-server 或在支付费用后从维也纳办事处订购。
□ Since the printing errors do not affect the substance of the patent specification, a Corrigendum will not be published. A manually corrected copy of the patent specification/title page bearing the Office seal has been added to the electronic file of the patent application and is enclosed with this communication.	□由于印刷错误不影响专利说明书的实质内容，因此不发表勘误表。在专利申请的电子文件中增加了一份附有办公室印章的手动更正的专利说明书 / 标题页副本，并随函附上。

2. 分析与建议

在欧洲审查程序中，即使在授权后也应当注意其授权公告文本是否存在意外的错误，尤其是权利要求书中。本案申请人通过查阅授权公告文本，发现其中权利要求表述不完整，并主动启动授权后更正程序，增加了专利权的稳定性。

5.7 欧洲专利局授权后的异议期

在中国专利局的实质审查过程中，当审查员做出授权决定、发出授予专利权通知书后，申请就会进入出版登记阶段，从而结案。

但对于欧洲申请，由于欧洲专利局并不是代表一个国家，欧洲专利获得授权后，还需要进入指定的国家。鉴于此种特殊情况，在欧洲专利局发出授予专利权通知书（Decision to Grant a European Patent）以及发出欧洲专利证书（Transmission of the Certificate）后，欧洲专利局还设置了9个月的异议期。在异议期内其他人可以就该授予欧洲专利的申请提出异议，如果没有人提出异议，欧洲专利局在异议期到期后，会向申请人发出异议期公示“Communication regarding the expiry of opposition period”的通知，该通知具体如图5.17所示。

Date
19.01.18

Reference	Application No./Patent No.
P37131-WOEP SB	13740526.2 - 1018 / 2808561

Applicant/Proprietor
Doosan Infracore Co., Ltd.

Communication regarding the expiry of the time limit within which notice of opposition may be filed

You are hereby informed that on expiry of the nine-month time limit from the publication of the mention of the grant of European patent No. 2808561 no notice of opposition had reached the files.

The entry in the Register of European Patents will be automatically generated by the electronic data processing system.

For the Examining Division

Europäisches Patentamt • European Patent Office • Office européen des brevets

图5.17 异议期限终止通知书

该通知会告知申请人自欧洲专利授予之日起的9个月期限届满时，尚未收到异议通知。欧洲专利注册簿中的条目将由电子数据处理系统自动生成。

异议期内的异议与中国专利局实质审查过程中的公众意见有明显不同，虽然二者都是其他人针对申请提出反对意见，但中国专利局收到公众意见后，审查员可以结合公众意见进行后续审查，而欧洲专利局的异议期内提出的异议则需要异议人和申请人同时出席进行处理，且异议人需要交费。因此，上述异议程序与中国专利局的无效程序更加类似。

下面将通过具体案例对欧洲专利局异议期内的异议程序进行相应解读，一方面可以使申请人在进入异议程序后清楚如何处理，另一方面也可以针对某一申请希望提出异议时进行参考。

1. 具体审查过程

欧洲专利局审查过程：

（1）2018.09.02 欧洲专利局发出授权决定通知书；

（2）2018.10.29 欧洲专利局传送专利证书；

（3）2019.07.16 异议人提出异议通知；

（4）2019.07.24 欧洲专利局向申请人传送异议通知；

（5）2019.07.29 欧洲专利局通知异议人进一步的异议程序（诉讼）；

（6）2019.07.29 欧洲专利局通知申请人；

（7）2019.11.25 申请人表示放弃进入指定国；

（8）2020.02.04 欧洲专利局做出异议决定以及撤销欧洲专利的决定并通知了异议人和申请人。

2. 具体异议程序

异议人除了需要提交异议费用外，还需要提交相关的异议文件，并结合异议文件详细阐述被异议的欧洲专利不被允许的理由，具体见表5.21。

表 5.21 被异议的专利不被允许的理由

原文		编者译
Patent no.:	EP2 825 716B1	
Application no.:	13760615.8	
Title of invention:	Device for compensation of wave influenced distance variations on a drill string	
Proprietor:	Depro AS Industriveien 6, Haaland Ost, 4340 Bryne Norway	专利权人信息
Opponent:	WellPartner AS Energiveien 22 4056 Tananger Norway	异议人信息
Our ref.:	O70083EP00 – SVD	
On behalf of our client, WellPartner Products AS, an opposition is hereby filed against European patent 2,825,716. WellPartner Products AS is hereinafter referred to as "Opponent" and Depro AS is referred to as "Proprietor".		谨代表我们的客户 WellPartner Products AS，对 EP2825716 提出异议。以下将 WellPartner Products AS 称为"异议人"，将 Depro AS 称为"专利权人"。
Requests		**要求**
Revocation of patent EP2,825,716B1 in its entirety.		完全撤销专利 EP2825716B1。
Oral proceedings if request 1 cannot be obtained in the written proceedings.		如果请求 1 无法在书面审理中获得则请求进行口头审理。
Grounds		**理由**
Revocation is requested on the ground that the European patent is not patentable under Articles 52 to 57, and specifically that its claims as granted lack novelty and inventive step in view of the prior art, as will be outlined below, Art. 100(a) EPC.		要求撤销的理由是，根据 A52~A57，欧洲专利不具有专利权性，特别是鉴于现有技术，授予的权利要求缺乏新颖性和创造性，A100（a）这将在下文概述。
Furthermore, revocation is requested based on the ground that the European Patent does not disclose the invention in a manner sufficiently clear and complete for it to be carried out by a person skilled in the art, Art. 100(b) EPC.		此外，撤销请求基于欧洲专利没有以足够清楚和完整的方式公开以便由本领域技术人员实施本发明，A100（b）。
In addition, revocation is requested on the ground that the subject-matter of the claims as granted extend beyond the content of the application as filed, Art. 100(c) EPC.		另外，要求撤销的理由是，授予的权利要求的主题超出了所提申请的内容，A100（c）。

异议费需要异议人提交异议时缴纳，缴费信息如图 5.18 所示。

异议文件列表如图 5.19 所示。

X. Payment

Method of payment: Debit from deposit account

The European Patent Office is hereby authorised, to debit from the deposit account with the EPO any fees and costs indicated in the fees section below.

Currency: EUR

Deposit account number: 28400036

Account holder: Håmsø Patentbyrå AS

Refunds

Any refunds should be made to EPO deposit account: 28400036

Account holder: Håmsø Patentbyrå AS

Fees

	Factor applied	Fee schedule	Amount to be paid
010 Opposition fee	1	785.00	785.00
		Total: EUR	785.00

图 5.18　异议费的缴费信息

B	Attached document files	Original file name:	System file name:
B-1	1. Facts and arguments	O70083EP00_Notice_of_Opposition.pdf	OPPO.pdf
B-2	1. Any annexes (other than citation) to an opposition letter - Annex 1	O70083EP00 A1_EP2825716B1_claimsasgranted.pdf	OTHER-1.pdf
B-3	2. Any annexes (other than citation) to an opposition letter - Annex 2	O70083EP00 A2_Decision_Opposition_NO334005.pdf	OTHER-2.pdf
B-4	3. Any annexes (other than citation) to an opposition letter - D1	O70083EP00 D1_WO2011074984A1.PDF	OTHER-3.PDF
B-5	4. Any annexes (other than citation) to an opposition letter - D2	O70083EP00 D2_US3208728A.pdf	OTHER-4.pdf
B-6	5. Any annexes (other than citation) to an opposition letter - D3	O70083EP00 D3_US3718316A.pdf	OTHER-5.pdf
B-7	6. Any annexes (other than citation) to an opposition letter - D4	O70083EP00 D4_EP1428973A1.pdf	OTHER-6.pdf
B-8	7. Any annexes (other than citation) to an opposition letter - D5	O70083EP00 D5_US2005077049A1.pdf	OTHER-7.pdf
B-9	8. Any annexes (other than citation) to an opposition letter - U1	O70083EP00 U1_Icon Inline String motion compensator assembly.pdf	OTHER-8.pdf
B-10	9. Any annexes (other than citation) to an opposition letter - U2	O70083EP00 U2_Aker solutions compensators and tensioners.pdf	OTHER-9.pdf
B-11	10. Any annexes (other than citation) to an opposition letter - U3	O70083EP00 U3_2006_Brochure_Aker Kv MH_evidence_p1_3_46.pdf	OTHER-10.pdf

图 5.19　异议文件列表

从前面申请人提出的异议理由可以看出，异议内容可以包括授权文件中的各种问题及缺陷，此外，还需要结合所附的文件详细阐述授权文件不具备新颖性和或创造性的理由。本案例的具体异议内容见表 5.22~ 表 5.26。

表 5.22 异议内容 1

原文	翻译
The opposed patent – EP2,825,716B1 The patent generally relates to device for compensation of wave induced distance variations to a drill string between a floating drill rig and a seabed–fixed installation. In paragraph [0001] of the specification it is mentioned that heave–compensation systems, which are commonly used in such drill string may fail sooner or later, and that in such scenario an extra device is needed to ensure that the equipment is not tom apart by the forces and waves. In paragraph [0002] of the specification of EP2,825,716B1 reference is made to a known system for dealing with the above–mentioned problem, namely the one mentioned in WO2011/074984A1, which happens to be the PCT–publication of the patent family owned by the Opponent. …	结合专利文件 WO2011/074984A1 指出被异议的申请提出的解决的技术问题不合适。
Claim 1 of EP2,825,716B1 mentions that the invention relates to a device for compensation of wave induced distance variations to a drill string between a floating drill rig and a seabed–fixed installation，comprising an extendable cylinder–viston unit (12) which is arranged to be able to compensate when the load exceeds a pre–determined threshold value, ……	指出权利要求 1 存在不清楚的问题。

表 5.23 异议内容 2

原文	翻译
File history – EP2,825,716B1 The file history of EP2,825,716B1 has been carefully studied and a few important observations were made and are presented below. On February 15, 2016, the EPO issued an extended European search report (EESR). In the accompanying written opinion the Examiner raised objections under Art. 83 and 84 EPC. The objections were connected to the following two features of claim 1: a drainage tank, and …	对获得授权的 EP2825716B1 的审查过程进行阐述并提出一些异议。

表 5.24 异议内容 3

原文	翻译
Extension of subject matter Article 123(2) EPC – Art. 100(c) EPC It is requested that the patent EP2,825,716B1 is revoked in its entirety, because Art 123(2) EPC has been violated during examination, i.e. the patent contains subject matter which extends beyond the application as filed.	提出要求将专利 EP 2825716B1 整体撤销，因为在审查过程中违反了

续表

原文	翻译
Referring to the above-mentioned discussion of the file history, there were two events where the claims were amended, namely the response to the EESR (pursuant to Rule 62 EPC) as well as the response to the first examination report (pursuant to Art 94(3) EPC). These amendments constitute extension of subject matter as will be explained hereinafter, thus violating Art. 123(2) EPC and forming a ground for the current opposition under Art. 100(c) EPC. …	A123（2），即该专利包含的主题超出了申请的范围。 同时后面详细阐述了申请人答复 EESR 和审查意见时的修改为什么超范围。

表 5.25　异议内容 4

原文	翻译
Non-enabling disclosure Article 83 EPC - Art. 100(b) EPC Furthermore, revocation is requested based on the ground that the European Patent does not disclose the invention in a manner sufficiently clear and complete for it to be carried out by a person skilled in the art, Art. 100(b) EPC and Article 83 EPC. The reasons are set out hereinafter.	提出以公开不充分对专利进行撤销。
Claim 1 as granted reads as follows: 1. Device for compensation of wave induced distance variations to a drill string between a floating drill rig and a seabed-fixed installation,… There are various parts of the alleged invention of Claim 1, which are not enabling the person skilled in the art to carry out the invention. …	指出权利要求 1 的所主张发明的各个部分不能使本领域技术人员实施本发明。 后面进行了详细阐述。

表 5.26　异议内容 5

原文	编者译
Patentability of the claims Articles 52-57 EPC - Art. 100(a) EPC	权利要求的可专利性
Prior art The following pieces of prior art are assumed to be relevant for the assessment of patentability of the claims of the patent as granted: Patent documents: **D1**: WO2011/0749984A1 (also acknowledged in the specification of EP2,825,716B1). **D2**: US3,208,728A **D3**: US3,718,316A **D4**: EP1,428,973A1 **D5**: US2005/0077049A1 *Non-patent documents:* **U1** Brochure: "Inline String Motion Compensator Assembly" by ICON, published in 2009 (Source: https://www,icQiieiig,com.,au/)	列出所授予的专利权利要求的可专利性评估有关的文件。

续表

原文	编者译
NOTE: The document is not on Icon's webpage anymore, but the copy provided both shows the source and has a timestamp of the year 2009. Novelty and inventive step of independent claim …… Inventive step of the dependent claims ……	结合给出的对比文件分别详细就独立权利要求及从属权利要求的新颖性或创造性发表意见

通过上述内容，可见异议人需要对被授予的专利提出充分的异议意见。

欧洲专利局将异议人提交的全部文件传送给申请人后，通知异议人进一步异议的情况［Notice of further oppositions to opponent（s）］，见表 5.27。

表 5.27 通知异议人进一步异议的情况

原文	编者译
Communication of further notices of opposition pursuant to Rule 79(2) EPC	根据 R79（2）进一步发送异议通知
No further opposition has been filed.	没有进一步的反对意见。
If oral proceedings are to take place, parties are advised to check the electronic file via the European Patent Register at www.epo.org/register in advance of the hearing to ensure that they are in possession of all relevant documents. (OJ EPO 2009, 434)	如果要进行口头审理，建议当事方在听证会之前通过欧洲专利注册网站（www.epo.org/register）检查电子文件，以确保拥有所有相关文件。（OJ EPO 2009，434）
A copy of the communication pursuant to Rule 79(1) EPC sent to the proprietor of the patent is enclosed for your information.	随函附上根据 R79（1）发送给专利权人的通信副本，供您参考。
The observations of the patent proprietor on the notice of opposition will be communicated to the opponent without delay.	专利权人关于异议通知的意见将立即传达给异议人。
A time limit for reply will be fixed if the Opposition Division considers this expedient.	如果异议人认为这是适当的，答复的时限将是固定的。
If no reply to a communication is received within the time limit set, the proceedings will be continued. Your attention is drawn to Article 114(2) EPC.	如果在设定的期限内未收到对通知的答复，则审理将继续进行。请注意 A114（2）。

同时通知专利权人异议通知的传达并要求提出意见（Communication of a notice of opposition and request to file observations），见表 5.28。

表 5.28　异议通知的传达

原文	编者译
Communication of notices of opposition (R. 79(1) EPC)	异议通知书的传达［R79（1）］
Notice of opposition has been filed within the opposition period by:	异议通知已在异议期内通过以下方式提交：
01.	01.
Well Partner AS	Well Partner AS
Energiveien 22	Energiveien 22
4050 Tananger	4050 Tananger
NORVEGE	NORVEGE
The notice of opposition indicated above has already been communicated to you.	上面指出的异议通知已经传达给您。
You are requested to file your observations within a period of **four months** from notification of this communication.	请您在收到此通知后的 4 个月内提交您的意见。
You may also file amendments, where appropriate, to the description, claims and drawings within the period specified. One set of these documents is to be filed.	您还可以在指定的期限内视情况对说明书、权利要求和附图提出修改。这些文件将被归档。
If you introduced documents which have not yet been mentioned during the proceedings, your attention is drawn to Rule 83 EPC.	如果您引入了审理中尚未提及的文件，请注意 R83。

在本案中，专利权人在收到异议通知后，表示决定不在任何国家或地区使该专利生效，并且对参加异议程序没有兴趣，具体如图 5.20 所示。

Patentkontoret CURO AS IP Law Firm

CURO

Trondheim-office:
Vestre Rosten 81
N - 7075 Tiller
Norway
Phone +47 7285 7300
Fax + 47 7285 7301
curo@curo.no
www.curo.no
NO 936 803 911 MVA

Oslo-office:
Kjeller Teknologipark
Phone + 47 7285 7310

Erland Smemo*
Per G. Berg*
Thor Saether*
Ferdinand Männle

European Patent Attorneys

European Patent Office
Opposition Division
80298 Munich
Germany

Your ref.:　1002/2825716
Our ref:　P20120290EP

25 November 2019

（a）

Re. EP 13760615.8/ 2 825 716 - DEPRO AS –
DEVICE FOR COMPENSATION OF WAVE INFLUENCED DISTANCE VARIATIONS ON A DRILL STRING

We refer to your communication of July 29 pursuant Rule 79(1) EPC.

Applicant decided not to validate this patent in any country and has no interest in participating in an opposition procedure. Please note, therefore, that this case is considered closed from our side.

Yours sincerely

Per G. Berg

Per Berg

（b）

图 5.20　专利权人对异议通知的意见

欧洲专利局将申请人的意见传送给异议人。

最终欧洲专利局做出了异议决定，决定撤销已授权的欧洲专利，并将决定通知了异议人和专利权人。

欧洲专利局异议部门的决定（Decision of the Opposition Division and instruction）如图 5.21 所示。

Europäisches Patentamt
European Patent Office
Office européen des brevets

European Patent Office
80298 MUNICH
GERMANY
Tel: +49 89 2399 0
Fax: +49 89 2399 4465

Application No.: 13 760 615.8

Patent No.: EP-B-2 825 716

Direct Decision:

☐ yes　☐ no

Revocation of the European Patent (Art. 101(2) EPC)

The Opposition Division has decided:

European Patent No. EP-B- 2 825 716 is revoked.

The Grounds for the decision (Form 2916) are enclosed.

25.03.2020
Date

Chairman Yates, John	1st Examiner Ott, Stéphane	2nd Examiner Manolache, Iustin	Legally qualified member

图 5.21　欧洲专利局异议部门的决定

同时欧洲专利局还附带了做出异议决定的理由［Grounds for the decision（Annex）– opposition］，见表 5.29~ 表 5.30。

表 5.29　欧洲专利局做出异议决定的理由 1

原文	编者译
I. Summary of Facts and Submissions 1 European patent 2 825 716 having the title "DEVICE FOR COMPENSATION OF WAVE INFLUENCED DISTANCE VARIATIONS ON A DRILL STRING" is based upon European patent application No. 13 760 615.8 filed on 12–03–2013as international application No. PCT/NO2013/050 049. It claims priority of NO 20120290 filed on 12–03–2012. …… ……	第 I 部分给出"事实和意见总结"，类似于中国专利局的"案由"部分。 …… ……

表 5.30　欧洲专利局做出异议决定的理由 2

原文	编者译
II. Reasons for the decision 1 Admissibility of the opposition – Art. 99(1) EPC, Art. 100 EPC, Rule 76(1)(2) EPC The opposition is admissible because it meets all the requirements of Articles 99(1) and 100 EPC and Rules 76(1)(2) EPC. 2 Extension of subject–matter, Art. 123(2) EPC – Art. 100(c) EPC 2.1 Claim 1 of the patent does not meet the requirements of Art. 123(2) EPC. 2.2 Independent claim 1 of the opposed patent has been amended with regard to originally filed claim 1 by the addition of the following features taken from originally filed claim 6 as well as the description (underlined features added, strike through features excised):··· . 2.3 Deletion of the word sequence "is ensured" from the added features of originally filed claim 6 leaves the relative clause "so that fluid communication between the cylinder and a gas containing accumulator" without a verb. The scope of protection of the clause is thereby enlarged in a manner which cannot be directly and unambiguously derived from the application as filed. Hence claim 1 does not meet the requirements of Art. 123(2) EPC.	**第 Ⅱ 部分：做出决定的原因** 1 异议的可接纳性 A99（1）、A100、R76（1）（2） 异议是可以接受的，因为它符合 A99（1）、A100、R76（1）（2）的所有要求。 2 主题扩展。A123（2）和 A100（c）。 2.1 专利的权利要求 1 不符合 A123（2）的要求。 2.2 对异议专利的独立权利要求 1 已对原始提出的权利要求 1 进行了修改，增加了以下特征，这些特征选自原始提出的权利要求 6 以及说明书（添加下划线的特征，删除删除线的特征）：……。 2.3 从最初提交的权利要求 6 的新增功能中删除"确保"一词序列，留下了从句"使汽缸与气体储存器之间的流体连通"而没有动词。因此，该项权利要求的保护范围以无法直接、明确地从所提交的申请中得出的方式被扩大了。因此，权利要求 1 不符合 A123（2）的要求。

续表

原文	编者译
2.4 The drainage tank, through the amendment of "while a" instead of "and" is no longer part of the scope of protection of the independent claim. A combination of features as disclosed in claim 1 without a drainage tank does not have a basis in the application as filed. Hence claim 1 does not meet the requirements of Art. 123(2) EPC.	2.4 通过"while a"代替"and"的修改，排水箱不再属于独立权利要求的保护范围。而根据权利要求 1 所述的特征的组合，其没有排水箱，在所提交的申请中没有基础。因此，权利要求 1 不符合 A123（2）的要求。
3 Revocation of the patent	3 专利的撤销
As the proprietor has not requested oral proceedings,	由于专利权人所有人没有要求口头审理，
as the EPO has no obligation to summon oral proceedings,	欧洲专利局没有义务召集口头审理，
as the proprietor informed the opposition division that he decided not to validate the opposed patent in any country, had no interest in participating in an opposition procedure and considered the present case closed from his side, as the opposition division can completely follow at least one of the objections raised by the opponent, and	当专利权人告知异议小组他决定在任何国家不使异议专利生效，对参与异议程序没有兴趣，并认为本案已经结束，因为异议小组可以完全遵循至少一项反对者提出的反对意见，以及
as there are no other circumstances which would make an immediate decision impossible,	因为没有其他情况会导致无法立即做出决定，
the opposition division comes without oral proceedings to the conclusion that the patent is to be revoked (Art.101 (2) EPC) on the ground of Art. 100(c) EPC.	异议小组没有经过口头诉讼而得出的结论是，该专利应根据 A100（c）的理由被撤销［A101（2）］。

3. 分析及建议

授权后的异议期是欧洲专利局的一个特殊程序，由于欧洲专利局下面指定国众多，如果已授权的欧洲专利进入各指定国后，再想对其进行无效将会变得非常困难。因此欧洲专利局在欧洲专利授权后，设置了 9 个月的异议期，如果有异议人对该欧洲专利提出异议，则由欧洲专利局直接进行异议程序。因此，与被授予专利权的欧洲专利有利害关系的单位应当及时关注相关申请的授权情况，并及时提出异议程序，以避免对自己的权益造成损害。

第六章 欧洲专利局主要实质审查通知书探析

专利审查主要是实质审查，相应地，实质审查意见通知书是审查过程中最重要的通知书。本章将对欧洲专利局的主要实质审查通知书进行分析，同时探究其与中国专利局相对应的实质审查通知书之间的差异，以便申请人在收到欧洲专利局相关的实质审查意见通知书后能够有针对性地进行答复和修改申请文件。

6.1 新颖性

欧洲专利局和中国专利局关于新颖性的规定基本是一致的，但在实际审查过程中，欧洲专利局的审查意见也会表现出不同于中国专利局的地方。下面将通过具体的案例对比欧洲专利局和中国专利局关于新颖性审查过程中的一些差异，通过分析这些差异，给出相应的针对性答复建议，以供相关人员借鉴。

6.1.1 多篇对比文件分别评述新颖性

对于一件专利申请，如果存在多篇现有技术可以评述该申请权利要求不具备新颖性，中国专利局通常的做法是仅选择最为接近（通俗意义上最好用）的一篇现有技术作为对比文件进行评述，有时为了更为全面，也会在审查意见中简单告知申请人存在其他现有技术能够影响本申请的新颖性，以便申请人参考。

但是，对于欧洲专利局，如果存在多篇现有技术可以评述该申请权利要求不具备新颖性，其审查意见中通常会采用多篇现有技术作为对比文件分别评述该申请权利要求不具备新颖性。下面将通过具体的案例分析欧洲专利局这种做法的特点，分析其原因并给出针对这种意见的答复建议。

1. 案情介绍

一种密封装置，该密封装置利用对流动的气体整流，能够抑制杂音的产生，除此以外也能够抑制由气体的流动和管之间产生的共鸣而生成的杂音，而且具有良好的安装操作性及垫圈部姿势的稳定性。

权利要求书见表6.1。

表6.1 权利要求书

原文	编者译
1. A sealing device that comprises a gasket portion made of an elastic body for sealing a space between an end surface of one of two pipes configuring an intake pipe and an end surface of another of the two pipes, and an intake noise reduction portion for reducing intake noise, wherein the intake noise reduction portion comprises: a main body portion for reducing intake noise;an annular frame body portion for supporting the main body portion;a tubular portion that extends from the frame body portion in a direction in which the pipes extend, and is fitted into an inner circumferential surface of either one of the one pipe and the other pipe; and a flange portion that extends from an end portion of the tubular portion toward an outer circumferential surface side, and is disposed in the space between the end surfaces of the one pipe and the other pipe, and the gasket portion is provided on both surfaces of the flange portion. ……	1. 一种密封装置，具有用于密封构成吸气管的2个管中一方的管的端面和另一方管的端面之间的间隙的、由弹性件形成的密封垫部和用于降低吸气音的吸气音降低部，其特征在于， 所述吸气音降低部，具有： 本体部分，其用于降低吸气音； 框体部分，其为环状，用于支承所述本体部分； 筒状部分，其从所述框体部分沿管的伸长方向延伸，并嵌合于所述一方的管或另一方的管的内周面；和 法兰部分，其从所述筒状部分的端部向外周面侧延伸，且配置于一方的管的端面和另一方的管的端面之间的间隙内， 所述密封垫部分别设置于所述法兰部分的两面。 ……
7. The sealing device according to claim 6, wherein the mesh of the flow-guiding net portion is formed of a plurality of radial portions extending radially outward from the vicinity of the center of the flow passage in the intake pipe and a plurality of concentric circular portions provided concentrically from the vicinity of the center.	7. 根据权利要求6所述的密封装置，其特征在于， 所述整流网部分，由从吸气管内的流道的中间附近向外侧呈放射状延伸的多个放射状部分和从所述中间附近呈同心圆状设置的多个同心圆状部分，形成网眼。

2. 欧洲专利局检索报告及检索意见

本申请是一件 PCT 申请，虽然 PCT 国际检索报告给出了可以评述权利要求的对比文件，但欧洲专利局后续又做出了补充检索报告，补充检索报告如图 6.1 所示，共给出了 7 篇文件。

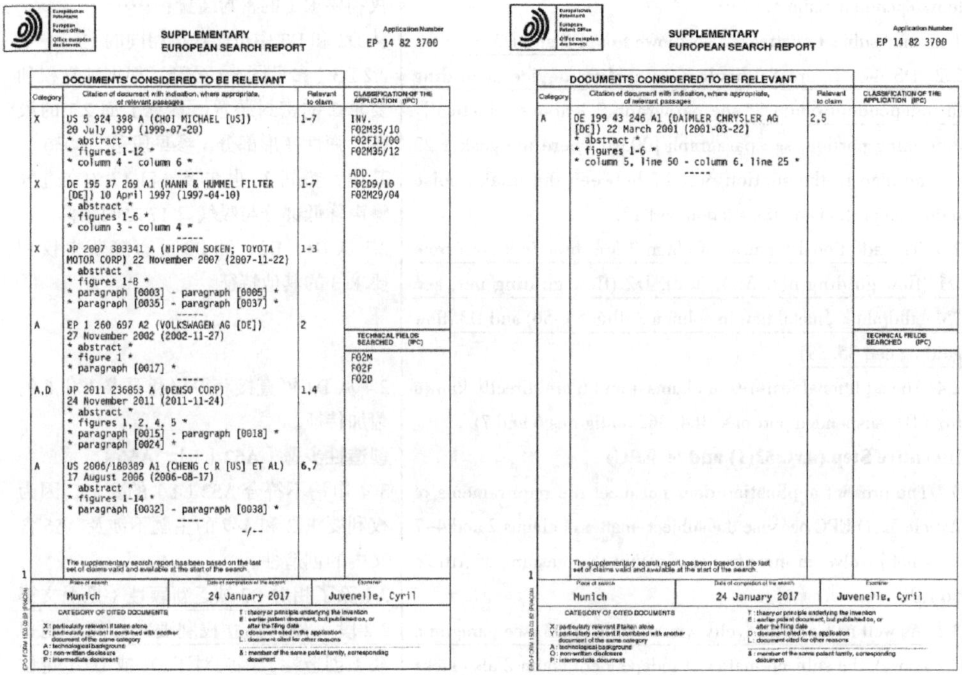

Europäisches Patentamt / European Patent Office / Office européen des brevets

SUPPLEMENTARY EUROPEAN SEARCH REPORT

Application Number EP 14 82 3700

DOCUMENTS CONSIDERED TO BE RELEVANT

Category	Citation of document with indication, where appropriate, of relevant passages	Relevant to claim	CLASSIFICATION OF THE APPLICATION (IPC)
X	US 5 924 398 A (CHOI MICHAEL [US]) 20 July 1999 (1999-07-20) * abstract * * figures 1-12 * * column 4 - column 6 *	1-7	INV. F02M35/10 F02F11/00 F02M35/12 ADD. F02D9/10 F02M29/04
X	DE 195 37 269 A1 (MANN & HUMMEL FILTER [DE]) 10 April 1997 (1997-04-10) * abstract * * figures 1-6 * * column 3 - column 4 *	1-7	
X	JP 2007 303341 A (NIPPON SOKEN; TOYOTA MOTOR CORP) 22 November 2007 (2007-11-22) * abstract * * figures 1-8 * * paragraph [0003] - paragraph [0005] * * paragraph [0035] - paragraph [0037] *	1-3	
A	EP 1 260 697 A2 (VOLKSWAGEN AG [DE]) 27 November 2002 (2002-11-27) * abstract * * figure 1 * * paragraph [0017] *	2	TECHNICAL FIELDS SEARCHED (IPC) F02M F02F F02D
A,D	JP 2011 236853 A (DENSO CORP) 24 November 2011 (2011-11-24) * abstract * * figures 1, 2, 4, 5 * * paragraph [0015] - paragraph [0018] * * paragraph [0024] *	1,4	
A	US 2006/180389 A1 (CHENG C R [US] ET AL) 17 August 2006 (2006-08-17) * abstract * * figures 1-14 * * paragraph [0032] - paragraph [0038] *	6,7	

-/--

The supplementary search report has been based on the last set of claims valid and available at the start of the search.

Place of search	Date of completion of the search	Examiner
Munich	24 January 2017	Juvenelle, Cyril

CATEGORY OF CITED DOCUMENTS
X : particularly relevant if taken alone
Y : particularly relevant if combined with another document of the same category
A : technological background
O : non-written disclosure
P : intermediate document
T : theory or principle underlying the invention
E : earlier patent document, but published on, or after the filing date
D : document cited in the application
L : document cited for other reasons
& : member of the same patent family, corresponding document

（a）

SUPPLEMENTARY EUROPEAN SEARCH REPORT

Application Number EP 14 82 3700

DOCUMENTS CONSIDERED TO BE RELEVANT

Category	Citation of document with indication, where appropriate, of relevant passages	Relevant to claim	CLASSIFICATION OF THE APPLICATION (IPC)
A	DE 199 43 246 A1 (DAIMLER CHRYSLER AG [DE]) 22 March 2001 (2001-03-22) * abstract * * figures 1-6 * * column 5, line 50 - column 6, line 25 *	2,5	

TECHNICAL FIELDS SEARCHED (IPC)

The supplementary search report has been based on the last set of claims valid and available at the start of the search.

Place of search	Date of completion of the search	Examiner
Munich	24 January 2017	Juvenelle, Cyril

CATEGORY OF CITED DOCUMENTS
X : particularly relevant if taken alone
Y : particularly relevant if combined with another document of the same category
A : technological background
O : non-written disclosure
P : intermediate document
T : theory or principle underlying the invention
E : earlier patent document, but published on, or after the filing date
D : document cited in the application
L : document cited for other reasons
& : member of the same patent family, corresponding document

（b）

图 6.1　补充检索报告

同时，欧洲专利局还给出了相应的检索意见，具体见表 6.2。

表 6.2　欧洲专利局的检索意见

原文	编者译
1 Reference is made to the following documents; the numbering will be adhered to in the rest of the procedure. D1 US 5 924 398 A (CHOI MICHAEL [US]) 20 July 1999 (1999-07-20) …… D7 DE 199 43 246 A1 (DAIMLER CHRYSLER AG [DE]) 22 March 2001 (2001-03-22)	

续表

原文	编者译
Novelty (Art. 52(1) und 54 EPC)	**新颖性［A52（1）、A54］**
2 The present application does not meet the requirements of Article 52(1) EPC because the subject-matter of claims 1-4 and 6 is not new within the meaning of Article 54(1) and (2) EPC.	2 本申请不符合 A52（1）的要求，因为权利要求 1~4、6 的主题在 A54（1）、A54（2）的含义内不是新的。
2.1 D1 (see figures 1 and 7) discloses a sealing device according to independent claim 1: …… The same subject-matter is also known from D2 and D3 ……	2.1 D1（参见图 1 和 7）公开了根据独立权利要求 1 的密封装置：…… 从 D2 和 D3 中也能获得相同的主题……
2.2 D3 (see figure 8) discloses a sealing device according to independent claim 2: see paragraph 2.1 above, elastically deforming portion, see paragraph [0036] where the gasket 23 extend also in the suction port 17 between the intake noise reduction portion and the suction port 17.	2.2 D3（参见图 8）公开了根据独立权利要求 2 的密封装置，参见上面 2.1 的段落，弹性变形部分，参见段落［0036］，其中，垫圈 23 也在吸气口 17 中在进气噪声降低部分与吸气口 17 之间延伸。
2.3 The additional features of claim 3 are directly known from D1 (flow guiding net, 364, 362), D2 (flow guiding net, see "Metalldraht", metal net, in column 3, line 55-56) and D3 (flow guiding net, 35, 39).	2.3 从 D1、D2、和 D3 可直接获得权利要求 3 的其他特征。
2.4 The additional features of claims 4 and 6 are directly known from D1 (suspended portions, 364, 362 on figures 6 and 7).	2.4 从 D1 可直接获得权利要求 4 和 6 的附加特征。
Inventive Step (Art. 52(1) and 56 EPC)	**创造性步骤［A52（1）、A56］**
3 The present application does not meet the requirements of Article 52(1) EPC because the subject-matter of claims 2 and 4-7 does not involve an inventive step within the meaning of Article 56 EPC.	3 本申请不符合 A52（1）的要求，因为权利要求 2 和 4~7 的主题不涉及 A56 含义内的创造性。
3.1 As well as lacking novelty with regards to D3 (see paragraph 2.2 above), the subject-matter of independent claim 2 also lacks an inventive step as it is considered to be obvious for a skilled person with regards to D1 or D2 (the positioning of an elastically deforming portion between the tubular portion and the intake pipe where the tubular portion is located is a simple and usual design which does not require any inventive step, see for example D4, "Dichtring" 44 on figure 1).	3.1 除了相对 D3 缺乏新颖性（见上文第 2.2 段）外，独立权利要求 2 的主题也缺乏创造性，因为对于 D1 或 D2（定位管状部分与位于管状部分所在的进气管之间的弹性变形部分是一种通常的简单设计，不需要任何创造性的步骤，如参见 D4 图 1 中的"Dichtring" 44）。
3.2 As well as lacking novelty with regards to D1, the subject-matter of claims 4 and 6 also lacks an inventive step as it is considered to be obvious for a skilled person with regards to D2 (the suspended portion or the net-type fine/ coarse architecture concerns a slight constructional change which does not require any inventiveness as it represents an usual simple existing design, see for example documents D5, figures 4 and 5 and D6, figures 6-12).	3.2 除了相对 D1 缺乏新颖性之外，权利要求 4 和 6 的主题还缺乏创造性，因为对于 D2 而言，对于技术人员来说这是显而易见的（悬浮部分或网状粗细结构涉及轻微的结构更改，因为它代表通常的简单现有设计，因此不需要任何创造性，如参见文件 D5 中的图 4 和 5 和 D6 中的图 6~ 图 12）。

续表

原文	编者译
3.3 Remaining Dependent claims 5 and 7 do not contain any additional features which, in combination with the features of any claim to which they refer, meet the requirements of the EPC with respect to inventive step, as they are disclosed in the cited documents or considered as obvious for a skilled person (claim 5: perforations that are considered as constructional alternatives and that concern a slight constructional change, see for instance D7; claim 7: simple "spider net" configuration that is considered as a constructional alternative and that concerns a slight constructional change, see for instance D6).	3.3 其余从属权利要求 5 和 7 不包含任何与它们所引用的任何权利要求的特征相结合可以满足 EPC 有关创造性步骤的要求的附加特征，如在所引用文件中公开或认为对于技术人员来说是显而易见的（权利要求 5：被认为是结构替代品且涉及轻微的结构变化的穿孔，如参见 D7；权利要求 7：简单的“蜘蛛网”配置，其被视为结构替代品，并且涉及轻微的结构变化，如参见 D6）。

本案例中的欧洲专利局意见指出，权利要求 1~4 和 6 不具备新颖性；权利要求 2、4~7 不具备创造性。

新颖性意见中，欧洲专利局采用 D1、D2 和 D3 分别评述了独立权利要求 1 不具备新颖性，然后指出独立权利要求 2 被 D3 公开，从属权利要求 3 的附加特征被 D1、D2 或 D3 公开，从属权利要求 4、6 的附加特征被 D1 公开。

创造性意见中，欧洲专利局指出独立权利要求 2 相对于 D1 或 D2 不具备创造性，权利要求 4 和 6 相对于 D2 不具备创造性，权利要求 5 和 7 不具备创造性。

3. 申请人的答复

针对欧洲专利局检索意见，申请人进行了回复并修改了权利要求书和说明书，具体的陈述内容见表 6.3。

表 6.3　申请人的答复

原文	编者译
This is in reply to the Official Communication dated January 31, 2017 including the extended European search report, as well as to the Communication pursuant to Rules 70(2) and 70a(2) EPC dated February 17, 2017.	这是对 2017 年 1 月 31 日发布的官方通知（包括扩展的欧洲检索报告）及 2017 年 2 月 17 日根据 R70（2）和 R70（a）（2）的通知的回应。
The Applicant wishes to indicate that he desires to proceed further with the present application. Herewith, the following documents are filed: …	申请人表明他希望进一步进行本申请。 特此提交以下文件： ……

续表

原文	编者译
I. Amendments The amendments which have been incorporated into the above-mentioned newly filed documents have been made in order to underline the distinction of the subject-matter of the present invention as claimed from the relevant prior art. …	**I. 修改** 为了强调要求保护的本发明的主题与相关现有技术的区别，已经做出了修改，并被合并到上述新提交的文件中。 ……
II. Allowability The Search Division has objected that the subject-matters of all pending claims 1 to 7 are likewise anticipated by both cited prior art documents US 5,924,398 A (Dl) and DE 195 37 269 A1 (D2). Further, the Search Division has objected that the subject-matters of pending claims 1 to 3 are anticipated JP 2007 303341 A (D3). This above evaluation of the Search Division is respectfully traversed on the basis of the following facts and finding. In detail, with respect to Dl, …. As regards D2, t…. With respect to the cited prior art documents Dl, D2 and D3, it is considered that the disclosure of D3 constitutes the closest prior art. …. For that reason, it is clear that the subject-matter of claim 1 on file is likewise novel in view of each of D1, D2 and D3. In view of inventive step of the subject-matter of new claim 1, …	**II. 可授权性** 检索部门的反对意见是，引用的现有技术文件US5，924，398 A（D1）和DE19537269 A1（D2）均预期所有待决的权利要求1~7的主题。此外，检索部门还认为待决的权利要求1~3的主题被JP2007303341A（D3）预期。 基于以下事实和调查结果，对上述对检索部门的意见进行了认真的介绍。 详细地，关于D1，…… 关于D2，…… 关于所引用的现有技术文件D1，D2和D3，认为D3的公开构成了最接近的现有技术。…… 因此，很明显，就D1、D2和D3中的每一个而言，权利要求1的主题都是新颖的。 对于新权利要求1的主题的创造性，将从以下进行陈述。 ……

4. 分析及建议

通过上述案例可知，与中国专利局审查意见中通常仅确定一篇最接近的现有技术进行新颖性评述不同，欧洲专利局通常会对同一个独立权利要求采用不同的文件作为最接近的现有技术分别进行新颖性评述。

例如本案，欧洲专利局采用了三篇对比文件分别评述了权利要求1的新颖性，其目的除了提供充分而全面的证据外，也兼顾到了后续从属权利要求评述的便利性。如果审查意见中仅采用D1进行评述，则不能评述权利要求2不具备新颖性，而通过引用D3，则可以评述权利要求2不具备新颖性。更重要的是，通过三篇对比文件的引用，可以使得申请人更加全面地了解相关的现有技术，从而方便确定申请可授权的修改方向，进而也避免了审查部门后续程序中引入新的对比文件的不必要的麻烦。

对于这种审查意见，申请人在修改时应当充分考虑欧洲专利局意见中所采用的各个对比文件，全面分析各对比文件公开的内容，从而最终确定权利要求的修改方向，以便使得修改后的权利要求相对于所有对比文件均具备新颖性和创造性。在意见陈述中，要针对每个对比文件分别陈述修改后的权利要求具备新颖性和创造性的理由，不能仅选择一个自认为最接近的对比文件进行回应。

6.1.2 新颖性的答复建议

虽然实际的审查过程中，无论在欧洲专利局还是在中国专利局，涉及新颖性问题的申请均为少数，但仍然有必要针对欧洲新颖性审查意见和申请人的争辩和答复进行详细分析，从中寻求可以借鉴之处。下面将通过一具体案例加以分析。

1. 案情介绍

案例涉及接头密封系统，主要涉及飞机，特别涉及飞机中的接头。

权利要求书见表 6.4。

表 6.4 权利要求书

原文	编者译
1. An apparatus comprising: a first section (324) configured to be connected to a first structure (304); a second section (326) configured to be connected to a second structure (306), wherein the first structure (304) and the second structure (306) are connected to each other at a joint (310); and a middle section (328) located between the first section (324) and the second section (326) and having a length (330) that is configured to change in response to a movement between the first structure (304) and the second structure (306)r wherein the first section (324), the middle section (328) r and the second section (326) form a cover (322) that is configured to form a seal (332) for	1. 一种装置，其包含： 第一部分（324），其被构造成连接至第一结构（304）； 第二部分（326），其被构造成连接至第二结构（306），其中所述第一结构（304）与所述第二结构（306）在接头（310）处相互连接；以及 中间部分（328），其位于所述第一部分（324）和所述第二部分（326）之间，且具有被构造成响应所述第一结构（304）和所述第二结构（306）之间的运动而改变的长度（330），其中所述第

续表

原文	编者译
the joint (310). …… 15. The method of any of claims 11-14, wherein the first structure (304) includes a composite stringer (406) and wherein the second structure (306) includes a fitting (408).	一部分（324）、所述中间部分（328）和所述第二部分（326）形成盖子（322），所述盖子（322）被构造成形成所述接头（310）的密封件（332）。 …… …… 15. 根据权利要求 11~14 任一项所述的方法，其中所述第一结构（304）包括复合纵梁（406），并且所述第二结构（306）包括配件（408）。

2. 欧洲专利局检索意见

欧洲专利局的检索意见见表 6.5。

表 6.5　欧洲专利局的检索意见

原文	编者译
Reference Reference is made to the following documents; the numbering will be adhered to in the rest of the procedure. D1 US 6 638 466 B1 (ABBOTT RIC [US]) 28 October 2003 (2003-10-28) D2 US 4 645 244 A (CURTIS EDWIN [US]) 24 February 1987 (1987-02-24)	参考 参考以下文件；后续程序将延续编号。 D1 US 6638466 B1（ABBOTT RIC [US]）2003 年 10 月 28 日（2003-10-28） D2 US 4645244A（CURTIS EDWIN [US]）1987 年 2 月 24 日（1987-02-24）
Novelty Moreover, the present application does not meet the requirements of Article 52(1) EPC, because the subject-matter of claim 1 is not new in the sense of Article 54(1) and (2) EPC. The document D1 is regarded as being the closest prior art to the subject-matter of claim 1, and discloses (the references in parentheses applying to this document): ……	**新颖性** 本申请不满足 A52（1）的要求，因为从 A54（1）和 A54（2）的意义上讲，权利要求 1 的主题不是新的。文件 D1 被认为是与权利要求 1 的主题最接近的现有技术，并且公开了（适用于该文件的括号中的引用）： ……
Furthermore, document D2 also shows the features of independent claim 1: …….	此外，文件 D2 也公开了独立权利要求 1 的特征： ……。
The same reasoning applies, mutatis mutandis, to the independent method claim 11, which is also considered not new. The subject-matter of dependent claims 2-5, 8-10 and 13-15 is also disclosed in at least one of documents D1 and D2 and therefore not new, the reasons being as follows:	同样的理由经过适当修改也用于独立方法权利要求 11，该方法也被认为不是新的。 从属权利要求 2~5、8~10 和 13~15 的主题还在文件 D1 和 D2 中的至少一个中公开，因此不是新的，其原因如下：

续表

原文	编者译
–claim 2, see D2, fig.1 –claim 3, see D2, fig.1 –claim 4, see D2, fig.2 –claim 5, see D1, ref.34,36; D2, ref.93 –claim 8, see D1, col.8,1.65 –claim 9, see D1, ref.34,38 –claim 10, see D1, fig.4; D2, col.1,1.7 –claim 13, see D2, fig.1 –claim 14, see D1, ref.34,36; D2, ref.93 –claim 15, see D1, ref.34,38	… … … …
Inventive Step The present application does not meet the requirements of Article 52(1) EPC, because the subject–matter of claims 6, 7 and 12 does not involve an inventive step in the sense of Article 56 EPC. The additional features of said dependent claims are obvious in the light of general knowledge. They cannot be seen to apport an inventive step.	**创造性的步骤** 本申请不满足 A52（1）的要求，因为权利要求 6、7 和 12 的主题不涉及 A56 的创造性。根据常识，所述从属权利要求的附加特征是显而易见的。不能认为它们赋予了创造性。

欧洲专利局审查意见中采用了 D1 和 D2 分别评述了独立权利要求 1 不具备新颖性，并指出从属权利要求 2~5、8~10、13~15 的附加特征被 D1 或 D2 公开，因此也不具备新颖性。同时指出从属权利要求 6、7 和 12 的附加特征是公知常识，因此不具备创造性。

3. 申请人的答复

申请人在回复中详细阐述了权利要求 1 相对于 D1 和 D2 具备新颖性和创造性的理由，具体见表 6.6。

表 6.6　申请人的答复

原文	编者译
Novelty D1 does not relate to a cover having three parts – there is a cover (44) but it is only formed of a single part. Furthermore, there is no middle section with variable length. Claim 1 is therefore novel over this document.	**新颖性** D1 不涉及具有三部分的盖子 – 其盖子（44）仅由单个部分形成。此外，没有具有可变长度的中间部分。因此，权利要求 1 相对于该文件是新颖的。

续表

原文	编者译
D2 comprises a joint between ducting and not a cover for a joint between a stringer and a fitting. This is not a cover for a joint between a stringer and a fitter and nor would it be suitable for a joint between a stringer and a fitting – the joint and cover depicted in D2 would only be suitable for joints between cylindrical parts. Claim 1 is therefore novel over this document. **Inventive Step** …….	D2 包括管道之间的接头，而不包括纵梁和配件之间的接头的盖。这不是纵梁与钳工之间的接头的盖，也不是纵梁与接头之间的接头的盖 -D2 中所示的接头和盖仅适用于圆柱零件之间的接头。因此，权利要求 1 相对于该文件是新颖的。 **创造性的步骤** ……。

4. 分析及建议

本案例中，欧洲专利局采用了两篇对比文件分别评述了大部分权利要求不具备新颖性，同时指出剩余的权利要求不具备创造性。

鉴于此，如果申请人认为权利要求具有新颖性，则需要相对于 D1 和 D2 分别陈述具有新颖性的理由，例如本案例，申请人指出 D1 并未公开权利要求 1 中的部分特征，D2 也未公开权利要求 1 中的某些特征，同时陈述了权利要求 1 具备创造性的理由。

通过本案例可以看出，申请人除了需要针对不同的对比文件分别进行回应外，关于新颖性问题的争辩，则需要重点陈述对比文件具体未公开权利要求中的哪些特征，这些都属于常规的做法。但需要注意的一点是，如果申请的权利要求相对于对比文件存在实质性的差别，则在意见陈述中仅需要简单扼要地指出这些差别之处即可，对申请其他特征能够产生的效果则没有必要详细展开，以避免出现侧重点难以确定的问题。

6.1.3 抵触申请评述

1. 案情介绍

该申请涉及超低摩擦覆层以及在钻杆组件上应用此类覆层来减少地下旋转钻进操作中的摩擦和磨损。需要解决的技术问题是在保护钻杆组件免于磨损的同时，降低加套筒的井眼在钻进条件下的接触摩擦。这需要能够结合高硬度以及具有与套筒的钢表面接触时的低摩擦系数（COF）的新型材料。如果此类覆层 / 材料还可以提供对井壁的低能表面和低摩擦系数，这就允许了超大位移钻井。

该申请的方案为一种用于地下旋转钻进操作的先进覆层钻杆组件，其包含具有暴露外表面的主体组件，该主体组件包括连接于井底钻具组件的钻柱或连接于井底钻具组件的连续油管，以及在主体组件暴露外表面的至少一部分上的超低摩擦覆层，其中超低摩擦覆层的摩擦系数小于或等于 0.15。

欧洲专利局在做出本局的检索报告后很少进行补充检索，但是该案中申请人将说明书中的相关特征加入权利要求中后，审查员在第二次通知书中进行了补充检索，增加新的对比文件 4（EP2090741A1）。该新的对比文件为抵触申请文件，仅能用于评述新颖性。申请人将未评述的权利要求 3、12 加入权利要求 1、11 后，欧洲专利局做出授权决定。

审查意见针对的权利要求书见表 6.7。

表 6.7　审查意见针对的权利要求书

权利要求 1 原文	编者译
1. A coated drill stem assembly for subterraneous rotary drilling operations comprising: a body assembly with an exposed outer surface including a drill string coupled to a bottom hole assembly or a coiled tubing coupled to a bottom hole assembly and an ultra-low friction coating on at least a portion of the exposed outer surface of the body assembly, wherein the coefficient of friction of the ultra-low friction coating is less than or equal to 0.15, wherein the ultra-low friction coating is chosen from a diamond based material, diamond-like-carbon (DLC), boron nitride, and combinations thereof.	1. 一种用于地下旋转钻进操作的覆层钻杆组件，其包括： 具有暴露外表面的主体组件，该主体组件包括连接于井底钻具组件的钻柱或连续油管，以及 在主体组件暴露外表面的至少一部分上的超低摩擦覆层，其中超低摩擦覆层的摩擦系数小于或等于 0.15， 其中超低摩擦覆层选自金刚石基材料、金刚石状碳（DLC）、氮化硼、以及它们的组合。

2. 欧洲专利局审查意见及答复

欧洲专利局具体审查意见见表 6.8。

表 6.8 欧洲专利局的审查意见

欧洲专利局审查意见原文	编者译
However the additional document D4 has been retrieved during the search for prior art under Article 54(3) EPC. D4 published on 19-08-2009 has the application date of 15-02-2008. Its content as filed is therefore considered to be comprised in the state of the art relevant to the question of novelty, pursuant to Article 54(3) EPC. This earlier application shows (see [0020]-[0023]; figure 1) a drill string coupled to a bottom hole assembly, which together are understood to constitute a drill stem assembly (cf. paragraphs [0002], [0030]-[0033] of the current application). A protective, corrosion-resistant coating, preferably of diamond or diamondlike carbon is applied to at least part of an outer surface of this assembly (see [0024]-[0026]). In addition to its other properties, this coating has a very low coefficient of friction, specifically 0.1 or even less (see tables 1,2; paragraphs [0037], [0038]). Moreover D4 explicitly discloses that this coating is applied to the outer surfaces of bottom hole components which are not the drill bit (see [0042]-[0045]). D4 also discloses a method for reducing friction in which such a drill stem assembly is used in subterranean rotary drilling operations. Thus, D4 is prejudicial to the novelty of the subject- matter of claims 1,2,4-6 (see paragraphs [0028], [0029] of D4), 8 (see paragraph [0033]) , 9-11 and 13-18 of the present application.	但是，根据 A54（3），在寻找现有技术期间已检索了对比文件 D4。2009 年 8 月 19 日公布的 D4 的申请日期为 2008 年 2 月 15 日。因此，根据 A54（3），其内容属于新颖性问题的现有技术文件。（编者注：首先，说明 D4 的申请和公开日期，表明属于 A54（3）规定的现有技术，对应于我国的抵触申请对比文件。） 该较早的申请公开了（参见［0020］~［0023］；图 1）联接至井底钻具组合的钻柱，钻柱共同被理解为构成钻杆组合件（参见该申请的［0002］，［0030］~［0033］段）。优选将金刚石或类金刚石碳的保护性抗腐蚀涂层施加到该组件的外表面的至少一部分上（参见［0024］~［0026］）。除了其他性能之外，该涂层还具有非常低的摩擦系数，特别是 0.1 甚至更低（参见表 1，2；［0037］，［0038］段）。此外，D4 明确地公开了将该涂层施加到不是钻头的底孔部件的外表面上（参见［0042］~［0045］段）。D4 还公开了一种减小摩擦的方法，其中，这种钻杆组件被用于地下旋转钻探操作中。因此，D4 影响权利要求 1、2、4~6（参见 D4 的［0028］，［0029］段），8（参见［0033］段），9~11 和 13~18 的主题的新颖性。**（编者注：根据 EPC，抵触申请文件同样只能用于评述新颖性，不能用于评述创造性。最终只用 D4 评述部分权利要求 1，2，4~6，8，9~11，13~18 相对于 D4 不具备新颖性。）**

申请人意见答复：申请人将权利要求 3、12 的特征分别加入独立权利要求 1、11 并陈述了权利要求具备新颖性的理由（表 6.9）。

表 6.9 申请人的答复

申请人意见陈述原文	编者译
In the argumentation below, we refer to the following prior art as identified in the proceedings of this application:D4 EP 2 090 741 (Schlumberger); D4 discloses an apparatus for downhole operation …… Therefore D4 does not disclose 1 coated drill stem assembly for subterraneous rotary drilling operations, wherein …… In view of the above, claim 1 and claim 11 (renumbered claim 10) are both new over D4.	在下面的论述中，我们指的是在本申请的程序中确定的以下现有技术：D4 EP2090741（Schlumberger）； D4 公开了一种用于井下作业的设备，…… 因此，**D4 没有公开一种用于地下旋转钻探操作的带涂层的钻杆组件，其中，……** 鉴于上述，权利要求 1 和权利要求 11（重新编号为权利要求 10）相对 D4 都是新的。

在收到该答复后，欧洲专利局做出授权决定。

3. 分析及建议

根据 A54（3），也存在与我国专利法类似的抵触申请文件，同样，该文件在欧洲专利局也仅能用于评述新颖性。在进行答复时应注意针对本申请权利要求与对比文件的不同进行答复，还可以对该不同带来的效果进行说明。

6.1.4　权利要求中的特征不具有限定作用

在理解权利要求的保护范围时，要重点考虑权利要求中的特征对于请求保护的主题的限定作用。当权利要求中的特征不属于请求保护的主题的内容或不清楚时，欧洲专利局的审查员在评述新颖性或创造性时可能对其不予考虑。

1. 案情简介：

本案申请人为精工爱普生公司，本案主要是为了在喷墨打印机中使用含鳞片状油墨（大颗粒的存在导致原来的喷墨结构难以使用），而设计了一种喷墨记录装置。

其相关权利要求见表 6.10。

表 6.10　权利要求书

权利要求 1 原文	编者译
1. A recording apparatus comprising: an ink jet recording head (2), wherein a manifold (120) in which an ink flows, and a plurality of ink flow paths(12,14) divided from the manifold and arranged in a first direction are formed in the ink jet recording head, and a nozzle opening portion (21) which discharges the ink flowing from the manifold is formed in each ink flow path, wherein; when a maxinxim area is C1 and a minimum area is C2 of a cross section of the ink flow path induding the first direction and a vertical direction, except a cross section induding the nozzle opening portion. C1 is more than one and equal to or less than 3.5 times C2;	1. 一种记录装置，具备： 喷墨记录喷头， 在所述喷墨记录喷头上形成有供油墨流入的歧管（120）和从该歧管分支且沿第 1 方向排列的多个油墨流路（12，14）， 在所述油墨流路上形成有喷出从所述歧管流入的所述油墨的喷嘴开口部（21）， 在所述油墨流路的包含所述第 1 方向和铅直方向的截面中，将除包含所述喷嘴开口部的截面之外的最大的面积设为 C1、最小的面积设为 C2 时，所述 C1 大

续表

权利要求 1 原文	编者译
a length of the longest **line segment** is equal to or more than 30μm and equal to or less than 80 μ m among the **line segments** parallel to the first direction in the cross section of the ink flow path induding the first direction and the vertical direction; **the ink contains a flaky pigment, and** **the flaky pigment has an average thickness of equal to or more than 5 nm and equal to or less than 50 nm and a 50% average pariide diameter, which is an equivalent circle diameter, of equal to or more than 0.5μm and equal to or less than 2.1μm.**	于所述 C2 的 1 倍且为所述 C2 的 3.5 倍以下， 所述油墨流路的包含所述第 1 方向和垂直方向的截面的、与所述第 1 方向平行的**线段**中最长的**线段**的长度为 30 ~ 80μm， **所述油墨含有鳞片状颜料，** **所述鳞片状颜料具有 5 ~ 50nm 的平均厚度，且具有 0.5 ~ 2.1μm 的当量圆直径的 50% 平均粒径。**

2. 欧洲专利局审查过程

欧洲专利局的审查意见见表 6.11。

表 6.11　欧洲专利局的审查意见

欧洲专利局通知书原文	编者译
2 The application does not meet the requirements of Article 84 EPC, because claim 1 is not clear, "line segment" does not seem to have a clear recognized technical meaning. Moreover, the description does not seem to give details about the meaning of this term and how this term needs to be understood. The "length of the longest line segment" is therefore also not clear.	2 该申请不符合 A84 的要求，因为权利要求 1 不清楚，**"线段"似乎没有清楚的公认技术含义**。而且，说明书似乎没有给出关于该术语的含义以及如何理解该术语的细节。因此，"最长的线段的长度"也不清楚。
Moreover, features about the ink are disclosed in claim 1 (flaky pigment and size of the pigment). However, the ink itself is not claimed as being part of the subject matter (the recording apparatus) of claim 1. Referring to a second entity not part of the first entity claimed introduces therefore unclarities about the scope of claim 1.	**此外，在权利要求 1 中公开了关于油墨的特征（鳞片状颜料和颜料的尺寸）。但是，油墨本身不被认为是权利要求 1 的主题（记录设备）的一部分。涉及第二实体而不是所要求保护的第一实体的一部分，因此导致了权利要求 1 的范围的不清楚。（编者注：该权利要求请求保护的是记录设备，其中对于油墨的限定审查员认为不是记录设备的一部分，因此不清楚。）**
3 The present application does not meet the requirements of Article 52(1) EPC, because the subject-matter of independent claim 1 is not new in the sense of Article 54(1) and (2) EPC. The document D1 discloses (the references in parentheses applying to this document):	3 本申请书不符合 A52（1）的要求，因为就 A54（1）和 A54（2）而言，独立权利要求 1 的主题不具备新颖性。 对比文件 D1 公开了（适用于该文件的括号中的引用）：

续表

欧洲专利局通知书原文	编者译
A recording apparatus comprising: an inkjet recording head (HD), wherein a manifold (426) in which an ink flows, and a plurality of ink flow paths (424) divided from the manifold and arranged in a first direction are formed in the inkjet recording head; and a nozzle opening portion (427) which discharges the ink flowing from the manifold is formed in each ink flow path, wherein; when a maximum area is Scav and a minimum area is Ssup of a cross section of the ink flow path including the first direction and a vertical direction (see fig. 2b, difference between Scav and Ssup), except a cross section including the nozzle opening portion, C1 is more than one and equal to or less than 3.5 times C2 (§ 119).	一种记录设备，包括：喷墨记录头（HD）， 其中，在喷墨记录头中形成有供墨流过的歧管（426）以及从该歧管分开并沿第一方向排列的多个油墨流路（424）；和 在每个墨水流路中形成有喷嘴开口部（427），该喷嘴开口部（427）排出从歧管流出的墨水； 当最大面积为 Scav 而最小面积为 Ssup 时，除了包括喷嘴开口的横截面外，包括第一方向和垂直方向的墨水流动路径的横截面（见图 2b，Scav 和 Ssup 之差），C1 大于或等于 C2 的 3.5 倍（第 119 节）。
The ink itself is not considered as being part of the subject matter of claim 1 since the ink is not claimed as being part of the apparatus. The features relating to the ink are therefore not taken into account to assess novelty. Moreover, the "line segment" being not clear, the feature relating to this term has not be taken into account to assess novelty.	**油墨本身不被认为是权利要求 1 的主题的一部分，因为油墨不被认为是设备的一部分。因此，在评估新颖性时不考虑与墨水有关的特征。此外，"线段"不明确，与该术语有关的特征在评估新颖性时并未考虑在内。（编者注：在进行新颖性评价时，审查员认为油墨因为不是权利要求请求保护的记录装置的一部分，因此评价新颖性时未考虑其特征。同理，"线段"相关的特征也未考虑。）**

3. 申请人具体答复

申请人的答复见表 6.12。

表 6.12 申请人的答复

申请人答复原文	编者译
In response to point 2 of the search opinion, the seventh paragraph of present claim 1 has been amended to specify that the largest width of the ink flow path in the first direction is equal to or more than 30μm and equal to or less than 80μm. Basis for this amendment may be found in paragraph [0041] of the present application as filed. Claim 1 no longer refers to "line segments" and we therefore submit that the first clarity objection has been overcome.	响应于检索意见的第 2 点，对本权利要求 1 的第 7 段进行了修改，以指定沿第一方向的墨水流路的最大宽度等于或大于 30μm 且小于或等于 80μm。可以在本申请申请日提交的第［0041］段中找到该修改的依据。**权利要求 1 不再涉及"线段"，因此我们认为已经消除了第一个关于不清楚的否定意见。**

续表

申请人答复原文	编者译
Furthermore, claim 1 has been amended to claim the ink as part of the recording apparatus. It is now clear that the features of the ink limit the claim and we submit that the scope of the claim is clearly defined.	此外，**权利要求1已被修改为要求油墨作为记录设备的一部分**。现在很明显，墨水的特征限制了权利要求，我们认为权利要求的范围已明确定义。
Concerning point 3 of the search opinion, we submit that the subject matter of present claim 1 is novel over D1 and involves an inventive step. Firstly, D1 fails to disclose that a largest width of the ink flow path in the first direction is between 30μm and 80 μm as required by present claim 1. D1 only discloses an ink flow path having a width within the much larger range of 20 μm to 300μm (see D1, paragraph [0062]). Furthermore, D1 fails to disclose an ink containing a flaky pigment as defined in the last two paragraphs of present claim 1.	关于检索意见的第3点，我们认为，本权利要求1相对于D1具备新颖性和创造性。首先，D1没有公开如本权利要求1所要求的，在第一方向上的油墨流路的最大宽度在30μm至80μm之间。D1仅公开了一种油墨流路，其宽度在20μm至300μm的较大范围（参见D1，第［0062］段）。此外，D1没有公开包含如权利要求1的最后两段所定义的鳞片状颜料的油墨。
The present invention solves the problem of improving the discharging stability of flaky pigment ink from an inkjet recording head. Ink containing a flaky pigment can produce a high level of gloss but tends to reduce discharge stability in prior art inks (see paragraphs [0003] to [0005] of the present application). However, by using a flaky pigment having an average thickness and particle diameter as required by present claim 1 in conjunction with an ink flow path having the width required by present claim 1, the present inventors have found that the ink can be discharged stably (see also paragraphs [0006] and [0009] of the present application as filed).	本发明解决了改善鳞片状颜料墨从喷墨记录头的排出稳定性的问题。包含鳞片状颜料的油墨可以产生高水平的光泽度，但是趋于降低现有技术油墨的排出稳定性（参见本申请的第［0003］至［0005］段）。然而，**通过结合使用权利要求1所要求的具有平均厚度和粒径的鳞片状颜料以及具有权利要求1所要求的宽度的油墨流路，本发明人发现可以稳定地排出油墨**（参见本申请的［0006］和［0009］段）。
D1 does not recognise the problem of using flaky pigments that is addressed by the present invention. We submit that there is nothing in the prior art that would lead the skilled person to the solution defined in present claim 1.	D1没有认识到使用鳞片状颜料的问题，这是本发明解决的。我们认为，现有技术中没有什么可以使技术人员获得本权利要求1中定义的解决方案。

修改后的权利要求见表6.13。

表6.13　修改后的权利要求书

权利要求1原文	编者译
1. A recording apparatus comprising: an inkjet recording head (2); and an ink; wherein:	1. 一种记录装置，具备： 喷墨记录喷头（2），和 油墨，其中

续表

权利要求 1 原文	编者译
a manifold (120) in which the ink flows, and a plurality of ink flow paths (12, 14) divided from the manifold and arranged in a first direction are formed in the inkjet recording head; a nozzle opening portion (21) which discharges the ink flowing from the manifold is formed in each ink flow path; when a maximum area is C1 and a minimum area is C2 of a cross section of the ink flow path including the first direction and a vertical direction, except a cross section including the nozzle opening portion, C1 is more than one and equal to or less than 3.5 times C2; characterized in that a largest width of the ink flow path in the first direction is equal to or more than 30μm and equal to or less than 80μm;the ink contains a flaky pigment; and the flaky pigment has an average thickness of equal to or more than 5 nm and equal to or less than 50 nm and a 50% average particle diameter, which is an equivalent circle diameter, of equal to or more than 0.5 (im and equal to or less than 2.1 μ m.	在所述喷墨记录喷头上形成有供油墨流入的歧管（120）和从该歧管分支且沿第 1 方向排列的多个油墨流路（12，14）； 在所述油墨流路上形成有喷出从所述歧管流入的所述油墨的喷嘴开口部（21），在所述油墨流路的包含所述第 1 方向和垂直方向的截面中，将除包含所述喷嘴开口部的截面之外的最大的面积设为 C1、最小的面积设为 C2 时，所述 C1 大于所述 C2 的 1 倍且为所述 C2 的 3.5 倍以下，其特征是： 油墨流路在第一方向上的最大宽度等于或大于 30μm 且小于或等于 80μm; 墨水中含有鳞片状颜料；以及 所述鳞片状颜料具有 5 ~ 50nm 的平均厚度，且具有 0.5 ~ 2.1μm 的当量圆直径的 50% 平均粒径。

申请人答复之后，审查员接受申请人的修改并授权。

4. 分析及建议

该案例体现了欧洲专利局对于权利要求保护范围的理解。欧洲专利局认为油墨本身并不是权利要求 1 请求保护的记录装置的一部分，因此，虽然权利要求中对油墨有详细限定的特征，但是审查员在评述新颖性时未考虑。

当权利要求既有实质不清楚问题又有新颖性和创造性问题时，欧洲专利局审查员先评述不清楚问题，再按照一个合理的范围评述新颖性和创造性问题。对于本案欧洲专利局审查员认为不清楚的“油墨”和“线段”的相关特征，其在评述新颖性和创造性时并未考虑。

答复该类通知书，可以在权利要求中明确特征限定的结构或方法属于请求保护的主题的一部分，并对表述不清楚的特征进行修改或澄清。

6.2 创造性

在欧洲专利局创造性评述过程中，也存在一些相对中国专利局做法不同的地方，下面将通过案例具体说明。

6.2.1 采用多篇对比文件分别评述创造性

与新颖性评述中采用多篇对比文件类似，欧洲专利局的检索意见或审查意见中对于创造性问题也通常会采用多篇对比文件分别进行评述。下面将通过具体案例进行详细分析。

1. 案情介绍

本发明总体上涉及涡轮增压器，更具体地讲，涉及具有带有特定形状轮毂的涡轮机叶轮的轴流式涡轮机。

权利要求书见表 6.14。

表 6.14 权利要求书

原文	编者译
1. A turbocharger configured to receive an exhaust gas stream from an engine configured to operate over a range of standard operating conditions, and to compress input air into a pressurized air stream, comprising: a housing including a turbine housing; and a rotor configured to rotate within the housing along an axis of rotor rotation, the rotor including an axial turbine wheel, a compressor wheel, and a shaft extending along the axis of rotor rotation and connecting the turbine wheel to the compressor wheel; ……	1. 一种涡轮增压器，其被设计成接收来自在一定范围的标准工况下运行的发动机的废气流，并且将进入的空气压缩成增压空气流，包括：壳体，其包括涡轮机壳体；转子，其被设计成沿转子旋转的轴线在所述壳体内旋转，所述转子包括轴向涡轮机叶轮、压气机叶轮和沿所述转子旋转的轴线延伸并且将所述涡轮机叶轮连接在压气机叶轮上的轴；……
……	……
12. The turbocharger of claim 1, wherein: the trailing edge being characterized by a radius at the hub end and a radius of the tip end; and the radius at the hub end of the turbine wheel trailing edge is no more than 60% of the radius of the tip end of the turbine wheel trailing edge.	12. 如权利要求 1 的涡轮增压器，其中：所述后缘用所述轮毂端的半径和所述顶端的半径来表征；位于所述涡轮机叶轮后缘的轮毂端的半径不超过所述涡轮机叶轮后缘的顶端的半径的 60%。

2. 欧洲专利局审查过程

欧洲检索报告给出了多篇 Y 类文件，具体如图 6.2 所示。

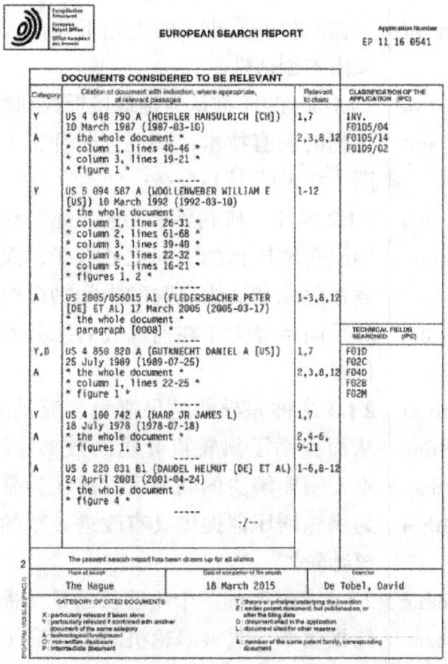

EUROPEAN SEARCH REPORT

Application Number EP 11 16 0541

DOCUMENTS CONSIDERED TO BE RELEVANT

Category	Citation of document with indication, where appropriate, of relevant passages	Relevant to claim	CLASSIFICATION OF THE APPLICATION (IPC)
Y A	US 4 648 790 A (HOERLER HANSULRICH [CH]) 10 March 1987 (1987-03-10) * the whole document * * column 1, lines 40-46 * * column 3, lines 19-21 * * figure 1 *	1,7 2,3,8,12	INV. F01D5/04 F01D5/14 F01D9/02
Y	US 5 094 587 A (WOOLLENWEBER WILLIAM E [US]) 10 March 1992 (1992-03-10) * the whole document * * column 1, lines 26-31 * * column 2, lines 61-68 * * column 3, lines 39-40 * * column 4, lines 22-32 * * column 5, lines 16-21 * * figures 1, 2 *	1-12	
A	US 2005/056015 A1 (FLEDERSBACHER PETER [DE] ET AL) 17 March 2005 (2005-03-17) * the whole document * * paragraph [0008] *	1-3,8,12	TECHNICAL FIELDS SEARCHED (IPC)
Y,D A	US 4 850 820 A (GUTKNECHT DANIEL A [US]) 25 July 1989 (1989-07-25) * the whole document * * column 1, lines 22-25 * * figure 1 *	1,7 2,3,8,12	F01D F02C F04D F02B F02M
Y A	US 4 100 742 A (HARP JR JAMES L) 18 July 1978 (1978-07-18) * the whole document * * figures 1, 3 *	1,7 2,4-6, 9-11	
A	US 6 220 031 B1 (DAUDEL HELMUT [DE] ET AL) 24 April 2001 (2001-04-24) * the whole document * * figure 4 *	1-6,8-12	

-/--

The present search report has been drawn up for all claims

Place of search	Date of completion of the search	Examiner
The Hague	18 March 2015	De Tobel, David

(a)

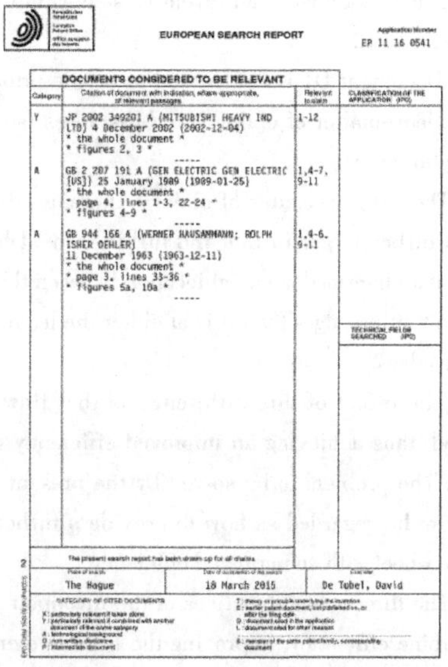

EUROPEAN SEARCH REPORT

Application Number EP 11 16 0541

DOCUMENTS CONSIDERED TO BE RELEVANT

Category	Citation of document with indication, where appropriate, of relevant passages	Relevant to claim	CLASSIFICATION OF THE APPLICATION (IPC)
Y	JP 2002 349201 A (MITSUBISHI HEAVY IND LTD) 4 December 2002 (2002-12-04) * the whole document * * figures 2, 3 *	1-12	
A	GB 2 207 191 A (GEN ELECTRIC GEN ELECTRIC [US]) 25 January 1989 (1989-01-25) * the whole document * * page 4, lines 1-3, 22-24 * * figures 4-9 *	1,4-7, 9-11	
A	GB 944 166 A (WERNER HAUSAMMANN; ROLPH ISHER OEHLER) 11 December 1963 (1963-12-11) * the whole document * * page 3, lines 33-36 * * figures 5a, 10a *	1,4-6, 9-11	TECHNICAL FIELDS SEARCHED (IPC)

The present search report has been drawn up for all claims

Place of search	Date of completion of the search	Examiner
The Hague	18 March 2015	De Tobel, David

(b)

图 6.2 欧洲专利局检索报告

欧洲专利局给出的审查意见见表 6.15。

表 6.15 欧洲专利局的审查意见

引用的文件原文	编者译
The examination is being carried out on the following application documents Description, Pages 1–26 as originally filed Claims, Numbers 1–12 as originally filed Drawings, Sheets 1/6–6/6 as originally filed	指出审查的文本
1 Reference is made to the following documents; the numbering will be adhered to in the rest of the procedure. D1 US 4 648 790 A (HOERLER HANSULRICH [CH]) 10 March 1987 (1987–03–10) …… D9 GB 944 166 A (WERNER HAUSAMMANN;ROLPH ISHER OEHLER) 11 December 1963 (1963–12–11)	列出引用的对比文件： D1~D9。

续表

新颖性和创造性意见原文	编者译
2 Novelty and Inventive Step (Art. 52(1), 54 and 56 EPC)	2 新颖性和创造性［A52（1）、A54 和 A56］
2.1 The present application does not meet the requirements of Article 52(1) EPC because the subject-matter of independent claim 1 does not involve an inventive step within the meaning of Article 56 EPC.	2.1 本申请不满足 A52（1）的要求，因为独立权利要求 1 的主题不具备 A56 含义内的创造性。
2.1.1 Document D1 is considered to be the prior art closest to the subject-matter of claim 1 and discloses (see figure 1 and description):……	2.1.1 文件 D1 被认为是最接近权利要求 1 主题的现有技术，并且它公开了（参见图 1 和说明书）：……
2.1.2 The subject-matter of claim 1 therefore differs from this known turbocharger in that the turbine wheel hub is radially larger at an intermediate axial location between the leading edges and the trailing edges than it is at either the leading edges or the trailing edges.	2.1.2 因此，权利要求 1 的主题与该已知的涡轮增压器的不同之处在于，涡轮轮毂在前缘和后缘之间的中间轴向位置处的径向半径大于在前缘或后缘处的径向位置。
2.1.3 The effect of this difference is that flow separation is avoided, thus achieving an improved efficiency for the turbine wheel. The problem to be solved by the present invention may therefore be regarded as how to provide a turbocharger with a turbine wheel with an improved efficiency.	2.1.3 这种差异的结果避免了流动分离，从而提高了涡轮机叶轮的效率。因此，本发明要解决的问题可以被认为是如何为涡轮增压器提供具有改进效率的涡轮机叶轮。
2.1.4 The three main objectives of the invention are: increasing the turbine efficiency, improving the turbine dynamic response (by lowering the turbine wheel inertia) and reducing the axial load on the turbine wheel. As explained in both the description as in available prior art, the first two objectives are achieved by employing an axial turbine wheel (improved efficiency: see documents D1 (column 1, lines 45-46), D2 (column 2, lines 61-68 and column 3, lines 39-40), D3 (paragraph 8, the section referring to the complete axial- flow working mode) and improved response: see documents D2 (column 1, lines 26-31) and D4 (column 1, lines 22-25)). Further, and with the third objective in mind, it is also known from the available prior art that two types of axial turbine blades exist, namely reaction and impulse blades. When low axial loads are to be achieved, pure impulse blades are to be considered, as it is known that for this blade type no static pressure drop across the blades exists (see documents D8, page 4, lines 1-3, 22-24 and D1, column 3, lines 19-21).	2.1.4 本发明的三个主要目的是：提高涡轮机效率，改善涡轮机动态响应（通过降低涡轮机叶轮惯性）以及减小涡轮机叶轮的轴向负荷。如在现有技术中的描述中所解释的那样，前两个目的是通过采用轴向涡轮机叶轮［提高效率：参见文件 D1（第 1 栏，第 45~46 行），D2（第 2 栏第 61~68 行和第 3 栏第 39~40 行），D3（第 8 段，该部分指的是完整的轴流工作模式）］和改善响应［参见文件 D2（第 1 栏，第 26~31 行）和 D4（第 1 栏，第 22~25 行）］来实现的。此外，考虑到第三个目的，现有技术中还存在已知两种类型的轴向涡轮机叶片，即反作用和脉冲叶片。当要实现低轴向载荷时，应考虑使用纯脉冲叶片，众所周知，对于这种叶片类型，叶片上不存在静压降（参见文件 D8 第 4 页，第 1~3、22~24 行和 D1 第 3 列，第 19~21 行）。
So as to achieve the objective of further increasing the efficiency of the turbine wheel, one should focus on known turbine wheel improvements for axial impulse turbine wheels. Specifically in	为了实现进一步提高涡轮机叶轮效率的目的，人们应该集中精力改进已知涡轮机叶轮的轴向推力。具体地，在该领域

续表

新颖性和创造性意见原文	编者译
this field, document D7 (figure 3) proposes a "hump" on the hub to reduce blade pressure loss to achieve a higher efficiency.	中，文件 D7（图 3）提出了轮毂上的"驼峰"能减少叶片压力损失以获得更高的效率。
Moreover, for supersonic flow turbines, included in the scope of the invention (see description), a hub with a hump for axial flow rotors appears to particularly advantageously (see document D9, figure 5a, 10a and page 3, lines 33–36).	此外，对于包括在本发明的范围内的超音速流动涡轮机（参见说明书），似乎特别有利的是具有用于轴向流动转子的驼峰的轮毂（参见文件 D9，图 5a、10a 和第 3 页第 33~36 行）。
2.1.5 So it would be an obvious choice for the skilled person to consider this modified hub design to achieve an improved efficiency of the turbine wheel.	2.1.5 因此，对于本领域技术人员而言，考虑采用这种改进的轮毂设计以提高涡轮机叶轮的效率将是显而易见的选择。
2.1.6 Therefore it is concluded that no inventive step is present in the subject-matter of claim 1 (Articles 52(1) and 56 EPC).	2.1.6 因此得出的结论是：在权利要求 1 的主题中不存在任何创造性［A52（1）和 A56］。
2.1.7 Additionally, a reasoning which applies the teaching of document D7 on the axial turbine wheels of the turbocharges as described in documents D2 (figure 1), D4 (figure 1) and D5 (figure 1) would also be considered as obvious.	2.1.7 此外，有一个教导将 D7 文件的内容应用于如文件 D2（图 1），D4（图 1）和 D5（图 1）中所公开的内容，涡轮增压器的轴向涡轮机叶轮也被认为是显而易见的。
2.2 Dependent claims 2–12 do not appear to contain any additional features which, in combination with the features of any claim to which it refers, meet the requirements of the EPC with respect to inventive step. All of the additional features are disclosed by available prior art documents, some document references as illustration: –claim 2: disclosed by document D2 (figure 1); –claim 7: referring to § 2.1.4 above, which explains the implied low or not even existing static pressure drop for axial turbine impulse blades; –claims 3, 8 and 12: disclosed by document D2 (figure 1); –claims 4–6 and 9–11: documents D5 (figure 3), D6 (figure 4), D7 (figure 2), D8 (figures 4–9) and even D9 (supersonic flow application) all describe known characteristics of axial turbine impulse blades.	2.2 从属权利要求 2~12 不包含任何结合其所引用的任何权利要求的特征，可满足 EPC 关于创造性的要求的附加特征。现有技术文件中公开了所有附加特征，一些文件用作参考说明： – 权利要求 2：由文件 D2 披露（图 1）； – 权利要求 7：请参阅上述第 2.1.4 节，其中解释了轴向涡轮脉冲叶片的隐含的低或甚至不存在的静压降； – 权利要求 3、8 和 12：由文件 D2 披露（图 1）； – 权利要求 4~6 和 9~11：文件 D5（图 3），D6（图 4），D7（图 2），D8（图 4~9）甚至 D9（超音速流应用）都描述了轴向涡轮脉冲叶片的已知特性。

从上述欧洲专利局审查意见中的创造性评述可以看出，权利要求 1 的创造性评述中，采用 D1 作为最接近的现有技术结合 D7，同时采用了 D1、D2、D3、

D4、D8 和 D9 作为一些公知常识的佐证；此外还指出 D2、D4 或 D5 与 D7 结合也能够评述权利要求 1 的创造性。

对于权利要求 7 的附加特征：D8 和 D1 给出了启示；对于权利要求 2、3、8、12 的附加特征，已经被 D2 公开了；对于权利要求 4~6、9~11 的附加特征，在 D5、D6、D7、D8 和 D9 中已知。

针对欧洲专利局通知书，申请人修改了权利要求书并进行了针对性的答复（表 6.16）。

表 6.16　申请人的答复

原文	编者译
Amendments Herewith a new set of claims, comprising claims 1 to 10 to replace the set of claims currently on file. Also enclosed is a copy of the claims in marked-up format for the assistance of the Examiner. …… No infringement of Article 123(2) EPC is envisaged by the present amendments.	**修改** 一组新的权利要求，包括权利要求 1~10，以替换当前归档的一组权利要求。随函附上标记格式的权利要求副本以协助审查员。 …… 本修改没有违反 A123（2）。
Novelty and Inventive Step Claim 1 has been amended such that "the turbine housing forms an inwardly spiraling turbine primary-scroll passageway characterized by a primary-scroll inlet port characterized by a centroid that is radially external to the axially upstream ends of the blades". D1 does not disclose a turbine housing arranged in such a way which the Examiner has already indicated. Claim 1 of the present invention is therefore novel over D1.	**新颖性和创造性** 权利要求 1 已被修改，使得"涡轮机壳体形成向内螺旋形的涡轮机主涡旋通道，主涡旋进口具有在叶片轴向上游端径向外部的质心。D1 没有公开以审查员已经指出的方式布置的涡轮机壳体。因此，本发明的权利要求 1 相对于 D1 是新颖的。
The technical effect of this difference is to obtain more efficient airflow into the turbine wheel blades.	这种区别的技术效果是使流入涡轮机叶片的气流更加有效。
D2 does not disclose the location of a primary-scroll inlet port. Furthermore, D2 does not provide sufficient detail to enable the position of the centroid of the primary-scroll inlet port to be determined. Claim 1 of the present invention is therefore novel over D2.	D2 没有公开初级涡卷入口的位置。此外，D2 没有提供足够的细节来确定初级涡卷入口的质心位置。因此，本发明的权利要求 1 相对于 D2 是新颖的。
Since neither D1 nor D2 disclose a turbine housing which forms an inwardly spiraling turbine primary-scroll passageway characterized by a primary-scroll inlet port characterized by a centroid forked end crank which is co-planar with the unison ring, no combination of D1 and D2 will result in the vane assembly as defined in claim 1 of the present invention. Claim 1 of the present invention is therefore novel and inventive over D1 and D2.	由于 D1 和 D2 均未公开形成向内旋转的涡轮机主涡旋通道的涡轮机壳体，该通道的主涡旋进气口的质心与叉形端曲柄协调环共面，因此 D1 和 D2 不能组合得到如本发明的权利要求 1 所限定的叶片组件。因此，本发明的权利要求 1 相对于 D1 和 D2 是新颖的和有创造性的。

续表

原文	编者译
None of the other cited art discloses the features of previous claim 2 (which has now been incorporated into claim 1) which the Examiner has already indicated. Claim 1 of the present invention is therefore novel and inventive over the cited art. It is believed that the Application is now in order to progress to allowance. Should, however, the Examiner have any more objections it is requested that these be set out in detail in a further communication. The Examiner is invited to consider dealing with any objections that may be easily resolved by way of a telephone call to the Representative. In the event that the Examiner contemplates to reject the Application at any stage of these examination proceedings, oral proceedings in accordance with Art 116 EPC are hereby provisionally requested. We hereby request that any oral proceedings be held by video conference, preferably using IP protocol.	所引用的其他技术都没有公开审查员已经指出的先前的权利要求 2 的特征（现已合并到权利要求 1 中）。因此，本发明的权利要求 1 相对于所引用的技术是新颖的和有创造性的。 因此，现在申请应该获得授权。但是，如果审查员还有其他异议，请在进一步的沟通中详细说明这些异议。请审查员考虑通过致电代理人以处理任何通过电话可能轻松解决的异议。 如果审查员打算在这些审查程序的任何阶段拒绝申请，特此根据 A116 要求进行口头程序。我们特此要求通过视频会议进行任何口头审理，最好使用 IP 协议。

3. 分析及答复建议

虽然在实际审查过程中，将多篇对比文件结合起来进行权利要求的评述通常会被认为是不恰当的，但是无论在欧洲专利局检索意见中还是欧洲专利局审查意见中，通常都会引入多篇对比文件，例如本案例中，欧洲专利局审查意见中就引用了 9 篇对比文件。但这并不是说明欧洲专利局将多篇对比文件结合或者组合起来进行权利要求的评述。分析本案例的评述可知，欧洲专利局仅是将多篇对比文件分别认定为最接近的现有技术，然后将它们分别与相关的其他文件进行结合进行了重复性的评述，因此如果将单个评述分离出来看，其仍然仅采用了两篇对比文件进行了结合。

相反，中国专利局的审查通知书中通常仅认定一篇对比文件作为最接近的现有技术，然后在其基础上结合公知常识或其他对比文件进行评述。

由于欧洲专利局针对同一权利要求采用了多篇文件进行了分别评述，这可以使申请人尽可能地获取更多的现有技术，从而能够更清楚地综合得出本申请相对于现有技术的改进之处，从而能够在随后的修改当中更加有针对性。

由于欧洲专利局审查意见中通常会采用多篇对比文件，因此在收到欧洲专利局审查意见之后，申请人应当仔细研读，确定欧洲专利局审查员采用的最接近的现有技术（通常会有多篇），然后分析每篇最接近的现有技术的基础上的评述，然后寻求最有利的修改方向或陈述理由。

对于欧洲专利局审查意见中给出的肯定性意见，要分析其是否对本申请的保护范围有利，如果意见合适，按照意见修改即可，如果不合适，则作其他处理并进行针对性的争辩。

6.2.2 检索报告中的 A 类文件的使用

虽然欧洲专利局和中国专利局的检索报告中都包含有 A 类文件，但对于这些 A 类文件，中国专利局的审查意见中通常不会引入这些 A 类文件，而欧洲专利局的审查意见中通常会引入这些 A 类文件作为公知常识的佐证。在下面的两个案例中将会详细分析说明。

1. 案例一

欧洲专利局通常会在检索意见或审查意见中引用检索报告中的全部文件（包括 A 类文件）作为对比文件。具体审查意见参见第 6.2.1 节中案例的审查意见。

本案例中，欧洲专利局检索报告中的 A 类文件及其涉及的权利要求具体如下：

D1：2、3、8、12

D3：1~3、8、12

D4：2、3、8、12

D5：2、4~6、9~11

D6：1~6、8~12

D8：1、4~7、9~11

D9：1、4~6、9~11

欧洲专利局审查意见中的创造性评述意见中指出：

（1）对于权利要求 1：采用 D1 作为最接近的现有技术结合 D7，同时采用了 D1、D2、D3、D4、D8 和 D9 作为一些公知常识的佐证；此外还指出 D2、D4 或 D5 与 D7 结合也能够评述权利要求 1 的创造性。

（2）对于权利要求 7：指出 D8 和 D1 给出了启示。

（3）对于权利要求 2、3、8、12：指出已经被 D2 披露。

（4）对于权利要求 4~6、9~11：指出在 D5、D6、D7、D8 和 D9 中已知。

从该案例的创造性评述中可以看出，一些对比文件虽然在权利要求的创造性评述中被引用，但它们并不是作为 Y 类文件被引用的，而是作为一种类似于公知常识的举证的方式被应用，例如，本案例中的 D3、D6、D8 和 D9，它们在检索报告中仅是 A 类文件。

而在中国专利局的审查过程中，通常是不将 A 类文件作为对比文件的，特别是在第一次审查意见中，基本上不会引入 A 类文件，仅在申请人对公知常识质疑的情况下，审查员才会引入 A 类文件作为公知常识的举证证据，且通常会采用 3 篇以上 A 类文件作为公知常识的举证。

而在欧洲专利局的审查意见中可以看出，在首次的检索意见中就经常会引入 A 类文件作为公知常识的佐证，并且该佐证并没有限定篇数，通常仅 1 篇就可以作为公知常识的佐证。鉴于公知常识客观证据的存在，对于欧洲专利申请，申请人一般也很少再对欧洲专利局审查意见中的公知常识质疑。

2. 案例二

在某些审查意见通知书中，A 类文件的使用更为明显。在该案例中检索报告中共涉及 7 篇文件，情况如下：

D1~D7

X：D1　1~7

X：D2　1~7

X：D3　1~3

A：D4　2

A：D5　1、4

A：D6　6、7

A：D7　2、5

检索意见中引用了全部 7 篇文件（表 6.17）。

表 6.17 欧洲专利局的检索意见

原文	编者译
Inventive Step (Art. 52(1) und 56 EPC) 3 The present application does not meet the requirements of Article 52(1) EPC because the subject-matter of claims 2 and 4–7 does not involve an inventive step within the meaning of Article 56 EPC.	创造性步骤 3 本申请不符合 A52（1）的要求，因为权利要求 2 和 4~7 的主题不涉及 A56 含义内的创造性。
3.1 As well as lacking novelty with regards to D3 (see paragraph 2.2 above), the subject-matter of independent claim 2 also lacks an inventive step as it is considered to be obvious for a skilled person with regards to D1 or D2 (the positioning of an elastically deforming portion between the tubular portion and the intake pipe where the tubular portion is located is a simple and usual design which does not require any inventive step, see for example D4, "Dichtring" 44 on figure 1).	3.1 除了相对于 D3（见上文第 2.2 段）缺乏新颖性外，独立权利要求 2 的主题也缺乏创造性，因为相对于 D1 或 D2 其对于本领域技术人员是显而易见的（定位管状部分与位于管状部分所在的进气管之间的弹性变形部分的简单设计是一种通常的简单设计，不需要任何创造性的步骤，如参见 D4 图 1 中的 "Dichtring" 44）。
3.2 As well as lacking novelty with regards to D1, the subject-matter of claims 4 and 6 also lacks an inventive step as it is considered to be obvious for a skilled person with regards to D2 (the suspended portion or the net-type fine/ coarse architecture concerns a slight constructional change which does not require any inventiveness as it represents an usual simple existing design, see for example documents D5, figures 4 and 5 and D6, figures 6–12).	3.2 除了相对于 D1 缺乏新颖性之外，权利要求 4、6 的主题还缺乏创造性，因为相对于 D2 而言，其对技术人员来说这是显而易见的（悬浮部分或网状的粗细结构涉及轻微的结构更改，因为它属于通常的简单的现有设计，不需要任何创造性，例如，参见文件 D5 的图 4、图 5 和 D6 的图 6~ 图 12）。
3.3 Remaining Dependent claims 5 and 7 do not contain any additional features which, in combination with the features of any claim to which they refer, meet the requirements of the EPC with respect to inventive step, as they are disclosed in the cited documents or considered as obvious for a skilled person (claim 5: perforations that are considered as constructional alternatives and that concern a slight constructional change, see for instance D7; claim 7: simple "spider net" configuration that is considered as a constructional alternative and that concerns a slight constructional change, see for instance D6).	3.3 其余从属权利要求 5、7 不包含任何与它们所引用的任何权利要求的特征相结合可以满足 EPC 有关发明性步骤的要求的附加特征，其附加特征如所引用文件中被公开或对于本技术人员来说是显而易见的（权利要求 5：被认为是结构替代品且涉及轻微的结构变化的穿孔，如参见 D7；权利要求 7：简单的"蜘蛛网"配置，其被视为结构替代品，并且涉及轻微的结构变化，如参见 D6）。

从该案例中可以看出，在创造性评述过程中，指出从属权利要求 2、4~7 对于本领域技术人员来说是显而易见的，并结合 A 类文件 D4~D7 指出相应的附加特征是简单设计、结构替代或轻微结构变化。由于这些 A 类文件的引入，使得创造性评述中公知常识的使用更具有说服力。

3. 分析及建议

在欧洲专利局的检索意见中，经常会引用检索报告中的全部文件，即将A类文件也作为对比文件引入权利要求的创造性评述。在此情况下，并不意味着将A类文件作为Y类文件进行评述，此时的A类文件仅是作为公知常识的佐证，这与中国专利局审查过程中A类文件的使用明显不同。

虽然欧洲专利局经常会采用1篇A类文件作为公知常识的佐证，如果该公知或该文件的使用不存在太大异议，申请人再质疑该文件能否作为公知常识的证据以及该公知常识的评述是否恰当将不太适宜。毕竟该A类文件公开了公知常识评述的特征，针对此进行争辩将不会产生有意义的结果。此时申请人应当综合考虑所有引用的对比文件（包括引用的A类文件），从其他方面挖掘可授予专利权的特征。

此外，将A类文件作为公知常识的佐证对于消除审查员和申请人之间的争议、使申请人清晰认知申请可授权的重点也具有积极效果。

6.2.3　创造性评述后的修改

在实质审查程序中，如何充分地考虑检索报告、审查意见，并高效、有针对性地进行修改，是提高审查效能的关键环节，以下通过一个案例对此加以说明。

1. 案情介绍

本发明提供一种压燃式内燃机，具备：气缸体以及气缸盖；活塞，其包括通过所述气缸体及气缸盖而划分出燃烧室的腔室；喷嘴，其向所述燃烧室喷射燃料，所述腔室包括朝向所述喷嘴隆起的隆起部、形成于所述隆起部周围的底面、与所述底面连续的开敞面及凹状面，所述开敞面朝向所述活塞的径向外侧而深度变浅，从所述喷嘴至所述开敞面的距离长于从所述喷嘴至所述凹状面的距离，低于所述底面和所述开敞面的棱线的所述活塞的中心轴方向上的高度位置，低于所述底面和所述凹状面的棱线的所述中心轴方向上的高度位置，所述喷嘴分别朝向所述开敞面，所述凹状面喷射第一燃料喷雾以及第二燃料喷雾。

原始权利要求书包含 17 个权利要求，但审查过程中所做修改主要涉及权利要求 1~4。

2. 欧洲专利局审查过程

国际检索报告由日本专利局作出，其中给出了权利要求 1~3，5~17 的 Y 类文献，对权利要求 4 仅给出了 A 类文献，具体如图 6.3 所示。

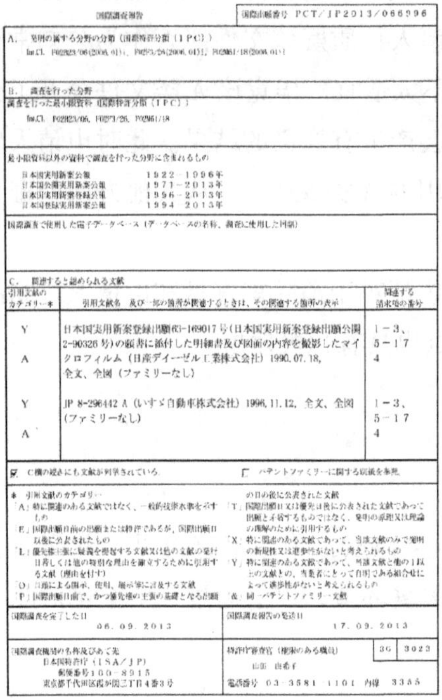

国際調査報告　国際出願番号 PCT／JP2013／066996

A. 発明の属する分野の分類（国際特許分類（IPC））
Int.Cl. F02B23/06(2006.01)i, F02F3/26(2006.01)i, F02M61/18(2006.01)i

B. 調査を行った分野
調査を行った最小限資料（国際特許分類（IPC））
Int.Cl. F02B23/06, F02F3/26, F02M61/18

最小限資料以外の資料で調査を行った分野に含まれるもの
日本国実用新案公報　1922－1996年
日本国公開実用新案公報　1971－2013年
日本国実用新案登録公報　1996－2013年
日本国登録実用新案公報　1994－2013年

国際調査で使用した電子データベース（データベースの名称、調査に使用した用語）

C. 関連すると認められる文献

引用文献のカテゴリー＊	引用文献名　及び一部の箇所が関連するときは、その関連する箇所の表示	関連する請求項の番号
Y A	日本国実用新案登録出願63-169017号(日本国実用新案登録出願公開2-90326号)の願書に添付した明細書及び図面の内容を撮影したマイクロフィルム（日産ディーゼル工業株式会社）1990.07.18, 全文、全図（ファミリーなし）	1－3、5－17 4
Y A	JP 8-296442 A（いすゞ自動車株式会社）1996.11.12, 全文、全図（ファミリーなし）	1－3、5－17 4

☑ C欄の続きにも文献が列挙されている。　☐ パテントファミリーに関する別紙を参照。

＊ 引用文献のカテゴリー
「A」特に関連のある文献ではなく、一般的技術水準を示すもの
「E」国際出願日前の出願または特許であるが、国際出願日以後に公表されたもの
「L」優先権主張に疑義を提起する文献又は他の文献の発行日若しくは他の特別な理由を確立するために引用する文献（理由を付す）
「O」口頭による開示、使用、展示等に言及する文献
「P」国際出願日前で、かつ優先権の主張の基礎となる出願の日の後に公表された文献
「T」国際出願日又は優先日後に公表された文献であって出願と矛盾するものではなく、発明の原理又は理論の理解のために引用するもの
「X」特に関連のある文献であって、当該文献のみで発明の新規性又は進歩性がないと考えられるもの
「Y」特に関連のある文献であって、当該文献と他の1以上の文献との、当業者にとって自明である組合せによって進歩性がないと考えられるもの
「&」同一パテントファミリー文献

国際調査を完了した日　06.09.2013
国際調査報告の発送日　17.09.2013

国際調査機関の名称及びあて先
日本国特許庁（ISA／JP）
郵便番号100－8915
東京都千代田区霞が関三丁目4番3号

特許庁審査官（権限のある職員）　3G　3023
山田　由希子
電話番号　03－3581－1101　内線　3355

（a）

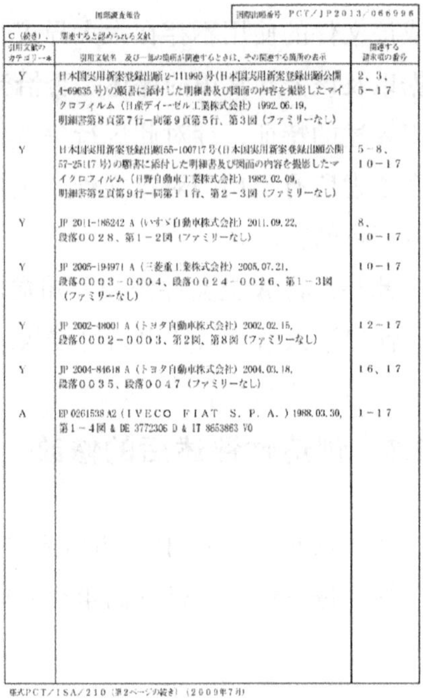

国際調査報告　国際出願番号 PCT／JP2013／066996

C（続き）．関連すると認められる文献

引用文献のカテゴリー＊	引用文献名　及び一部の箇所が関連するときは、その関連する箇所の表示	関連する請求項の番号
Y	日本国実用新案登録出願2-111995号(日本国実用新案登録出願公開4-69635号)の願書に添付した明細書及び図面の内容を撮影したマイクロフィルム（日産ディーゼル工業株式会社）1992.06.19, 明細書第8頁第7行－同第9頁第5行、第3図（ファミリーなし）	2、3、5－17
Y	日本国実用新案登録出願55-100717号(日本国実用新案登録出願公開57-25117号)の願書に添付した明細書及び図面の内容を撮影したマイクロフィルム（日野自動車工業株式会社）1982.02.09, 明細書第2頁第9行－同第11行、第2－3図（ファミリーなし）	5－8、10－17
Y	JP 2011-186242 A（いすゞ自動車株式会社）2011.09.22, 段落0028、第1－2図（ファミリーなし）	8、10－17
Y	JP 2005-194971 A（三菱重工業株式会社）2005.07.21, 段落0003－0004、段落0024－0026、第1－3図（ファミリーなし）	10－17
Y	JP 2002-48001 A（トヨタ自動車株式会社）2002.02.15, 段落0002－0003、第2図、第8図（ファミリーなし）	12－17
Y	JP 2004-84618 A（トヨタ自動車株式会社）2004.03.18, 段落0035、段落0047（ファミリーなし）	16、17
A	EP 0261538 A2（IVECO FIAT S.P.A.）1988.03.30, 第1－4図 & DE 3772306 D & IT 8653863 V0	1－17

様式PCT／ISA／210（第2ページの続き）（2009年7月）

（b）

图 6.3　国际检索报告

申请人在进入欧洲阶段时提交了对权利要求的修改，修改后的权利要求有 15 项。主要修改内容为：①权利要求添加附图标记；②将权利要求 3、4 并入独立权利要求 1 中。

1）欧洲专利局检索报告和检索意见

2016 年 5 月 31 日作出欧洲专利局补充检索报告和检索意见。补充检索报告和检索意见如图 6.4 所示。

Europäisches Patentamt
European Patent Office
Office européen des brevets

SUPPLEMENTARY EUROPEAN SEARCH REPORT

Application Number
EP 13 88 7163

DOCUMENTS CONSIDERED TO BE RELEVANT			
Category	Citation of document with indication, where appropriate, of relevant passages	Relevant to claim	CLASSIFICATION OF THE APPLICATION (IPC)
Y	EP 2 112 348 A2 (HONDA MOTOR CO LTD [JP]) 28 October 2009 (2009-10-28) * paragraph [0071] - paragraph [0073]; figures 14,15,18 * -----	1-15	INV. F02B23/06 F02F3/26 F02M61/18
Y	DE 10 2010 027637 A1 (MTU FRIEDRICHSHAFEN GMBH [DE]) 19 January 2012 (2012-01-19) * paragraph [0021] - paragraph [0023]; figures 1,2 * -----	1-15	
A	US 2011/253094 A1 (ROTHBAUER RAINER J [US] ET AL) 20 October 2011 (2011-10-20) * paragraph [0034] - paragraph [0042]; figures 2-5 * -----	1	
A	GB 2 169 656 A (YANMAR DIESEL ENGINE CO) 16 July 1986 (1986-07-16) * page 3, line 34 - page 3, line 129; figures 1-3 * -----	1	
A	GB 967 126 A (JOHN PETER HINDLEY) 19 August 1964 (1964-08-19) * page 2, line 122 - page 3, line 49; figures 1-3 * -----	1	TECHNICAL FIELDS SEARCHED (IPC) F02B
	The supplementary search report has been based on the last set of claims valid and available at the start of the search.		

Place of search	Date of completion of the search	Examiner
Munich	18 May 2016	Marsano, Flavio

CATEGORY OF CITED DOCUMENTS
X : particularly relevant if taken alone
Y : particularly relevant if combined with another document of the same category
A : technological background
O : non-written disclosure
P : intermediate document
T : theory or principle underlying the invention
E : earlier patent document, but published on, or after the filing date
D : document cited in the application
L : document cited for other reasons
& : member of the same patent family, corresponding document

3
EPO FORM 1503 03.82 (P04C04)

图 6.4　欧洲专利局的检索报告

在欧洲专利局的检索意见中，使用 D1 和 D2 对权利要求 1~15 的创造性进行了评述，其中权利要求 1 中主要涉及压燃式内燃机的活塞的包括隆起部、开敞面的结构限定以及喷嘴的第一燃烧喷雾、第二燃料喷雾、第三燃料喷雾和第四燃料喷雾的具体限定。这些权利要求限定的特征都分别被 D1 和 D2 所教导，然而就本申请而言，其说明书中的具体实施例结构与 D1 和 D2 教导的内容还存在一定差别，因此，在创造性意见的最后一段中对这部分差别加以提醒。

2）申请人所作修改

在收到欧洲补充检索报告和检索意见后，审查人对权利要求进行了修改，主要修改了权利要求 1，并进行了意见陈述。

在收到申请人的修改后，欧洲专利局不再指出创造性问题，发出了准备授权通知书，最终本申请获得授权。

3. 分析与建议

（1）本案为PCT申请，申请人在进入欧洲时，进行了一次修改，其修改主要是为了克服国际检索报告和审查意见指出的创造性缺陷，将权利要求3、4的附加特征并入独立权利要求1，同时还针对欧洲专利局对附图标记的规定，添加了附图标记。在收到欧洲专利局的补充检索报告和检索意见后，申请人又一次修改了权利要求，将本申请与欧洲补充检索报告所用的对比文件的区别进一步明确；申请人的两次修改都非常具有针对性，因而后续很快就获得授权。

（2）在答复检索意见时，要重视其中给出的建议，本申请的审查过程中，虽然在检索意见中评述了所有权利要求不具备创造性，但是审查小组也意识到这是由于权利要求概括范围大所导致的，因而给出了修改方向的建议，而申请人在该建议下，准确捕捉到实质性的区别并将其修改进权利要求中，并且在意见陈述中进行了充分的说明，从而提高了效率。

6.3 实用性与公开不充分

公开充分是对发明申请能够实现并获得授权的一个基本要求，以下对一件欧洲专利局涉及公开不充分案例的审查过程进行了介绍，并对中国专利局、欧洲专利局涉及永动机的申请处理的不同规定进行了分析。

1. 案情介绍

本申请涉及一种浮力转动装置，设有一外壳、一转动筒及多个浮体，该外壳设有一具有开口的本体及两结合板，该转动筒设于该外壳且局部外露于本体外并设有一内筒体、一外筒体、多个隔板及两侧板，该内筒体设有一轴杆，该外筒体设置于该内筒体外并形成一环形空间，该外筒体于外表面设有多个间隔设置且该环形空间相通的主入水孔，所述隔板设置于该环形空间中且与该两筒体相结合，将该环形空间隔成多个不相连通的分隔空间，该两侧板与所述隔板两外侧面相结合，各浮体分别设于其中一分隔空间，提供一结构精简、利用浮力转动且符合环保的浮力转动装置。

权利要求书见表 6.18。

表 6.18　权利要求书

权利要求原文	编者译
1. A buoyant rotation device, and characterized in that the buoyant rotation device comprising: a casing (10) havinga body (11) having an opening (111) formed on a side of the body (11) and tilting down; andtwo connecting boards (12) respectively connected to two opposite side edges of the body (11) beside the opening (111) to form a chamber (13) of the casing (10) to communicate with the opening (111) between the body (11) and the two connecting boards (12);a rotating cylinder (20) rotatably mounted in the chamber (13) of the casing (10), a part of the rotating cylinder (20) extending out of the body (11) via the opening (111) of the body (11), and the rotating cylinder (20) having an inner tank (21) havingtwo opposite sides; anda holding shaft (211) axially deposited in the inner tank (21), and having two free ends respectively extending through the two opposite sides of the inner tank (21);an outer tank (22) deposited around the inner tank (21) and having an axis aligning with an axis of the inner tank (21) to form an annular space between the inner tank (21) and the outer tank (22); andmultiple main inlet holes (221) formed through an external surface of the outer tank (22) at spaced intervals and communicating with the annular space between the inner tank (21) and the outer tank (22);multiple dividing panels (23) axially deposited in the annular space at spaced intervals between the inner tank (21) and the outer tank (22), and securely connected to the inner tank (21) and the outer tank (22) to divide the annular space into multiple separate spaces (25) that do not communicate with each other; andtwo side panels (24) securely connected to the multiple dividing panels (23) to close the annular space; andmultiple floating elements (30) deposited in the rotating cylinder (20), and each one of the multiple floating elements (30) respectively mounted in one of the multiple separate spaces (25) of the rotating cylinder (20)..	1.一种浮力转动装置，其特征在于浮力转动装置设有：一外壳，该外壳设有一本体及两结合板，该本体的一侧具有一朝下倾斜的开口，该两结合板与该本体的两端面相结合，该外壳于该本体及该两结合板之间形成一与该开口相通的容室；一转动筒，该转动筒能转动，设于该外壳的容室内且局部经由该开口而外露于该本体外，该转动筒设有一内筒体、一外筒体、多个隔板及两侧板，该内筒体设有一穿出该两结合板的轴杆，该外筒体环绕设置于该内筒体的外部且与该内筒体呈同一轴心设置，使该外筒体与该内筒体之间形成一环形空间，该外筒体于外表面贯穿设有多个间隔设置且该环形空间相通的主入水孔，所述隔板轴向间隔设置于该环形空间中且与该内筒体及该外筒体相结合，将该环形空间分隔成多个不相连通的分隔空间，该两侧板与所述多个隔板的两外侧面相结合且封闭该环形空间；以及多个浮体，各浮体分别设于该转动筒的其中一分隔空间中。

2. 欧洲专利局审查过程

欧洲专利局 2018 年 2 月 20 日发出了欧洲检索意见（表 6.19）。

表 6.19　欧洲专利局的检索意见

原文	编者译
Reference is made to the following document; the numbering will be adhered to in the rest of the procedure.	参考以下文件；编号在今后的审查过程中继续沿用。

续表

原文	编者译
D1 WO 2016/172728 A1	D1 WO 2016/172728 A1
1. The application does not meet the requirements of Article 83 EPC, because it appears that there is a fundamental insufficiency within at least one embodiment of the invention in the sense that this embodiment cannot be carried out by a person skilled in the art.	1. 本申请不满足A83的要求，因为它看起来在至少一个发明实施例中存在一个基本的缺陷，使得这些实施例不能被本领域技术人员实施。
The subject-matter of the claims, seen in relation with the description, attempts to define a so called perpetuum motion machine (perpetuum mobile) and a process of obtaining perpetual motion.	权利要求的主题，被视为与说明书的描述相关，试图限定一种所谓的永动机（永远运动）和一个获得永远运动的方法。
A perpetuum mobile in this context is a device which never stops doing work i.e. never stops causing changes either in itself or to something else (or both) even though no energy is being added or removed. It thus violates the first law of thermodynamics (the law of conservation of energy).	永动从字面含义上表示一个装置在做功的时候永不停息，即不停止产生对自身或者其他事物（或者两者）的变化，即使没有能量被加入或者移除。这违背了热力学第一定律（能量守恒定律）。
The description on page 6, 2nd paragraph with reference to figure 7 states that" ... this enables the holding shaft 211 to be continuously rotated without inputting other power or electric power. Then, the generator or mechanical equipment that is connected to the holding shaft 211 can generate electricity…".	说明书第6页，第2段，参照附图7，公开了“让该轴杆211能在未输入其他动力或电力的情况下持续转动，使与该相连接的发电机或机械设备能进行发电或运转……”。
Such a process as described is inherently impossible because it would be contrary to well-established physical laws. For this reason the person skilled in the art cannot carry out the invention as required by Article 83 EPC.	这样描述的一个进程，其本身是不可能的，因为这违反了公认的物理定律。因此本领域技术人员不能实施该发明，不满足A83。
Although the subject-matter of the present application could be manufactured for illustrative purposes, the present application hints at an alleged operation of the device in a manner contrary to the well established physical laws, as indicated above.	尽管本申请的主题可以被制造出来作为说明性的目的，本申请隐含了其装置的操作是以一种违反公认物理定律的方式，如上面所讨论的那样。
2.Furthermore, notwithstanding the above-mentioned fundamental insufficiency in the invention, the subject-matter of claim 1 does not involve an inventive step within the meaning of Article 56 EPC, and the requirements of Article 52(1) EPC are therefore not met.	2. 进一步，尽管上述的根本缺陷，权利要求1的主题不包含A56所规定的创造性的步骤，并且也不满足A52（1）。
D1 is considered to be the prior art closest to the subject-matter of claim 1 and discloses the key features as in claim 1 without providing information about details like a perforated inlet holes in the outer tank. However, as it addresses the same operating principle as does allegedly the device of claim 1 and considering that it seems not possible to formulate a problem which would be solved by the by the features additionally provided by claim 1, the solution proposed in claim 1 of the present application cannot	D1被视为最接近权利要求1主题的现有技术并且公开了权利要求1的关键特征但没有提供关于细节的信息，如在外筒体的多个穿孔的进口孔。但是由于它教导了与权利要求1的装置相同的操作原则，并且考虑到看起来不可能基于这些权利要求1的额外的特征明确地形成一个问题，因此，本申请的权利要求1

续表

原文	编者译
be considered to involve an inventive step (Articles 52(1) and 56 EPC). 3.The same arguments as stated above apply to the dependent claims 2–9.	提出的方案不能被视为包含一个创造性步骤［A52（1）和 A56］。 3. 对于权利要求 2~9 存在同样的缺陷。

针对欧洲专利局通知书，本申请视撤结案。

3. 中国同族审查过程

中国专利局第一次审查意见未进行检索，直接指出说明书不符合《专利法》第 26 条第 3 款的规定，具体评述如下：

根据本申请说明书中第［0034］~［0036］段的记载，箱体 50 内的浮体 30 会受到浮力，而产生逆时针方向的转动，并且外壳 10 内的内各分隔空间 25 中的液体会产生提供重力以维持该逆时针转动。然而箱体 50 内的浮体 30 不仅受到浮力的作用，还要受到进入其中的液体的重力的作用，这使得浮体 30 无法产生逆时针转动。

此外，以浮力转动装置及箱体 50 和其中的水整体作为研究对象，系统的重心位置没有发生变化，没有能量的转化，也没有外部的能量输入，根据本申请中的技术方案，其却产生了能量输出，这违背了能量守恒定律。

综上所述，本申请中的技术方案是无法实现的，本申请的说明书由于没有记载所述技术领域的技术人员能够实现的技术方案而不符合《专利法》第 26 条第 3 款的规定。

针对该通知书，本申请视撤结案。

4. 分析与建议

欧洲专利局中对于公开不充分的示例中，包括了“偶然性”以及“违反自然规律”；而这两种情况在中国专利审查指南中则是作为实用性的示例加以说明的。

按照《欧洲专利局审查指南》，在对于仅涉及装置的权利要求，当其违反自然规律的时候，应用的是公开不充分（A83）；而当装置还涉及功能的时候，则不仅要根据A83提出公开不充分反对意见，还要根据A52（1）提出实用性反对意见。而作为对比，在中国专利审查指南中没有对这些情况加以区分。当出现技术方案违反自然规律或说明书公开不充分时，通常仅针对性指出一条反对意见，如权利要求请求保护的技术方案不具备实用性或说明书公开不充分。

6.4 权利要求和说明书的其他问题

在权利要求存在不清楚问题的情况下，中国专利局通常会采用假定评述的方式进行新颖性或创造性的评述，但欧洲专利局的做法则不一样。此外，欧洲专利局还将得不到说明书支持归入不清楚的范畴，同时还会将一些不清楚的问题与公开不充分联系起来并同时指出，这些都与中国专利局的做法明显不同。下面将通过具体案例进行分析说明。

6.4.1 不清楚的评述

在权利要求存在不清楚问题的情况下，欧洲专利局首先会指出不清楚的问题，但在随后的新颖性或创造性的评述中，欧洲专利局通常并不会进行假定评述，而是会直接对不清楚的权利要求进行评述，具体可参见如下案例。

1. 案情介绍

本发明涉及工程机械的回转马达液压控制装置，更详细而言，涉及一种在工程机械的上体执行转动动作后停止时，能够向回转马达补充工作油的工程机械的回转马达液压控制装置。

本发明要实现的技术课题的目的在于提供一种工程机械的回转马达液压控制装置，当工程机械的回转马达停止时，迅速确保回转马达所需的补充流量，提高设备的耐久性，能够防止气穴现象。

权利要求书见表6.20。

表 6.20　权利要求书

原文	编者译
1. A swing motor arangement for construction machinery including a hydraulic pressure control device , comprising: a swing motor (30) configured to turn an upper body of construction machinery;…… 2. The swing motor arrangement of claim 1, further comprising: a plurality of front working devices; anda plurality of control valve units configured to control supply of working fluid to each of the plurality of front working devices,wherein when driving of any one of the swing motor (30) and the plurality of front working devices is requested, the hydraulic pump (P) discharges the working fluid, when all of the plurality of front working devices are operated so as to stop the driving, the hydraulic pump (P) stops the discharge of the working fluid, and when the bypass cut valve unit (26) is opened for stopping the swing motor (30), the hydraulic pump (P) further discharges the working fluid for the preset period of time.	1. 一种工程机械的回转马达液压控制装置，其特征在于，包括： 回转马达（30），其使工程机械的上部体进行转动运转；…… 2. 根据权利要求 1 所述的工程机械的回转马达液压控制装置，其特征在于，还包括多个前端作业装置及用于控制分别向所述多个前端作业装置的工作油供应的多个控制阀单元；如果所述回转马达（30）及所述多个前端作业装置中的某一个请求驱动，则所述液压泵（P）吐出工作油，当操作为使所述多个前端作业装置的驱动全部停止时，中断所述工作油的吐出；如果所述旁通截止阀单元（26）为了所述回转马达（30）的停止而开放，则在所述设置的时间区间，进一步进行工作油的吐出。

2. 欧洲专利局审查过程

欧洲专利局的审查意见见表 6.21。

表 6.21　欧洲专利局的审查意见

原文	编者译
Prior art Reference is made to the following documents; the numbering will be adhered to in the rest of the procedure: D1: JPS59217001 D2: JPH10204926 D3: EP0287529 **Independent claim 1** As the designation of claim 1 is to a hydraulic pressure control device for a swing motor the swing motor cannot form part of the device. As such, the designation of the claim is incorrect (Art. 84 EPC and Guidelines F-IV, 4.14). The passage in line 10 of the claim does not make clear to which component the make-up line (43) is supposed to connect the swing motor (30) to (Art. 84 EPC). In the terms of claim 1 document D1 shows swing motor hydraulic circuit with a hydraulic pressure control device for the swing motor for a construction machinery, comprising:…….	现有技术 参考以下文件；后续程序将沿用编号： D1：JPS59217001 D2：JPH10204926 D3：EP0287529 **独立权利要求 1** 由于权利要求 1 的名称涉及用于回转马达的液压控制装置，因此回转马达不能构成该装置的一部分。因此，权利要求的指定是不正确的（A84 和指南 F-Ⅳ，4.14）。 权利要求第 10 行中的通道不清楚，不清楚补充管线（43）应该将回转马达（30）连接到哪个组件（A84）。 对于权利要求 1，文件 D1 示出了具有用于建筑机械的回转马达的液压控制装置的回转马达液压回路，其包括：……

在本案例的欧洲专利局意见中，首先指出了权利要求 1 和 10 不清楚的问题，例如，意见指出“权利要求 1 的名称涉及**用于回转马达的**液压控制装置，因此回转马达不能构成该装置的一部分”，但随后的新颖性意见评述中，欧洲专利局并没有对权利要求 1 中的不清楚之处进行假设，而是直接在不清楚的基础上直接进行了评述，例如“文件 D1 示出了具有用于工程机械的回转马达的液压控制装置的回转马达液压回路，其包括：旋转电动机，……”。

与中国专利局的做法不同，通常情况下，在申请不具备授权前景且不清楚之处不影响权利要求的评述时，审查员通常会忽略不清楚的问题而直接进行三性评述；而在权利要求的不清楚影响评述时，则会在指出权利要求不清楚的问题之后，对权利要求进行假设性评述。

对于本案例，申请人针对不清楚和新颖性的意见进行了回应并对权利要求进行了修改。

3. 分析及建议

从本案例的评述过程中可以看出，欧洲专利局意见在指出了权利要求不清楚的问题后，但随后的新颖性意见评述中，欧洲专利局并没有权利要求 1 中的不清楚之处进行假设，而是直接在不清楚的基础上直接进行了评述。一方面是由于该不清楚问题并不影响后面新颖性的评述，不会导致审查意见不清楚；另一方面，对于权利要求的修改预期并不十分确定，在此情况下也不适宜进行假设评述。

对于此类意见，申请人仅需针对不同的意见分别进行修改和回应即可，只要确保修改后的权利要求不再出现类似的问题即可。

6.4.2 得不到说明书支持

在中国《专利法》中，权利要求未以说明书为依据（即得不到说明书支持）与不清楚属于同一条款（第 26 条第 4 款“权利要求书应当以说明书为依据，清楚、简要地限定要求专利保护的范围”），但在相应的审查意见中，得不到说明书支持与不清楚属于不同的理由。但在欧洲专利局的审查意见中，得不到说明书支持则属于不清楚的一种，下面将通过一具体案例进行说明。

1. 案情介绍

本发明主要涉及飞机，特别涉及飞机中的接头。

主要权利要求见表 6.22。

表 6.22　权利要求书

原文	编者译
1. An apparatus comprising: ……	1. 一种装置，其包含： ……
10. The apparatus of any of claims 1–9 wherein ……	10. 根据权利要求 1~9 中任一项所述的装置，……
11. A method for assembling a joint assembly, the method comprising: ……	11. 一种组装接头组件的方法，所述方法包含： ……

2. 欧洲专利局审查过程

1）欧洲专利局的审查意见

欧洲专利局的审查意见见表 6.23。

表 6.23　欧洲专利局的审查意见

原文	编者译
Clarity The application does not meet the requirements of Article 84 EPC. Claims 1 and 11 are not clear, as they are not supported by the description. Since the whole description concerns a joint for a stringer of an aircraft, no basis is provided in the application as filed for a claim not involving these features. The merely listing of a selection of (alternative) platforms (such as presented in claim 10) does not suffice to overcome such an objection as such a list does not sufficiently clearly and completely disclose those embodiments as to be carried out by a person skilled in the art as required by Article 83 EPC. The applicant is invited to amend the new claims accordingly.	**清楚** 该申请不符合 A84 的要求，**权利要求 1、11 不清楚，因为它们得不到说明书不支持**。由于整个说明书涉及用于飞机纵梁的接头，因此在本申请中未提供不涉及这些特征的权利要求的基础。仅列举选择（替代）平台（如权利要求 10 中提出的）不足以克服这样的问题，因为这样的列举不能按 A83 的要求，充分清楚地、完全地公开那些将由本领域技术人员实施的实施例，申请人应当相应地修改新的权利要求。

从该案例的欧洲专利局意见可以看出，对于权利要求中没有写明主题所应用的技术领域的问题，欧洲专利局采用了得不到说明书支持的评述的方式指出权利要求不清楚。对于权利要求 1 中“一种装置”这类没有反映所应用的技术领域的主题，中国专利局通常直接指出不清楚；对于权利要求 11，由于主题中

存在“接头组件”这一技术特征，中国专利局通常不会指出其存在不清楚的问题。此外，虽然中国专利局不清楚和不支持同属于《专利法》第 26 条第 4 款的规定，但在评述中不清楚和不支持是有着显著区别的。

由于本案例说明书中明确指出其涉及用于飞机纵梁的接头，因此欧洲专利局从得不到说明书支持的角度指出了不清楚的问题，同时指出了不能结合权利要求 10 中的内容将其扩展。这与中国专利局的做法是不一样的。

2）申请人答复

申请人的答复见表 6.24。

表 6.24　申请人的答复

原文	编者译
Clarity Claim 1 has been amended so that they relate to a cover for a joint between a stringer and a fitting on an aircraft.	清楚 权利要求 1 已经被修改，使得它们涉及用于飞机上纵梁和配件之间的接头的盖。

3）修改后的权利要求

修改后的权利要求见表 6.25。

表 6.25　修改后的权利要求

原文	编者译
1. A cover for a joint between a stringer and a fitting in an aircraft, the cover comprising: …	1. <u>一种用于飞机纵梁和配件之间的接头的盖子</u>，其包含： ……
9. The cover of any of claims 1–8, …	9. 根据权利要求 1~8 中任一项所述的盖子，……。
10. A method for assembling a joint assembly between a stringer and a fitting in an aircraft, the method comprising: …	10. <u>一种组装飞机纵梁和配件之间的接头组件</u>的方法，所述方法包含： ……

3. 分析及答复建议

虽然中国专利局不清楚和不支持同属于《专利法》第 26 条第 4 款的规定，但在评述中不清楚和不支持是有着显著区分的。虽然 EPC 中不清楚和不支持也同属于一个条款（A84），但从本案的评述中可以看出，欧洲专利局将权利要求得不到说明书支持的问题也归为不清楚的问题。针对这样的申请意见，申请人仅需进行针对性的修改和答复即可，不必过分关注其与中国专利局评述方式上的不同。

此外，伴随着不清楚的问题，欧洲专利局通常还会同时指出权利要求存在公开不充分的问题，这一点也与中国专利局做法不同，这种情况将会在后面案例分析中详细分析。

6.4.3　不清楚与充分公开

A83 规定“欧洲专利申请应对发明作出充分清楚和完整的公开，以本领域技术人员能够实施为准”，这与中国《专利法》第 26 条第 3 款的规定“说明书应当对发明或实用新型做出清楚、完整的说明，以所属技术领域的人员能够实现为准”基本相同。但中国《专利法》第 26 条第 3 款明确限定其是对“说明书”的要求，而 A83 则没有相应的限定。因此，在一些情况下，权利要求书中措辞的不清楚，则会导致欧洲专利局指出权利要求公开不充分。

1. 案情介绍

本发明涉及一种用于补偿由波浪对钻柱所诱发的在浮式钻机和固定于海底的设备之间的距离变化的装置。

权利要求 1 见表 6.26。

表 6.26　权利要求书

权利要求原文	编者译
1. Device for compensation of wave induced distance variations to a drill string between a floating drill rig and a seabed-fixed installation, comprising an extendable cylinder/ piston unit (12) which is arranged to be able to compensate when the load exceeds a pre-determined threshold value, the cylinder (13) of the cylinder/ piston unit (12) in base position comprising a non-compressible liquid at both sides of a piston (14) positioned substantially in the middle of the cylinder (13) and being prevented from fluid communication with the surroundings, while at least one control valve (19) is arranged to activate the device (11) by opening for fluid communication between the cylinder (13) and a gas containing accumulator (17) when the load exceeds a pre- determined threshold value, characterized in that the device (11) is a complete, self-supported unit comprising cylinder (13), piston (14) on a piston rod (15), accumulator (17), control valve (19) and drainage tank (20).	1. 一种用于补偿由波浪对钻柱所诱发的在浮式钻机和固定于海底的设备之间的距离变化的装置，所述装置包括可延伸的缸 / 活塞单元（12），所述缸 / 活塞单元（12）被布置成能够在负载超过预定阈值时进行补偿，所述缸 / 活塞单元（12）的缸（13）在活塞（14）的两侧处的基本位置中包括不可压缩的液体并且被阻止与周边环境流体连通，所述活塞（14）大致设置于所述缸（13）的中间，而至少 1 个控制阀（19）被布置成在负载超过预定阈值时通过打开所述缸（13）和含有气体的蓄能器（17）之间的流体连通而启动所述装置（11），其特征在于，装置（11）为包括缸（13）、在活塞杆（15）上的活塞（14）、蓄能器（17）、控制阀（19）及排水槽（20）的完全自给式单元。

2. 欧洲专利局审查过程

欧洲专利局检索意见见表 6.27。

表 6.27 欧洲专利局的检索意见

检索意见原文	编者译
Although the cited documents do not disclose the features of claim 1, the application cannot be granted because the requirements of Art. 84 and 83 EPC are not satisfied. Document D1: WO2011074984 cited by the applicant is considered the closest prior art publication. The said document also discloses the features of preamble of claim 1. The new and inventive features of claimed device should therefore be specified in the characterising portion of claim 1. However, D1 also discloses the following features of the characterising portion of claim 1 "cylinder (41a, b), piston (415) on a piston rod (416), accumulator (43), control valve (6)". Therefore, the only features of claim 1 which are not disclosed in D1 are: –a) a drainage tank; and –b) the device is a complete, self–supported unit. With regard to features a) and b) it is however pointed out that: a) A drainage tank is a feature well known on domain and largely used in the pressure systems for purpose of providing extra storage capacity for the fluids used on the system. Such a feature will not affect the functionament of the system but will merely avoid the fluids to be wasted and the environment contaminated. b) The wording "the device is a complete, self–supported unit" is not a technical feature but merely a statement about a desirable functionament of the device. Therefore, making use of wording "the device is a complete, self– supported unit", claim 1 attempts to define the subject–matter in terms of the result to be achieved and not in technical features. Claim 1 does therefore not meet the requirements of Article 84 EPC because the matter for which protection is sought is not defined. Moreover, the wording of claim 1 does not provide an unambiguous technical support to skilled person to use the specified features in such a wave to obtain the effect of a "self–supported unit" (within the meaning of self–supported given by the applicant in disclosure page 2 lines 4–6) and therefore the	尽管所引用的文件没有公开权利要求 1 的特征，但是由于本申请不满足 A83 和 A84 的要求而不能授予专利权。 申请人引用的文件 D1：WO2011074984 被认为是最接近的现有技术，该文件公开了权利要求 1 的前序部分的特征。 因此，应在权利要求 1 的特征部分中指定所要求保护的设备的新的和创造性的特征。 然而，D1 还公开了权利要求 1 的特征部分的以下特征"气缸（41a，b），活塞杆（416）上的活塞（415），蓄能器（43），控制阀（6）"。 因此，D1 中未公开的权利要求 1 的特征是： –a）排水箱；和 –b）该设备是一个完全自给式单元。 但是关于特征 a）和 b），要指出： a）排水箱是该领域众所周知的特征，主要用于压力系统中，目的是为系统中使用的流体提供额外的存储容量。这样的特征将不会影响系统的功能，而只会避免浪费流体和污染环境。 b）"该设备是一个完整的自给单元"这一措辞不是技术特征，而仅是关于该设备理想功能的陈述。因此，权利要求 1 通过使用措辞"该设备是完全自给式单元"，试图根据要实现的结果而不是技术特征来定义主题。 因此，权利要求 1 不符合 A84 的要求，因为寻求保护的事项未被定义。

续表

检索意见原文	编者译
skilled person departing from the wording of claim 1 will not know how to carry out the invention.	此外，权利要求 1 的措词没有向技术人员提供明确的技术支持，以便在这种波浪中使用指定的特征来获得“自给单元”的效果（在公开文本中第 2 页第 4~6 行中申请人的自定义含义内），因此，技术人员从权利要求 1 的措词出发将不知道如何实施本发明。
Therefore the requirements of Art. 83 EPC are not fulfilled.	因此本申请不满足 A83 的要求。
At the moment it is not apparent whether the above deficiencies can be corrected by amendments. Should the applicant nevertheless regard some particular matter as patentable he is invited to file a corresponding independent claim and to state in the letter of reply the reasoning supporting his opinion, following preferably the “problem-solution approach” (Guidelines, G VII-3. 5).	目前尚不清楚上述缺陷是否可以通过修改来纠正。但是，如果申请人仍认为某项特定主题具有专利性，则应提出相应的独立权利要求，并在回复中阐明支持其意见的理由，最好遵循“问题解决方法”（参见指南 G-Ⅶ，3.5）。
When filing amended claims the applicant should at the same time bring the description into conformity with the amended claims. Care should be taken during revision, especially of the introductory portion and any statements of problem or advantage, not to add subject-matter which extends beyond the content of the application as originally filed (Article 123(2) EPC).	提出修改后的权利要求时，申请人应同时使说明书与修改后的权利要求相符。在修改过程中应特别注意介绍部分以及任何有关问题或优点的陈述，不要添加超出最初提出的申请内容范围之外的主题［A123（2）］。

首先，从欧洲专利局关于“自给式单元（self-supported unit）”的评述来看，既涉及不清楚，又涉及公开不充分，这种情况在中国专利局的审查意见中通常不会出现，因为中国专利局审查意见通常针对一个特征仅会确定一个明确的问题，较为侧重审查意见的逻辑性；而欧洲专利局的审查意见则更为注重全面性，试图从不同的方面来阐述问题所在，虽然这种做法会产生一定的逻辑性问题，但由于指出了各种可能存在的问题，因此可以使申请人更全面地认识到可能存在的问题，同时避免审查意见的更改，提高审查效能。

其次，欧洲专利局审查意见采用了公开不充分评述了权利要求中的“自给式单元（self-supported unit）”特征，这与中国专利局公开不充分仅涉及说明书的规定明显不同。申请人在答复时应当特别注意。

申请人的答复见表 6.28。

表 6.28 申请人的答复

原文	编者译
To the assertion made by Examiner in the Extended European Search Report of February 15 2016, not commented by us in our reply of August 22, that "self-supporting unit" is not a technical feature, but merely a statement of a desirable functionament of the device, we respectfully disagree.	审查员在 2016 年 2 月 15 日的"欧洲扩展检索报告"中提出意见，但我们在 8 月 22 日的回复中并未对此发表评论，即"自给式单元"不是技术功能，而仅是该设备理想功能的陈述，我们表示不同意。
As explained in the application, the device merely needs to be mechanically connected at its upper and lower end to immediately be operable, not needing to be connected to external power or pressure, nor external devices like sensors or monitoring equipment, makes it a complete, self-supporting unit. We quote from the application, page 2: By the designation complete, self-supported unit is understood that the unit does not need external supply either in the form of electricity or other kind of energy, since the energy and the controlling mechanism needed for the unit to be operative, is supplied by the unit itself. There is thus no need for pipes or cables to the unit which is just mounted to the drill string in question and is then in a state of readiness, until the activation point defined by the separate floating unit is reached. This is in our view clearly a technical feature.	如本申请所述，该设备仅需机械连接在其上端和下端即可立即操作，无需连接到外部电源或压力，也无需外部设备（如传感器或监控设备）就可以使其成为完整、自给自足的单元。 我们引用本申请的第 2 页： 按照完整的名称，自给单元应理解为该单元不需要以电或其他形式的能源进行外部供应，因为该单元工作所需的能量和控制机构是由单元本身提供的。因此，不需要将管道或电缆连接到刚刚安装到所讨论的钻柱上且随后处于准备状态的单元，直到到达由单独的浮动单元限定的激活点为止。 我们认为这显然是一项技术特征。

申请人在答复中并没有针对欧洲专利局提出的问题进行修改，仅将权利要求 6 并入权利要求 1，同时详细陈述了"自给式单元（self-supported unit）"是技术特征的理由，同时结合说明书进行了相应的解释。虽然申请人仅是针对欧洲专利局检索意见中的不清楚进行了回应，没有针对公开不充分的问题进行针对性的回应。但是应当看到意见中不清楚和公开不充分这两个问题是存在内在联系的，如果克服了不清楚的问题，公开不充分的问题也会迎刃而解。因此申请人仅针对第一个问题也就是最重要的问题进行了详细陈述。

欧洲专利局第一次审查意见见表 6.29。

表 6.29 欧洲专利局的审查意见

审查意见原文	编者译
The amendments carried out by the applicant to the wording of the claims do not respond to the objections raised by the examining division on the ESOP communication.	申请人对权利要求的措词所作的修改并未回应审查部门对欧洲检索意见来文提出的异议。
The same objections of noncompliance of the wording of claim 1 with the requirements of Art. 83 and 84 EPC are in effect.	对于权利要求 1 的措词不符合 A83 和 A84 的要求的意见仍然存在。
With letter dated on 05.10.2016, the applicant justifies the system is a self-supported unit by sustaining that "the device merely needs to be mechanically connected at its upper and lower end to immediately be operable..." . The attention of the applicant is directed to the features of claim 1 and to the fact that the wording of claim 1 does not contain these terms and from the interaction of the features specified in the wording of the claim, it is not obvious "the device merely needs to be mechanically connected..." . The assessment of the invention is made only based on the features specified in the wording of the claims.	在日期为 2016 年 10 月 5 日的答复中，申请人坚持认为"该设备仅需在其上端和下端进行机械连接即可立即操作 ..."，以此证明该系统是自给单元。申请人的注意力在于权利要求 1 的特征以及权利要求 1 的措词不包含的这些术语，并且从权利要求的措词中指定的特征的相互作用来看，"该装置只需要机械连接 ..." 是不明显的。仅基于权利要求的措词中指定的特征进行本发明的评述。
As a matter of fact, the characterizing part of claim 1 merely enounces "... unit comprising cylinder, piston on a piston rod, accumulator, control valve and drainage tank" which features do not have a defined relationship to each other, or with the remaining features of the system. There is also not anticipate a technical effect obtained by these features in interaction with the system as such. The lack of clarification of the interaction between the enounced features results obviously in nonunderstanding the functionement of the device as a whole and whether a "self- supported effect" is present in the claimed unit. (For obtaining a self-supported effect a source of energy shall be unambiguously defined for all moving components and also for the control valve!). The applicant is therefore requested to file a new independent claim amended with features to overcame the previous objections and to state in the letter of reply the reasoning supporting his opinion, following preferably the "problem-solution approach" (Guidelines, G VII-3. 5).	实际上，权利要求 1 的特征部分仅表示"... 包括气缸，活塞杆上的活塞，蓄能器，控制阀和排水箱的单元"，这些特征没有限定彼此之间的关系，或者具有系统的其余特征。这些特征与系统本身的交互也无法获得预期的技术效果。缺少特征之间的相互作用阐述显然将导致对装置整体的功能的不确定，以及要求保护的单元中是否存在"自给效果"。（为获得自给的效果，必须为所有运动的部件以及控制阀明确定义一个能量源！）因此，申请人应当提出一项新的独立权利要求，其特征要克服先前的异议，并在回复中说明支持其意见的理由，最好遵循"问题解决方法"（参见指南 G-Ⅶ，3.5）。
The deficiencies raised above are of a grave nature and a last chance (Rule 137 (3) EPC) is given to the applicant to overcome them by amendment. Failure to amend the wording of claim 1 with features which lead the skilled person to understand and carry out the invention, will result in debates in oral proceedings and/or refusal of the application under Article 97(2) EPC.	上面提到的缺陷是严重的，最后机会［R137（3）］被给予申请人以通过修改克服这些缺陷。未能对权利要求 1 的措词进行修改以使技术人员理解和实施本发明的特征，将导致根据 A97（2）对口头诉讼进行辩论和 / 或拒绝该申请。

在第一次审查意见中，欧洲专利局坚持了前次检索意见，并结合申请人的意见陈述进一步阐述了权利要求 1“缺少阐明的特征之间的相互作用的结果显然导致对装置整体的功能的不了解，以及要求保护的单元中是否存在‘自给效果’”。显然，此次审查意见更为具体，指出了导致问题的具体原因。

申请人的答复见表 6.30。

表 6.30　申请人的答复

申请人回复原文	编者译
This is a response to the official communication pursuant to Article 94(3) EPC, dated February 28, 2017.	这是对 2017 年 2 月 28 日根据 A94（3）提交的官方来文的回应。
Examiner comments that the claim set on file does not satisfy the requirements of Art 83 and Art 84 EPC, mainly for the reason that there is a lack of indication in the claim 1 for functional relationship between the ingoing parts.	审查员认为，权利要求不符合 A83 和 A84 的要求，主要是因为权利要求 1 中缺少有关进入部分之间功能关系的说明。
Examiner understands and accepts this point of view. Amendments are therefore enclosed to overcome the mentioned deficiencies.	审查员理解并接受这种观点。因此，附上了修改以克服上述缺陷。
Claim amendments	权利要求修改
The functional relationship between the accumulator 17,the control valve 19,the cylinder 13 and the drainage tank 20 is thus included in claim 1, the basis for this amendment being found in the drawings 2a–2c and the discussion thereof, see e.g. page 2, line 27 – page 3, line 4.	因此，在权利要求 1 中包括蓄能器 17，控制阀 19，缸体 13 和排水箱 20 之间的功能关系，该修改的基础在附图 2a~ 附图 2c 及其讨论中可见，如参见第 2 页第 27 行 ~ 第 3 页第 4 行。
With regard to the control valve and its operation, there are a few options available. Generally, the control valve is of a kind known per se for a person skilled in the art. Commonly, such valves are controlled by sensors operated electrically, irrespective of being designed with internal sensor or by external sensor (cf. page 3, lines 25–28) and makes use of a battery or the like for powering the sensor and the valve operation so as to allow the unit to be self-supported. There are alternatives, however, in the form of valves being provided with sensors in the form of thin burstable discs which are designed to burst at a certain pressure (either direction) and which do not require electrical power. We believe that it is within the reach of a person skilled in the art to select an appropriate type of valve without more specific definition in the claims.	关于控制阀及其操作，有几种选择。通常，控制阀是本领域技术人员本身已知的一种。通常，这种阀由电操作的传感器控制，而与内部传感器或外部传感器无关（参见第 3 页第 25~ 第 28 行），并利用电池等为传感器供电和阀操作以便使设备自给自足。但是，也可以选择其他形式，即阀上装有薄的且易爆的盘式的传感器，这些传感器设计成在一定压力（任一方向）下爆裂，并且不需要电源。我们相信，在权利要求中没有更具体定义的情况下，选择合适类型的阀是本领域技术人员力所能及的。
Final comments	最后评论
Should the examiner still be inclined to refuse this application, we maintain the request for oral proceedings.	如果审查员仍然倾向于拒绝该申请，我们将保留口头诉讼的要求。

由于上一次的欧洲专利局审查意见比较明确，申请人结合审查意见进行了针对性的修改，并进一步陈述了本领域技术人员能够实现的原因。

3. 分析及答复建议

从上述案例可以看出，针对权利要求中的同一个特征，欧洲专利局会采用不同的条款指出不同的问题，其意见较为注重全面性而不太注重逻辑性，这种意见从不同的方面来阐述问题所在，指出了各种可能存在的问题，可以使申请人更全面地认识到可能存在的问题。

对于这种审查意见，申请人应当分析其中最突出的问题，如本案例中突出的问题实际上是不清楚的问题，如果不清楚的问题得以克服，公开不充分的问题则将不复存在。因此申请人进行答复时，应当针对最突出的问题进行针对性和详细地答复。在审查意见中存在明确的修改方向或方式时，在判断能够接受的情况下可以结合审查意见进行针对性的修改。

6.4.4　涉及“in”“for”及不一致的不清楚问题

英文表达中的特定介词“in”“for”可能导致权利要求不清楚。介词“in”可能不清楚是对一个特定的小部件进行保护，还是对包含该小部件的整个装置要求保护。例如，“Cylinder head in a four-stroke engine”（一个四冲程发动机中的气缸头），可能的含义有“Four-stroke engine with a cylinder head”（带一个气缸头的四冲程发动机），即保护整个装置“四冲程发动机”，或“Cylinder head for a four-stroke engine”（用于一个四冲程发动机的气缸头），只是对整个装置中的部件“气缸头”的保护。因此对于上述“in”的表达，欧洲专利局会要求申请人进行修改，申请人可以根据请求保护的本意，修改为以上两种含义之一。类似的不清楚表达还有：“In a process/system/apparatus… the improvement consisting of …”（一个方法 / 系统 / 装置……其改进在于），其中的“in”也导致不清楚要求保护的是“改进”还是权利要求的全部技术特征。

介词“for”的解释，取决于权利要求的类型。对于产品权利要求而言，介词“for”表示“适用于”。例如，“一个装置供实施一个方法”（Apparatus for carrying out the process），将解释成适合实施该方法的装置。然而，第一医疗用途发明（要求保护一种物质或组合物在外科方法、治疗方法或诊断方法中的应用），是上述一般规则的例外。如果一个方法权利要求写为："A method for re-melting galvanic layers"（一个适于再溶解电偶层的方法），其中"for re-melting"不再解释为该方法"适用于"（suitable for）再次溶解电偶层，而是解释为涉及再溶电偶层的一个功能性技术特征，定义方法权利要求的一个步骤（T 1848/93）。

如果权利要求和说明书的不一致会导致权利要求的保护范围存在疑问，并因此导致权利要求不清楚或不被支持，应该避免。不一致的情形包括：①简单的字面不一致；②关于明显必要技术特征的不一致；③说明书和/或附图的部分主题没有被权利要求覆盖。

1. 案情介绍

该申请提供一种供在一装置中使用的认证方法、装置或程序，其具有用于检测利用伪造物的生物特征认证的功能、用于在执行了利用生物特征认证的第一用户认证之后执行第一程序的功能，以及用于执行在第二用户认证之后执行第二程序的功能，所述第一程序执行预定处理并且不具有网络连接功能，所述第二程序在执行了所述第一程序之后被调用并且具有网络连接功能。

通知书针对的权利要求见表 6.31。

表 6.31 权利要求书

权利要求原文	编者译
1. An authentication method **for use in an apparatus having a function to** detect biometrics authentication with forgery, a function to execute a first program, which executes a predetermined process and does not have a network connection function, after first user authentication with biometrics authentication is performed, and a function to execute a second program that is invoked after the first program is executed, executed after second user authentication and has a network connection function, the method comprising: executing the first program in forgery detection mode regardless of a result of a user determination if biometrics authentication with forgery is detected at the time of the first user authentication(S310);	1. 一种**供在一装置中使用**的认证方法，所述装置具有用于检测利用伪造物的生物特征认证的功能，用于在执行了利用生物特征认证的第一用户认证之后执行第一程序的功能以及用于执行在第二用户认证之后执行第二程序的功能，所述第一程序执行预定处理并且不具有网络连接功能，所述第二程序在执行了所述第一程序之后被调用并且具有网络连接功能，所述认证方法包括以下步骤： 如果在所述第一用户认证时检测到了利用伪造物的生物特征认证，则不管用户确定的结果如何，都按伪造物检测模式执行所述第一程序（S310）；

续表

权利要求原文	编者译
invoking the second program in the forgery detection mode after the first program is executed in the forgery detection mode (S311); and	在按所述伪造物检测模式执行了所述第一程序之后，按所述伪造物检测模式调用所述第二程序（S311）；以及
notifying a device connected to an external network of forgery detection information by using the network connection function after the second program is invoked in the forgery detection mode(S312).	在按所述伪造物检测模式调用了所述第二程序之后，利用所述网络连接功能向连接至外部网络的装置通知伪造物检测信息（S312）。
9. An authentication apparatus **in an apparatus having a function to** detect biometrics authentication with forgery, a function to execute a first program, which executes a predetermined process and does not have a network connection function, after first user authentication with biometrics authentication is performed, and a function to execute a second program that is invoked after the first program is executed, executed after second user authentication and has a network connection function, the apparatus comprising:	9. 一种**处于一装置中的认证装置，所述装置具有**用于检测利用伪造物的生物特征认证的功能、用于在执行了利用生物特征认证的第一用户认证之后执行第一程序的功能，以及用于执行在第二用户认证之后执行第二程序的功能，所述第一程序执行预定处理并且不具有网络连接功能，所述第二程序在执行了所述第一程序之后被调用并且具有网络连接功能，所述装置包括：
a unit for executing the first program in forgery detection mode regardless of a result of a user determination if biometrics authentication with forgery is detected at the time of the first user authentication(S310);	用于如果在所述第一用户认证时检测到了利用伪造物的生物特征认证，则不管用户确定的结果如何，都按伪造物检测模式执行所述第一程序的单元（S310）；
a unit for invoking the second program in the forgery detection mode after the first program is executed in the forgery detection mode(S311); and	用于在按所述伪造物检测模式执行了所述第一程序之后，按所述伪造物检测模式调用所述第二程序的单元（S311）；以及
a unit for notifying a device connected to an external network of forgery detection information by using the network connection function after the second program is invoked in the 10 forgery detection mode(S312).	用于在按所述伪造物检测模式调用了所述第二程序之后，利用所述网络连接功能向连接至外部网络的装置通知伪造物检测信息的单元（S312）。

2. 欧洲专利局审查过程

欧洲专利局第一次通知书相关内容见表 6.32。

表 6.32 欧洲专利局的第一次通知书

欧洲专利局通知书原文	编者译
The present application does not meet the requirements of Article 84 EPC in that the matter for which protection is sought is not clearly defined.	本申请不符合 A84 的要求，因为没有清楚界定保护的内容。
The use of the expression **for use in** to introduce claim(s) 1 makes it unclear whether protection is sought for the method only or for all the features defined in the claim(s).	在阐述权利要求 1 时使用了 "for use in" 的表述方式，**使人不清楚是只对该方法寻求保护，还是对权利要求中限定的所有特征寻求保护**。
Similarly, the use of the expression **in** to introduce claim(s) 9 makes it unclear whether protection is sought for the authentication apparatus only or for all the features defined in the claim(s).	同样，在介绍权利要求 9 时使用 "in" 的表述**不清楚是只对认证装置寻求保护，还是对权利要求中定义的所有特征寻求保护**。
Therefore, parts of independent method claim(s) 1 and 8 are worded in terms of entity claim features. Similarly, there are parts of independent apparatus claim 9 worded in terms of method claim features. The claim(s) should be amended to remedy this (see the Guidelines, C – III, 4.15).	**因此，独立的方法权利要求 1、8 的部分内容是以产品权利要求的特征来表述的。同样，独立装置权利要求 9 的部分内容也是以方法权利要求的特征来表述的**。应修改权利要求书，以纠正这一问题（参见指南 C-Ⅲ，4.15）。
At the same time, it should be made clear what contribution the features defined in the claim(s) make to the solution of a technical problem.	同时，应明确说明权利要求中定义的特征对解决技术问题的贡献。

申请人的修改见表 6.33。

表 6.33 申请人的修改

修改后的权利要求原文	编者译
1. An authentication method **for an apparatus (101) having a function to** detect biometrics authentication with forgery, a function to execute a first program (105), ……	1. 一种**用于一装置**（101）的认证方法，**所述装置具有用于检测利用伪造物的生物特征认证的功能，**……
9. An apparatus (101) having a function to detect biometrics authentication with forgery, a function to execute a first program (105), ……	9. 一种具有用于检测利用伪造物的生物特征认证的功能的装置（101），具有……；以及
a unit for obtaining forgery detection information that includes a forgery detection result and finger print matching data; and a unit for notifying (S312) **a device connected to an external network, the device having means for obtaining and recording the forgery detection information,** of the forgery detection information by using the network connection function after the second program (106) is invoked in the forgery detection mode.	获取伪造物检测信息的单元包括伪造物检测结果和指纹配对数据，和用于通知（S312）**连接到外部网络的装置**的单元，**该装置具有获取和记录伪造物检测信息的部件**，在按所述伪造物检测模式调用了所述第二程序之后，利用所述网络连接功能向连接至外部网络的装置通知伪造物检测信息。

欧洲专利局再次审查意见见表 6.34。

表 6.34　欧洲专利局的审查意见

欧洲专利局审查意见原文	编者译
2.1 Independent claim 1 recites the feature "executing the first program in forgery detection mode **regardless** of a result of a user determination if biometrics authentication with forgery is detected at the time of the first user authentication". In contrast, Fig. 3, steps S303 and S310 along with par. 61 disclose that "if the control unit 101 determines that the fingerprint is the forged one on the basis of the result of the biometrics authentication process of step S302 in the above described user authentication process, it invokes forgery detection mode that is a special mode, and executes the following control process in steps S310 to S312.". In other words, the execution of the first program in forgery detection mode depends on the detection of the forgery.	2.1 独立权利要求 1 记载了特征"**不管**用户确定结果如何都以伪造物检测模式执行第一程序，无论在第一用户认证时是否检测到具有伪造的生物特征认证"。相比之下，图 3 中的步骤 S303 和 S310 以及第 61 段公开了"如果控制单元 101 基于上述用户认证处理中的步骤 S302 的生物识别认证处理的结果确定指纹是伪造的，则其调用作为特殊模式的伪造物检测模式，并且在步骤 S310 至 S312 中执行以下控制处理"。换句话说，在伪造物检测模式下第一程序的执行取决于检测到伪造物。
This inconsistency between the claims and the description leads to doubt concerning the matter for which protection is sought, thereby rendering the claims unclear (Article 84 EPC). The inconsistency should be removed by amending claim 1 by replacing the feature in question by "executing the first program in forgery detection mode if as a result of the biometrics authentication a forgery is detected at the time of the first user authentication".	权利要求和说明书之间的这种不一致导致对寻求保护的内容产生疑问，从而使权利要求不清楚（A84）。应该通过"如果作为生物特征认证的结果在第一次用户认证时检测到伪造，则在伪造物检测模式下执行第一程序"替换所讨论的特征来修正权利要求 1，从而消除不一致之处。
2.2 Independent claim 1 relates to an authentication method, but also defines an apparatus on which this method is being performed. The apparatus is further restricted by the functions it performs. This way of claiming the subject-matter leads to a lack of clarity, since it is not clear what the further limitations of the method due to the restrictions given by the apparatus are.	2.2 **独立权利要求 1 涉及认证方法，但是还定义了一种执行该方法的设备。**该设备还受到其执行功能的限制。要求保护的主题的这种撰写方式导致不清楚，因为尚不清楚由设备给出的限制对该方法的进一步限制是什么。
In order to overcome the objection it is suggested to redraft claim 1 using method steps instead of the functional features of the apparatus.	为了克服该问题，建议使用方法步骤代替设备的功能特征来重新撰写权利要求 1。
2.3 Independent claim 9 relates to an apparatus and attempts to define the subject-matter by reference to another entity, namely a device. In particular, it defines that the device has "means for obtaining and recording the forgery detection information". This way of claiming the apparatus leads to a lack of clarity (Article 84 EPC and EPC Guidelines F-IV.4.14).	2.3 独立权利要求 9 涉及一种装置，**并且试图通过参考另一实体即装置来定义主题。**特别地，它定义设备具有"**用于获得和记录伪造物检测信息的装置**"。要求保护该设备的这种方式导致不清楚（A84 和指南 F-Ⅳ，4.14）。
In order to overcome the objection it is suggested to remove the feature in question from claim 9.	为了克服该问题，建议从权利要求 9 中删除上述特征。

申请人对权利要求进行了修改，对于权利要求与说明书不一致的问题进行了修改，将权利要求 1 中方法涉及的装置采用包含的硬件和软件装置的方式进行了撰写，权利要求 9 中删除了相关的外部装置（表 6.35）。

表 6.35　修改后的权利要求书

授权权利要求原文	编者译
1. An authentication method performed by a control unit(104) in a client (101), **the client (101) comprising the control unit (104), a biometrics information input unit (102), a first program (105) and a second program (106)**, wherein the first program (105) and the second program (106) are configured to be invoked in normal mode or forgery detection mode, wherein when the second program (106) is invoked in forgery detection mode a user cannot perform any operations, the authentication method comprising:……	1. 一种由控制单元（104）在客户机（101）中执行的认证方法，**该客户机（101）包括控制单元（104）、生物识别信息输入单元（102）、第一程序（105）和第二程序（106）**，其中，第一程序（105）和第二程序（106）被配置为在正常模式或伪造物检测模式下调用，其中，当第二程序（106）在伪造物检测模式下调用时，用户不能执行任何操作，该认证方法包括： ……
9. An apparatus (101) comprising: –a biometrics information input unit (102), –a first program (105) and a second program (106), wherein the first program (105) and the second program (106) are configured to be invoked in normal mode or forgery detection mode, wherein when the second program (106) is invoked in forgery detection mode a user can not perform any operations, –a control unit (104) for performing the method according to claim 1.	9. 一种装置（101），包括： – 一个生物识别信息输入单元（102）。 – 一个第一程序（105）和一个第二程序（106），其中，第一程序（105）和第二程序（106）被配置为在正常模式或伪造物检测模式下被调用，其中，当第二程序（106）在伪造物检测模式下被调用时，用户不能执行任何操作。 – 一个控制装置（104），用于执行根据权利要求 1 的方法。

3. 分析与建议

由于英文和中文的表达方式不同，在权利要求撰写时应注意涉及“in”和“for”的权利要求其请求保护的方案是否清楚。此外在权利要求撰写时要注意其与说明书的方案是否一致，对方法权利要求尽量采用方法步骤来限定，产品权利要求尽量采用产品部件来限定，避免引入不能确定是否对权利要求的主题进行限定的内容。

6.4.5　涉及独立权利要求数量的通知书

R43（2）限制了可以包含在一个申请中的同类独立权利要求的数量，其规定：除 A82（涉及单一性）另有规定应依其规定外，当申请的主题涉及下列之一时，一件欧洲专利申请可包括同类的多个独立权利要求（产品、方法、装置或用途）。

（1）多个相互关联的产品；

（2）产品或设备的不同用途；

（3）替代的解决方案，如果单一权利要求不能恰当地涵盖这些替代的解决方案。

由以上规定可以看出，一件申请在一个相同种类上（即产品、方法、装置或用途）一般不能包含一个以上的独立权利要求，除非属于以上（a）、（b）或（c）的特殊情况，并且还要满足 A82 关于单一性的要求。如果违反该要求，则可能导致申请被驳回。

在实质审查程序中，权利要求的数量通常是通过单一性、权利要求附加费等规定而施加影响，其中单一性要求权利要求之间具备相同或相应的特定技术特征，是从权利要求的技术方案角度加以约束，而权利要求附加费则直接根据权利要求的数量要求缴纳额外的费用来加以约束。除此之外，在欧洲申请的审查过程中，还往往会涉及从独立权利要求的类型和数量的角度，对权利要求进行限制的情况，以下通过具体案例加以介绍说明。

1. 案情介绍

1）国际阶段

原始国际申请包含 24 个权利要求，国际检索报告由韩国专利局做出，其检索了所有 24 个权利要求，检索文献全部为 A 类文献。申请人还在国际阶段请求进行国际初审，初审意见为所有权利要求 1~24 具备新颖性、创造性和实用性。

国际初审报告第Ⅴ栏见表 6.36。

表 6.36　国际初审报告

具体新颖性和创造性审查意见原文	编者译
1. Novelty and Inventive Step 1.1 Claims 1–12 The subject matter of claim [1] differs from these prior art documents in heating a reductant delivery line using coolant from an internal combustion engine. And it is not obvious to a person skilled in the art by the documents, taken alone or in combination. Therefore, claim [1] meets the requirements of PCT Article 33(2) and (3) with respect to novelty and inventive step. Claims [2–12] are dependent on claim [1] and therefore meet the requirements of PCT Article 33(2) and (3). 1.2 Claims 13–21 The subject matter of claim [13] differs from these prior art documents in delivery line and reductant line. And it is not obvious to a person ski 1 led in the art by the documents, taken alone or in combination. Therefore, claim [13] meets the requirements of PCT Article 33(2) and (3) with respect to novelty and inventive step. Claims [14–21] are dependent on claim [13] and therefore meet the requirements of PCT Article 33(2) and (3). 1.3 Claims 22–24 The subject matter of claim [22] differs from these prior art documents in sensing a temperature of coolant and heating a reductant. And it is not obvious to a person skilled in the art by the documents, taken alone or in combination. Therefore, claim [22] meets the requirements of PCT Article 33(2) and (3) with respect to novelty and inventive step. Claims [23,24] are dependent on claim [22] and therefore meet the requirements of PCT Article 33(2) and (3). 2 Industrial Applicability Claims [1–24] are industrially applicable under PCT Article 33(4).	1. 新颖性和创造性 1.1 权利要求 1~12 权利要求［1］的主题与现有技术文件的区别在于使用来自内燃机的冷却液加热还原剂输送管。对于本领域技术人员来说，单独或组合使用现有技术文件得到该主题是非显而易见的。因此，权利要求［1］满足 PCT 第 33 条第 2 款和第 3 款关于新颖性和创造性步骤的要求。权利要求［2~12］从属于权利要求［1］，因此满足 PCT 第 33 条第 2 款和第 3 款的要求。 1.2 权利要求 13~21 权利要求［13］的主题与现有技术的区别在于输送管线和还原剂管线。而对于本领域技术人员来说，单独或组合使用现有技术文件得到该主题是非显而易见的。因此，权利要求［13］满足 PCT 第 33 条第 2 款和第 3 款关于新颖性和创造性步骤的要求。权利要求［14~21］从属于权利要求［13］，因此满足 PCT 第 33 条第 2 款和第 3 款的要求。 1.3 权利要求 22~24 权利要求［22］的主题与现有技术的区别在于在感测冷却剂的温度和加热还原剂。而对于本领域技术人员而言，单独或组合使用现有技术文件得到该主题是非显而易见的。因此，权利要求［22］满足 PCT 第 33 条第 2 款和第 3 款关于新颖性和创造性步骤的要求。权利要求［23，24］从属于权利要求［22］，因此满足 PCT 第 33 条第 2 款和第 3 款的要求。 2 工业实用性 权利要求［1~24］在 PCT 第 33 条第 4 款下具有工业实用性。

2）进入欧洲阶段的修改

申请人在进入欧洲阶段后提交了对权利要求的修改，修改后的权利要求有13项。其主要修改如下：

将原权利要求2~5的并列方案，采用“和/或”的表述方式，合并入权利要求2；

将原权利要求9~10的并列方案，采用“和/或”的表述方式，合并入权利要求6；

将原权利要求11~12的方案，采用“优选的”的表述方式，合并入权利要求7；

将原权利要求15~20的并列方案，采用“和/或”的表述方式，合并入权利要求10；

将原权利要求23~24的方案，采用“优选的”的表述方式，合并入权利要求13；

这样进行修改，大量减少了权利要求的数目，但同时，技术方案的数量并未减少，可以有效地减少由于权利要求项数减少所引起的费用缴纳。

2. 欧洲专利局审查过程

欧洲专利局发出审查意见，指出本申请存在3个独立的权利要求，其中装置的独立权利要求的数量为2个，不满足R43（2）的规定，依据R62（a）（1），要求申请人确定审查的基础。

通知书的主要内容见表6.37。

表6.37　欧洲专利局的通知书

通知书主要内容原文	编者译
Invitation pursuant to Rule 62a(1) EPC In the above-mentioned European patent application as filed, the search division has identified multiple independent claims in the same category. In accordance with Rule 62a(1) EPC, the applicant is invited to indicate the claims complying with Rule 43(2) EPC on the basis of which the search is to be carried out. The following groups of independent claims in the same category have been identified:	根据R62（a）（1）发出的邀请 在上述已提交的欧洲专利申请中，检索小组确认存在同一类别的多个独立权利要求。根据R62（a）（1），请申请人声明符合R43（2）的权利要求，以据此进行检索。 已查明同一类别的下列独立权利要求：

续表

通知书主要内容原文	编者译
Category Apparatus Independent claims 1–7 Category Apparatus Independent claims 8–11 Category Method Independent claims12, 13	类别 装置 独立权利要求 1~7 类别 装置 独立权利要求 8~11 类别 方法 独立权利要求 12、13
You are invited to file the required indication within a period of two months from the notification of this communication.	您被邀请在从这封信的通知起的两个月内提交所需要的声明。
If the indication is filed in due time, the subsequent search report will be issued with respect to the relevant claim /claims in the category concerned.	如果在适当的时候提交了声明，随后将发布有关类别的相关权利要求的检索报告。
Failure to comply with this invitation in due time will result in the search report being drawn up on the basis of the first independent claim in each category (R. 62a(1) EPC). Should the applicant contest the objection under Rule 62a EPC, a final decision on the matter may be taken in the course of substantive examination proceedings before the Examining Division.	若未能及时答复本函，将导致根据各类别的第一个独立权利要求［R62（a）（1）］起草检索报告。如果申请人对 R62（a）规定的异议提出异议，则可在审查小组进行实质性审查程序的过程中就此事作出最终决定。
Re–establishment of rights (Art. 122 EPC)	权利的重新确认（A122）
An applicant who, in spite of all due care required by the circumstances having been taken, was unable to observe a time limit, shall have his rights re–established upon request, provided that the time limits and other requirements of Rule 136(1) and (2) EPC are met.	尽管已采取了所有必要的谨慎措施，但申请人未能遵守期限的，应根据请求重新确立其权利，但前提是符合 R136（1）和 R136（2）的期限和其他要求。

申请人的声明。

对该通知书，申请人 2013 年 3 月 8 日对权利要求进行确认，选择权利要求 1~7、12、13 作为检索的权利要求（表 6.38）。

表 6.38 申请人的声明

申请人声明原文	编者译
In the above case reference is made to the invitation pursuant to Rule 62 a (1) EPC of 27.11,2012. We indicate the claims for research as follows: Apparatus–claims 1–7 and method–claims 12, 13.	针对基于细则 62（a）（1）于 2012 年 12 月 27 日发出的邀请。 我们声明用于检索的权利要求如下： 装置权利要求 1~7 和方法权利要求 12、13。

欧洲专利局的补充检索报告。

2016 年 5 月 31 日做出欧洲补充检索报告和检索意见。补充检索报告和检索意见见图 6.5。

Europäisches Patentamt / European Patent Office / Office européen des brevets

SUPPLEMENTARY PARTIAL EUROPEAN SEARCH REPORT

under Rule 62a and/or 63 of the European Patent Convention. This report shall be considered, for the purposes of subsequent proceedings, as the European search report

Application Number: EP 10 79 0216

DOCUMENTS CONSIDERED TO BE RELEVANT

Category	Citation of document with indication, where appropriate, of relevant passages	Relevant to claim	CLASSIFICATION OF THE APPLICATION (IPC)
X	EP 1 662 103 A1 (NISSAN DIESEL MOTOR CO [JP]) 31 May 2006 (2006-05-31)	12,13	INV. F01N3/28 F01N3/20 F01N9/00 F01N3/10 B01D53/94
A	* paragraphs [0032] - [0047], [0073], [0076] * * figures 1-4 *	1-7	
X	EP 1 806 487 A1 (NISSAN DIESEL MOTOR CO [JP]) 11 July 2007 (2007-07-11)	12,13	
A	* paragraph [0016] - paragraph [0025] * * claims 1-8 * * figures 1-4 *	1-7	
X	JP 2005 090431 A (NISSAN DIESEL MOTOR CO) 7 April 2005 (2005-04-07)	12,13	
A	* abstract * * figure 1 * * paragraph [0014] - paragraph [0024] *	1-7	
X	DE 199 35 920 A1 (SIEMENS AG [DE]) 15 March 2001 (2001-03-15)	12	
A	* column 3, line 38 - column 6, line 21 * * figures 1-5 *	1-7,13	TECHNICAL FIELDS SEARCHED (IPC) F01N
	-/--		

The supplementary search report has been based on the last set of claims valid and available at the start of the search.

INCOMPLETE SEARCH

The Search Division considers that the present application, or one or more of its claims, does/do not comply with the EPC so that only a partial search (R.62a, 63) has been carried out.

Claims searched completely :

Claims searched incompletely :

Claims not searched :

Reason for the limitation of the search:

see sheet C

1

Place of search	Date of completion of the search	Examiner
Munich	22 September 2014	Ikas, Gerhard

CATEGORY OF CITED DOCUMENTS

X : particularly relevant if taken alone
Y : particularly relevant if combined with another document of the same category
A : technological background
O : non-written disclosure
P : intermediate document
T : theory or principle underlying the invention
E : earlier patent document, but published on, or after the filing date
D : document cited in the application
L : document cited for other reasons
& : member of the same patent family, corresponding document

EPO FORM 1503 03.82 (P04E29)

图 6.5　欧洲专利局的补充检索报告

3. 分析与建议

（1）对于存在多个独立权利要求的申请而言，可能会遇到涉及 R43（2）和 R62（a）（1）的审查意见，由于 R43（2）是驳回条款，申请人应当在撰写申请文件和答复时加以重视；作为对比，中国审查程序中没有相关的规定。由于当权利要求书中有多项独立权利要求时，欧洲专利局的审查员通常会选择第一项独立权利要求进行审查，因此在申请时需要将最想要获得保护的权利要求撰写为独立权利要求 1。

（2）对于权利要求数量较多的申请而言，在撰写或者修改时，对于并列特征采用“和 / 或”的表述方式，对于进一步限定的特征，采用“优选”的表述方式，可以有效减少权利要求数量，使得权利要求书更加简要，并能减少由于权利要求项数减少所引起的费用缴纳。

6.4.6 涉及说明书套话的不清楚

《欧洲专利局审查指南》F 部分第Ⅳ章第 4.4 节对一般性声明、“发明精神”、类似权利要求的语句做了要求。不允许在说明中作出暗示保护范围可以以某种含糊和不确切的方式扩大保护范围的一般性陈述。特别是，任何提及保护范围扩大到涵盖“本发明的精神”（“spirit of the invention”）或权利要求书中“所有等同物”（“all equivalents”）的表述必须删除。只有提到保护范围涵盖“权利要求的范围”（“scope of the claims”）的陈述才可以被允许。

同样，如果权利要求是针对一系列特征的组合，则必须删除任何似乎暗示不仅对整个组合，而且对个别特征或其子组合也要寻求保护的陈述。

最后，还必须在授权之前删除类似权利要求的语句，否则可能导致实际保护范围不明确。术语“类似权利要求的语句”是指在描述中使用权利要求语言的语句，如“根据前述条款”（“according to the preceding clause”）、“根据条款”（“according to clause”）的“特征在于”（“characterised in that”）、“进一步包括”（“further comprising”）等。这些类似权利要求的语句通常出现在描述的结尾和/或以段落编号的形式出现。

1. 案情介绍

说明书中相关内容见表 6.39。

表 6.39 说明书

本申请中说明书原文	编者译
Applicants have attempted to disclose all embodiments and applications of the disclosed subject matter that could be reasonably foreseen. However, there may be unforeseeable, insubstantial modifications that remain as equivalents. While the present invention has been described in conjunction with specific, exemplary embodiments thereof, it is evident that many alterations, modifications, and variations will be apparent to those skilled in the art in light of the foregoing description without departing from **the spirit or scope of the present disclosure**. Accordingly, the present disclosure is intended to embrace all such alterations, modifications, and variations of the above detailed description.	申请人试图公开可以合理预见的已公开主题的所有实施例和应用。但是，可能会有无法预料的、微不足道的修改，它们仍然是等同的。尽管已经结合本发明的特定示例性实施例描述了本发明，但是显然，根据前述描述，对于本领域技术人员而言，许多改变、修改和变化将是显而易见的，而不背离本公开的**精神或范围**。因此，本公开旨在涵盖以上详细描述的所有这样的改变、修改和变化。

2. 欧洲专利局通知书相关内容

欧洲专利局的通知书的相关内容见表 6.40。

表 6.40　欧洲专利局的通知书

欧洲专利局通知书	编者译
The passage on page 40 referring to "**the spirit and scope of the present disclosure**" is regarded as an attempt the broaden the scope of the application in some unspecified way and, when read in conjunction with the claims may render them unclear. This passage should therefore be deleted (cf.Guidelines F IV 4.4).	第 40 页上提到 "**本公开的精神和范围**" 的段落被认为是以某种非具体的方式扩大本申请的范围的尝试，并且当与权利要求结合阅读时可能使它们不清楚。因此，应删除此段落（参见指南 F-Ⅳ，4.4）。

申请人在授权时将说明书中的 "spirit" 删除。

3. 分析与建议

欧洲专利局的审查员对说明书中的具体表述缺陷也会进行详细的审查，在撰写和针对审查意见的修改过程中，对这些缺陷也要注意克服。

6.5　单一性

6.5.1　明显不具备单一性

1. 案情介绍

审查员在部分检索报告中指出，该申请权利要求中共有三组权利要求，其相同的特征为公知的内窥镜装置，没有单一性。其中第二组权利要求的检索不需要付出额外的劳动，因此也进行了检索。部分检索报告涵盖了前两组权利要求。

该发明为提供一种能够简单且可靠地将切开部从鞘突出的长度调整、保持为 2 种以上长度档的内窥镜用处理器具。其中包含 3 个主要实施例。

权利要求书见表 6.41。

表 6.41　权利要求书

权利要求书原文	权利要求的翻译
1. An endoscopic instrument comprising: an incising section inserted into a body cavity endoscopically for carrying out incisional intervention; a wire having a distal end connected to the incising section; a sheath, made from insulative material, for allowing the wire to pass therethrough; a main body having a proximal end of the sheath fixed thereto; a wire-maneuvering section, having a proximal end of the wire fixed thereto, capable of freely sliding in an axial line direction of the main body; at least a stopper, provided to the incising section or the wire, for projecting radially outward relative to the wire; a distal-regulation section, provided to the sheath, for regulating proximal sliding movement of the wire by making contact with the stopper; and a proximal-regulating section, provided in the sheath, for regulating proximal sliding movement of the wire by making contact with the stopper, wherein different projection lengths of the incising section can be maintained when the stopper makes contact with the distal-regulation section and when the stopper makes contact with the proximal-regulating section.	**1. 一种内窥镜用处理器具**，其包括： 通过内窥镜插入到体腔内并进行切开处理的切开部； 前端连接上述切开部的操作线；由绝缘性材料构成且供上述操作线贯穿的鞘； 固定上述鞘后端的主体；固定上述操作线后端且被可以沿上述主体轴线方向滑动地配置的操作线操作部； 至少一个止挡件，其设置在上述切开部或者上述操作线上，向上述操作线径向外侧突出； **前方限制部**，其设置在上述鞘上，与上述止挡件接触而限制上述操作线向前方滑动；以及 **后方限制部**，其设置在上述鞘内部，与上述止挡件接触而限制上述操作线向后方滑动；其中 可以在上述前方限制部与上述止挡件相接触的状态下以及上述后方限制部与上述止挡件相接触的状态下，以使上述切开部从上述鞘突出不同长度的状态保持上述切开部。
2. The endoscopic instrument according to Claim 1, further comprising: a maneuvering sheath, disposed in the sheath, for allowing the distal end of the wire to pass therethrough; and a sheath-maneuvering section, slidably disposed in an axial line direction of the main body, having the proximal end of the sheath fixed thereto, wherein the distal-regulation section is provided to the distal end of the sheath, and the proximal-regulating section is provided to a distal end of the maneuvering sheath.	2. 根据权利要求 1 所述的内窥镜用处理器具，其特征在于，该内窥镜用处理器具还包括： 操作鞘，其配置在上述鞘内，且供上述操作线后端贯穿； 鞘操作部，其被可以沿上述主体轴线方向滑动地配置，固定上述操作鞘的后端；其中 上述前方限制部设置在上述鞘的前端，上述后方限制部设置在上述操作鞘的前端。
3. The endoscopic instrument according to Claim 1, further comprising: a maneuvering sheath, disposed in the sheath, for allowing the distal end of the wire to pass therethrough; and a sheath-maneuvering section, disposed slidably in an axial line direction of the main body, having the proximal end of the sheath fixed thereto, wherein	3. 根据权利要求 1 所述的内窥镜用处理器具，其特征在于，该内窥镜用处理器具还包括： 操作鞘，其配置在上述鞘内，且供上述操作线后端贯穿；并且 鞘操作部，其被可以沿上述主体轴线方向滑动地配置，固定上述操作鞘的后端；其中

续表

权利要求书原文	权利要求的翻译
the stoppers are disposed at intervals in a longitudinal direction of the wire, the distal-regulation section and the proximal-regulating section are provided to distal ends of a pair of elastic members provided to the distal end of the maneuvering sheath and urged radially outward relative to the maneuvering sheath.	在上述操作线长度方向上相分离地设有多个上述止挡件；上述前方限制部及上述后方限制部设置在上述操作鞘的前端，且统一设置在向上述操作鞘径向外侧施力的一对弹性构件的前端。
4. An endoscopic instrument comprising: an incising section inserted into body cavity endoscopically for incisional intervention; a wire having a distal end connected to the incising section; a sheath, made from insulative material, for allowing the wire to pass therethrough;	**4. 一种内窥镜用处理器具**，其包括通过内窥镜插入到体腔内并进行切开处理的切开部； 前端连接上述切开部的操作线；由绝缘性材料构成且供上述操作线贯穿的鞘；
a main body having a proximal end of the sheath fixed thereto; a wire-maneuvering section, having a proximal end of the wire, capable of freely sliding in an axial line direction of the main body;	固定上述鞘后端的主体、固定上述操作线后端且被可以沿上述主体轴线方向滑动地配置的操作线操作部；
a stopper, provided to the incising section or the wire, for projecting radially outward relative to the wire; and	止挡件，其设置在上述切开部或者上述操作线上，向上述操作线径向外侧突出；并且
at least two engagement sections, provided to the sheath and disposed with interval in longitudinal direction of the wire, for maintaining a predetermined position of the wire by engaging with the stopper, wherein different projection lengths of the incising section can be maintained based on the stopper making contact with each engagement section.	**卡合部**，其为2个以上，沿上述操作线长度方向相分离地设置在上述鞘上，与上述止挡件卡合而将上述操作线保持在规定位置，其中 可以在上述止挡件与各上述卡合部卡合的状态下，以使上述切开部从上述鞘突出不同长度的状态保持上述切开部。
5. An endoscopic instrument comprising: an incising section inserted into a body cavity endoscopically for incisional intervention;	**5. 一种内窥镜用处理器具**，其包括通过内窥镜插入到体腔内并进行切开处理的切开部；
a wire having a distal end connected to the incising section; a sheath, made from insulative material, for allowing the wire to pass therethrough;	前端连接上述切开部的操作线；由绝缘性材料构成且供上述操作线贯穿的鞘；
a main body having a proximal end of the sheath fixed thereto; a wire-maneuvering section, having a proximal end of the wire fixed thereto, capable of freely sliding in an axial line direction of the main body;	固定上述鞘后端的主体；固定上述操作线后端且被可以沿上述主体轴线方向滑动地配置的操作线操作部；
a stopper, provided to the incising section or the wire, for projecting radially outward relative to the wire;	止挡件，其设置在上述切开部或者上述操作线上，向上述操作线径向外侧突出；
a distal-regulation section, provided to the sheath, for regulating proximal sliding movement of the wire by making contact with the stopper; and	**前方限制部**，其设置在上述鞘上，与上述止挡件接触而限制上述操作线向前方滑动；以及

续表

权利要求书原文	权利要求的翻译
a balloon, disposed between the distal-regulation section and the stopper, capable of dilating and contracting, wherein different projection lengths of the incising section can be maintained based on a dilated state of the balloon and on a contracted state of the balloon.	**球囊**，其配置在上述前方限制部和上述止挡件之间，可以进行膨胀及收缩；其中可以在上述球囊的膨胀状态下和收缩状态下，使上述切开部在上述鞘突出不同长度的状态保持上述切开部。

2. 欧洲专利局通知书

审查员发出的部分检索报告仅检索了权利要求 1~4，指出权利要求 1~3、4、5 之间没有单一性，并告知申请人可以在 1 个月内补交检索费用。但是申请人之后没有交费。

审查员之后发出检索报告和检索意见，检索报告仅涉及权利要求 1~4。审查意见中先指出单一性问题，之后评述权利要求 1、4 不具备新颖性，权利要求 2 具备新颖性和创造性。

审查员关于单一性的审查意见见表 6.42。

表 6.42　欧洲专利局的检索报告

欧洲专利局通知书原文	编者译
2 As already indicated in the search report, the application lacks unity within the meaning of Article 82 EPC, for the following reasons. 2.1 Hence, the following separate inventions or groups of inventions are not so linked as to form a single general inventive concept: – **Invention 1: claims 1–4** – Invention 1.1, claims 1–3: endoscopic instrument comprising essentially an incising section, a wire, a sheath, a main body, a wire-maneuvering section, a stopper, **a distal regulation section and a proximal regulation section**, wherein different projection lengths can be maintained when the stopper makes contact with the regulation sections. – Invention 1.2, claims 4: endoscopic instrument comprising essentially an incising section, a wire, a sheath, a main body, a wire-maneuvering section, a stopper, **two engagement sections** longitudinally spaced, wherein different projection lengths can be maintained when the stopper makes contact with the engagement sections.	2 如检索报告所述，本申请缺乏 A82 意义上的单一性，原因如下。 2.1 因此，下列单独的发明或发明组并没有形成一个总的发明构思。 – 发明 1：权利要求 1~4 – 发明 1.1，权利要求 1~3：内窥镜用处理器具，主要包括一切开部、操作线、鞘、主体、操作部、止挡件、**前方限制部和后方限制部**，其中当止挡件与限制部接触时，可保持不同的突出长度。 – 发明 1.2，权利要求 4：内窥镜用处理器具，主要包括一切开部、操作线、鞘、主体、操作部、止挡件、纵向间隔的**两个卡合部**，其中当止挡件与卡合部接触时，可保持不同的突出长度。

续表

欧洲专利局通知书原文	编者译
– **Invention 2: claim 5:** endoscopic instrument comprising essentially an incising section, a wire, a sheath, a main body, a wire–maneuvering section, a stopper, **a distal regulation section, a balloon**, wherein different projection lengths can be maintained based on the dilated/contracted state of the balloon.	–发明2：权利要求5：内窥镜用处理器具，主要包括一切开部、操作线、鞘、主体、操作部、止挡件、**前方限制部、球囊**，其中基于球囊的膨胀/收缩状态可保持不同的突出长度。
2.2 **The features in common to the three inventions are:** an endoscopic instrument comprising essentially an incising section, a wire, a sheath, a main body, a wire–maneuvering section and a stopper. However, **these features are commonly known from a conventional endoscopic instrument,** see D1=US–A–2006/0276784. 2.3 Moreover, US–A–2006/0276784 also shows a DISTAL REGULATION SECTION (surface 6d in figs. 6–7, 13–14) and a PROXIMAL REGULATION SECTION (diaphragm section 32 in figs. 6–7 or proximal surface of tube 50 in figs. 13–14), wherein different projection lengths can be maintained when the stopper makes contact with the regulation sections. Surface 6d and diaphragm section 32/ proximal surface of tube 50 represent two engagement sections disposed with interval in longitudinal direction (see figs. 6–7, 13–14). **Hence, the subject–matter of claims 1 and 4 is already known from the prior art (Article 54 (1) and (2) EPC).**	2.2本发明的3个发明的共同特征是：一种内窥镜用处理器具包括切开部、操作线、鞘、主体、操作部和止挡件。 然而，但是这些特征是常规内窥镜的公知的，参见D1=US–A–2006/0276784。 2.3此外，US–A–2006/0276784还显示了**前方限制部**（图6~图7、图13~图14中的表面6d）和**后方限制部**（图6~图7中的隔膜部32或图13~图14中的管子50的后方表面），其中当挡板与调节部分接触时，可保持不同的凸出长度。表面6d与隔膜部分32或管子50的近端表面代表两个纵向间隔布置的啮合部分（见图6~图7、图13~图14）。**因此，权利要求1、4相对于现有技术是已知的［A54（1）和A54（2）］。**
2.4 **Accordingly, the inventions cannot be technically related by the same or corresponding special technical feature (Rule 44 (1) EPC), since the features of claims 1,4 are already known from the prior art.** Further, the special technical feature of claim 5 (represented by the features in CAPITAL letters) is readily different from the special technical features of inventions 1.1 and 1.2, so that the different inventions are not technically related by the same or corresponding special technical feature (Rule 44 (1) EPC). Even inventions 1.1 and 1.2 are not unitary, since invention 1.2 concerns the embodiment of figs. 7–8C, wherein the stopper sequentially releasably engages several engagement sections for regulating the projection length of the knife, whereas invention 1.1 pertains to distal and proximal abutment sections as shown in figs. 1–4.	2.4相应地，**本发明不可能通过相同或相应的特定技术特征在技术上相联系［R44（1）］，因为权利要求1、4的特征为现有技术中已知的。** 进一步地，权利要求5的特定技术特征（由大写字母表示的特征）与发明1.1和1.2的特定技术特征很明显不同，因此，不同的发明在技术上不存在相同或相应的特定技术特征［R44（1）］。甚至发明1.1和1.2也不具备单一性，因为1.2涉及图7~图8C，其中止挡件依次可拆卸地卡合若干个用于调节刀的凸出长度的卡合部，而发明1.1涉及图1~图4所示的远端和近端基台部。

续表

欧洲专利局通知书原文	编者译
2.5 **Accordingly, the three inventions are not so linked as to form a single common inventive concept (Article 82 EPC).**	2.5 因此，3 项发明之间的关联性不足以形成一个共同的发明构思（A82）。
2.6 As the applicant **has not had a search report drawn up on invention 2** (Rule 64 EPC), the application will be prosecuted on the basis of the invention in respect of which a search has already been carried out, i.e. claims 1–4. The applicant should therefore limit the application to the invention searched and excise those parts of the application relating to the other invention.	2.6 由于申请人没有关于发明 2 起草的检索报告（R64），因此将根据已经进行过检索的发明，即权利要求 1~4，对申请进行审查。因此，申请人应将申请限于已检索的发明，并删除申请中与其他发明有关的部分。
2.7 The subject–matter to be excised may be made the subject of one or more divisional applications. The divisional applications must be filed with the European Patent Office in Munich, The Hague or Berlin and shall be in the language of the proceedings relating to the present application (cf. Article 76(1) and Rule 36(2) EPC). The time limit for filing divisional applications (Rule 36(1) EPC) must be observed.	2.7 拟删除的主题可以成为一项或多项分案申请的主体。分案申请必须向慕尼黑、海牙或柏林的欧洲专利局提出，并应使用与本申请有关的语言［参见 A76（1）和 R36（2）］。必须遵守分案申请的时限［R36（1）］。

申请人答复仅保留了权利要求 1~3，并在对权利要求 1 做了进一步限定。

3. 分析与建议

欧洲专利局在进行检索时如果认为申请不符合单一性的要求，将发出部分检索报告，并通知申请人，如想要对其他发明进行检索，应当在指定期限内缴纳每一发明的检索费。如果申请人未缴费，审查员将仅针对部分权利要求发出检索报告和审查意见。对于这部分未检索的方案，申请人还可以提出分案申请。

这与中国专利局不同，对于 PCT 案件，若国际检索报告指出缺乏单一性而未进行检索，审查员可能会发出恢复单一性缴费通知书，对于普通案件，中国审查员会指出单一性问题，但是不会要求申请人补缴检索费用。

6.5.2 后验不具备单一性

1. 案情介绍

申请日提交的权利要求书见表 6.43。

表 6.43 权利要求书

原文（Claims）	编者译
1. A negative control type hydraulic system comprising: an engine;……	1. 一种负控制型液压系统，包括：发动机；……
2. A negative control type hydraulic system comprising: an engine;……	2. 一种负控制型液压系统，包括：发动机；……
3. The negative control type hydraulic system of claim 1, further comprising a backflow prevention check valve ……	3. 如权利要求 1 所述的负控制型液压系统，还包括防倒流止回阀，……
4. The negative control type hydraulic system of claim 2, ……	4. 如权利要求 2 所述的负控制型液压系统，……
5. The negative control type hydraulic system of claim 3, ……	5. 如权利要求 3 所述的负控制型液压系统，……
6. The negative control type hydraulic system of claim 4, ……	6. 如权利要求 4 所述的负控制型液压系统，……
7. The negative control type hydraulic system of claim 5, ……	7. 如权利要求 5 所述的负控制型液压系统，……
8. The negative control type hydraulic system of claim 6, ……	8. 如权利要求 6 所述的负控制型液压系统，……

2. 欧洲专利局审查过程

部分欧洲检索报告（单一性意见部分）见表 6.44。

表 6.44 欧洲专利局的检索报告

原文（Partial European search report）	编者译
1) Lack of unity "a posteriori" 1.1) In the terms of claim 1 JP-A-6033905 (D1) shows a negative control type hydraulic system (cf. lines 3-4 of the abstract in the English language) comprising: …… 1.2) In the terms of claim 1 JP-A-7133806 (D2) shows a negative control type hydraulic system comprising: ……	1）后验不具有单一性 1.1）对于权利要求 1，JP-A-6033905（D1）公开了一种负控制型液压系统（参见英文摘要的第 3~4 行），包括： …… 1.2）对于权利要求 1，JP-A-7133806（D2）公开了一种负控制型液压系统，包括：……

续表

原文（Partial European search report）	编者译
1.3) Consequently, independent claim 1 has no special technical features over the prior art. 1.4) The potential special technical features of claim 3 are a backflow prevention check valve …… 1.5) The potential special technical features of claim 2 are a shuttle valve …… 1.6) As such, the application in suit does not comply with the provisions of Article 82 EPC as it includes the following two (2) inventions which are not linked by a single general inventive concept: I) Claims 1,3,5,7: realization of a negative control type hydraulic system for a work machine which uses the hydraulic fluid discharged by the hydraulic pump as the signal pressure of the control lever. II) Claims 2,4,6,8: realization of a negative control type hydraulic system for a work machine which does not rely on the use of the hydraulic fluid supplied by the hydraulic pump as the signal pressure of the control lever. 1.7) The following evaluation of matters concerns the first invention. It is to be expected that in substantive examination the applicant will be required to restrict the application to one invention that has been searched and that any other inventions could only be pursued in divisional applications (G 2/92 & Rule 64 EPC).	1.3）因此，独立权利要求 1 相对于现有技术不具有特定技术特征。 1.4）权利要求 3 的潜在的特定技术特征是防倒流止回阀，…… 1.5）独立权利要求 2 的潜在的特定技术特征是梭阀（45），…… 1.6）因此，本申请不符合 A82 的规定，因为它包括以下 2 项发明，这些发明不属于一个总的发明构思： I）权利要求 1、3、5、7：实现一种用于作业机械的负控制型液压系统，该液压系统使用由液压泵排出的液压流体作为控制杆的信号压力。 II）权利要求 2、4、6、8：实现一种用于作业机械的负控制型液压系统，其不依赖于使用由液压泵供应的液压流体作为控制杆的信号压力。 1.7）以下对主题的评价涉及第一项发明。可以预期，在实质审查中，申请人被要求将本申请限制为已检索的一项发明，并且任何其他发明只能在分案申请中继续（G 2/92 和 R64）

申请人权利要求书进行了修改，删除了权利要求 2~6 和 8。

3. 分析与建议

1. 对于涉及单一性缺陷的欧洲专利申请，欧洲专利局会首先发出仅针对第一组发明的权利要求的部分检索报告，并且会附上不具有单一性的理由，如果申请人未补缴检索费，欧洲专利局会仅基于第一组发明的权利要求发出正式的检索报告及检索意见，在检索意见中会再次陈述不具有单一性的理由，并且针对第一组发明的权利要求提出实质审查意见。

对于本案中涉及的后验型单一性缺陷，欧洲专利局审查意见的逻辑是：先基于对比文件 1 和对比文件 2 否定了独立权利要求 1 的新颖性，继而得出独立权利要求 1 相对于现有技术不具有特定技术特征的结论，然后指出从属权利要求 3 中包含的潜在的特定技术特征，并且将之与独立权利要求 2 中潜在的特定技术特征进行对比，最后得到第一组发明（权利要求 1、3、5、7）与第二组发明（权利要求 2、4、6、8）不具有单一性的结论。

2. 根据 R137（5）的规定"修改的权利要求不得涉及未结合原始递交的发明或形成单一发明构思的一组发明的未检索的主题。修改的权利要求也不得涉及根据 R62（a）或 R63 未检索的主题"，因而本案申请人在欧洲专利局发出仅涉及权利要求 1、3、5、7 的正式检索报告及检索意见后，只能选择删除权利要求 2、4、6、8。在对检索报告及检索意见无异议的情况下，申请人选择将检索意见中出具肯定意见的从属权利要求 5 作为新的独立权利要求，可以直接获得授权。

6.6　其他形式要求

在欧洲专利局检索意见和审查意见中，通常在结尾会涉及一些对申请形式方面的要求，申请人应当注意进行修改，也可以在准备申请文件时一并整理以避免后续的麻烦。

6.6.1　给出肯定意见

欧洲专利局通知书中会有一些肯定意见（表 6.45），在我国的通知书中不常见。

表 6.45　欧洲专利局的审查意见

原文	编者译
It is acknowledged that the subject-matter of the amended claims **is novel** with respect to documents D1 and D2 and furthermore **cannot be suggested by** document D3, since D3 relates only to applying hard coatings to drilling bits, which are not part of the stem in the sense of the present application.	应当承认，修正后的权利要求书的权利要求就 D1 和 D2 而言具备新颖性，而且也不能由 D3 进一步得到。因为 D3 只涉及在钻头上涂抹硬涂层，而在本申请的意义上，钻头不属于本申请的主干。

6.6.2 权利要求两段式的撰写

在欧洲专利局的意见中，通常会要求申请人将独立权利要求按照前序部分和特征部分两部分的方式进行撰写，并且还会要求申请人结合最接近的现有技术重新进行两部分方式的撰写（表 6.46）。虽然中国专利局也有相关要求，但在审查过程中并不经常使用该要求。

如果申请人认为该案不适合写为前序部分和特征部分两部分，可以进行意见陈述。

表 6.46 欧洲专利局的审查意见

原文	编者译
Independent claims are currently not in the two part form in accordance with Rule 43(1) EPC, which in the present case would be appropriate, with those features known in combination from the prior art (document D1) being placed in the preamble (Rule 43(1)(a) EPC) and with novel features being included in the characterising part (Rule 43(1)(b) EPC). If, however, the applicant is of the opinion that the two part form would be inappropriate, then reasons therefor should be provided in the letter of reply. In addition, the applicant should ensure that it is clear from the description which features of the subject-matter of claim 1 are already known in combination from the document D1 (see the Guidelines, C – III, 2.3.2).	独立权利要求并非按照 R43（1）的规定分为两部分，在当前情况下这是适当的，将从现有技术（D1）的组合中已知的特征置于前序部分中［R43（1）(a)］，具有新颖性的特征包括在特征部分中［R43（1）(b)］。 但是，如果申请人认为这两部分撰写形式不合适，则应在答复中提供理由。此外，申请人应确保从说明书中可以明确，权利要求 1 主题的哪些特征已经从文件 D1 的组合中了解到（参见指南 C-Ⅲ，2.3.2）。

该案中权利要求的产品和方法与 D1 的区别不是非常清晰地能够区分开，涉及多个部件或步骤中的区别，申请人进行了如下答复，并且没有修改权利要求为两部分撰写的形式（表 6.47）。审查员接受了申请人的意见陈述，没有再要求采用两部分撰写的形式。

表 6.47 申请人的答复

申请人答复原文	编者译
We respectfully submit that the two-part form is not appropriate in the present case. The apparatus which the invention relates to significantly differs in several functionally inter-related parts from any apparatus described in cited prior art document D1. The two-part form would thus lead to inordinately lengthy and involved claims.	我们谨此提出，分两部分撰写的形式不适用于本案。本发明涉及的设备与引用的现有技术文献 D1 中描述的任一设备在几个功能上相互关联的部分有显著不同。因此，分两部分撰写的形式将导致过于冗长且复杂的权利要求。

6.6.3 最接近现有技术补入说明书

在欧洲专利局的意见中，通常会要求申请人将欧洲专利局采用的最接近现有技术补入说明书中，见表 6.48。

表 6.48 将最接近现有技术补入说明书

原文	编者译
To meet the requirements of Rule 42(1)(b) EPC, documents D1 and D7 should be identified in the description and the relevant background art disclosed therein should be briefly discussed.	为了满足 R42（1）（b）的要求，应在说明书中标识文件 D1 和 D7，并简要讨论其中披露的相关背景技术。

6.6.4 权利要求中的特征增加附图标记

在欧洲专利局的意见中，通常会要求申请人针对权利要求中的特征增加附图标记并将其置于括号中（表 6.49）。虽然中国专利局也要求附图标记必须置入括号中，但并不要求额外增加附图标记，默认允许权利要求不采用附图标记的情况。

表 6.49 附图标记

原文	编者译
The features of the claims should be provided with reference signs placed in parentheses to increase the intelligibility of the claims (Rule 43(7) EPC). This applies to both the preamble and characterising portion (see Guidelines F-IV, 4.19).	权利要求的特征应在括号中提供参考符号，以提高权利要求的可理解性［R43（7）］。这既适用于前言，又适用于特征部分（参见指南 F-Ⅳ，4.19）。

6.6.5 修改需要提交修改对照页

在欧洲专利局的意见中，通常会要求申请人提交修改对照页（表 6.50），而中国专利局虽然也存在类似要求，但申请人不提交修改替换页也不会存在问题。

表 6.50 申请人提交修改对照页

原文	编者译
Amendments should be made by filing replacement pages. Unnecessary recasting of the description should be avoided. An amended abstract is not required. The applicant should also take account of the requirements of Rule 50(1) EPC. According to Rule 50(1) in conjunction with Rule 49(8) EPC, amendments shall be typed or printed. Handwritten amendments may only be made in documents other than those replacing application documents (Rule 50(2) EPC); they may, for example, be used to fulfil the requirements of Rule 137(4) EPC mentioned above.	应当通过归档替换页面来进行修改。应避免不必要地重新描述。不需要修改摘要。申请人还应考虑 R50（1）的要求。根据 R50（1）和 R49（8），应键入或打印修订内容。手写修改只能在替换申请文件以外的文件中进行［R50（2）］；例如，它们可以用于满足上述 R137（4）的要求。

参考文献

[1] 国家知识产权局. 专利审查指南 2010 [M]. 北京：知识产权出版社，2010.

[2] 徐明. 欧洲专利制度研究 [M]. 上海：华东理工大学出版社，2017.

[3] 理查德·哈康，约亨·帕根贝格. 简明欧洲专利法 [M]. 何怀文，刘国伟，译. 北京：商务印书馆，2015.

[4] 国家知识产权局专利局初审及流程管理部. 欧洲专利获权策略 [M]. 北京：知识产权出版社，2016.

[5] 尹新天. 中国专利法详解 [M]. 北京：知识产权出版社，2011.

